# VOYAGE VERS L'INSTANT ZÉRO

*À Amélie,*
*à Youra,*
*à Sasha, Anna et Wenceslas*

IGOR ET GRICHKA **BOGDANOV**

# VOYAGE VERS L'INSTANT ZÉRO

EPA

**Ci-dessus** Vue d'artiste du Système solaire.

# SOMMAIRE

INTRODUCTION

# L'UNIVERS...

Des milliards d'étoiles, des milliards de constellations, des milliards de galaxies…
Dans l'immensité figée à – 272 °C étincellent en silence des soleils bleus mille fois plus brillants que le nôtre ou des géants rouges mille fois plus grands. Perdues au fond d'insondables gouffres cosmiques gisent des étoiles éteintes, si lourdes qu'une seule cuillerée à café de leur matière gelée pèse des milliards de tonnes. D'autres au contraire, pâles comme l'infini, sont aussi légères que des flocons de neige, vapeurs de lumière flottant au-dessus des abîmes crépusculaires. Vertes, rouges ou argentées, toutes brûlent froidement dans la nuit éternelle, à des milliards et des milliards de kilomètres de chez nous. Mais pourquoi ces soleils étrangers rayonnent-ils par milliards dans le noir sans fin ? Comment l'espace, où tout est silence et immobilité depuis des milliards d'années, est-il apparu ?
Depuis quelques années ont été découvertes de nouvelles zones d'ombre, peut-être encore plus profondes, qui mettent les chercheurs du monde entier au défi. Par exemple cette force très mystérieuse, totalement inconnue, que faute d'un meilleur nom les physiciens appellent « énergie noire ». De quoi s'agit-il ? Depuis 1998, les observations de ces soleils lointains et explosifs qu'on appelle supernovae indiquent que l'expansion de l'Univers paraît bien plus rapide que prévu et serait en pleine accélération. Pourquoi ? Parce que, à chaque instant, elle serait soumise à la poussée de cette étrange énergie noire. Une énergie aussi ancienne que l'Univers, qui a sans doute jailli au moment précis du big bang. Mais d'où vient-elle ? Quelle est sa nature ? Et vers quel horizon, vers quel abîme nous emporte-t-elle chaque jour plus vite ?
L'énergie noire n'est pas la seule caractéristique de l'Univers inexpliquée à ce jour. Selon les physiciens, il existerait en chaque point de l'espace-temps quelque chose d'encore plus surprenant, qu'on appelle « énergie du point zéro » ou encore, en termes plus imagés, « énergie du vide ». Cette invisible fluctuation du vide, assimilable au comportement de ce que les physiciens appellent un « oscillateur harmonique », serait partout : dans le vide entre les étoiles, tout comme dans la pièce où vous vous trouvez en ce moment. En tout cas, si certains de ses effets ont pu être observés expérimentalement (selon la prédiction effectuée dès 1948 par le physicien néerlandais Hendrick Casimir), la nature de cette énergie du point zéro est toujours un défi pour les théoriciens.
Il existe encore bien d'autres questions captivantes : l'Univers est-il infini ? Ou au contraire a-t-il un « bord » (de même que l'intérieur du globe terrestre a un bord, matérialisé par sa surface) ? Et finalement, si nous pouvions voir l'Univers entier *de l'extérieur,* quelle serait sa forme ?

Ces interrogations formidables, les plus anciennes comme les plus récentes, nous les retrouverons dans cet ouvrage. D'une manière surprenante, nous verrons que pour certaines la science a apporté depuis peu des réponses. Puissent-elles vous émerveiller lorsque vous les découvrirez.

Reste cependant le mystère ultime, encore intouché, qui constitue le fondement même de ce livre. L'événement primordial, singulier, unique, qui nous plonge dans un vertige d'infini : aurait-il donc existé dans un passé incroyablement lointain, inimaginable, un « instant zéro », un début absolu marquant le commencement du temps et l'origine de l'espace ?

Cette question ultime, aujourd'hui encore plus philosophique que scientifique, vous vous l'êtes tous posée un jour ou l'autre. Mais il est difficile de trouver une réponse. Très difficile. Pourtant cette réponse, même fragmentaire, existe quelque part, enfouie tel un mystérieux vestige dans le passé lointain. Une trace presque indéchiffrable, plus étrange encore que tout ce que nous pouvons imaginer, mais que depuis peu la science commence à exhumer. De quoi s'agit-il ? Pour le savoir, nous vous proposons à travers ce livre un fabuleux voyage dans l'Univers, une hallucinante plongée dans le passé lointain en direction du feu primordial, celui qui éclairait de manière éblouissante le cosmos avant qu'il n'entame sa prodigieuse expansion. Cette remontée de l'immense fleuve du temps va nous entraîner vers des régions de plus en plus inaccessibles, de moins en moins connues. Plus de 13 milliards d'années en arrière.

Bien sûr, à notre échelle, l'histoire de l'Univers est difficilement perceptible : pour en être témoin, il faudrait supposer que l'Univers a non pas 13,7 milliards d'années mais seulement une année. C'est-à-dire que nous serions le 31 décembre et qu'il serait né le 1er janvier. À cette échelle, les premières étoiles et galaxies seraient apparues vers la mi-janvier ; la Voie lactée, notre galaxie, début mai ; le Système solaire et la Terre le 15 septembre ; les premières formes de vie dès le lendemain, le 16. Et, aujourd'hui, il y a une minute seulement, le 31 décembre à 23 h 59, l'homme serait enfin né.

Mais pourquoi 13,7 milliards d'années et pas un autre chiffre ? Nous allons le voir, celui-ci nous vient des mesures effectuées par WMAP, le satellite d'observation de la NASA. Or, si nous ne pouvons pas remonter à plus de 13,7 milliards d'années dans le passé, c'est qu'il existe dans ce passé immensément lointain une limite. Une sorte de frontière noire, un mur redoutable pour les hommes de science, qui marque la limite de l'espace et du temps : le mur de Planck. C'est là que commence le big bang. C'est là que notre Univers, infime poussière de matière pesant alors 20 microgrammes à peine (le poids d'un grain de sable), a commencé à grandir. Mais avant ? Y avait-il quelque chose avant le big bang ? Quelque chose derrière le mur de Planck ? Nous pensons que oui. Nous sommes persuadés que, caché derrière ce mur formidable, se trouve le secret de l'origine. Une sorte de code qui, à l'échelle de l'Univers, est un peu comparable au code génétique pour les êtres vivants. S'il existe quelque part, c'est sur ce fabuleux point zéro qui, à l'aube du temps, marque le moment unique où « quelque chose », la première étincelle de réalité, a commencé à briller au cœur du néant.

Ensemble, au fil de ces pages et des images éblouissantes de l'Univers, nous allons tenter de cheminer vers ce secret inouï qui nous vient du temps d'avant le big bang : le secret de l'« instant zéro ».

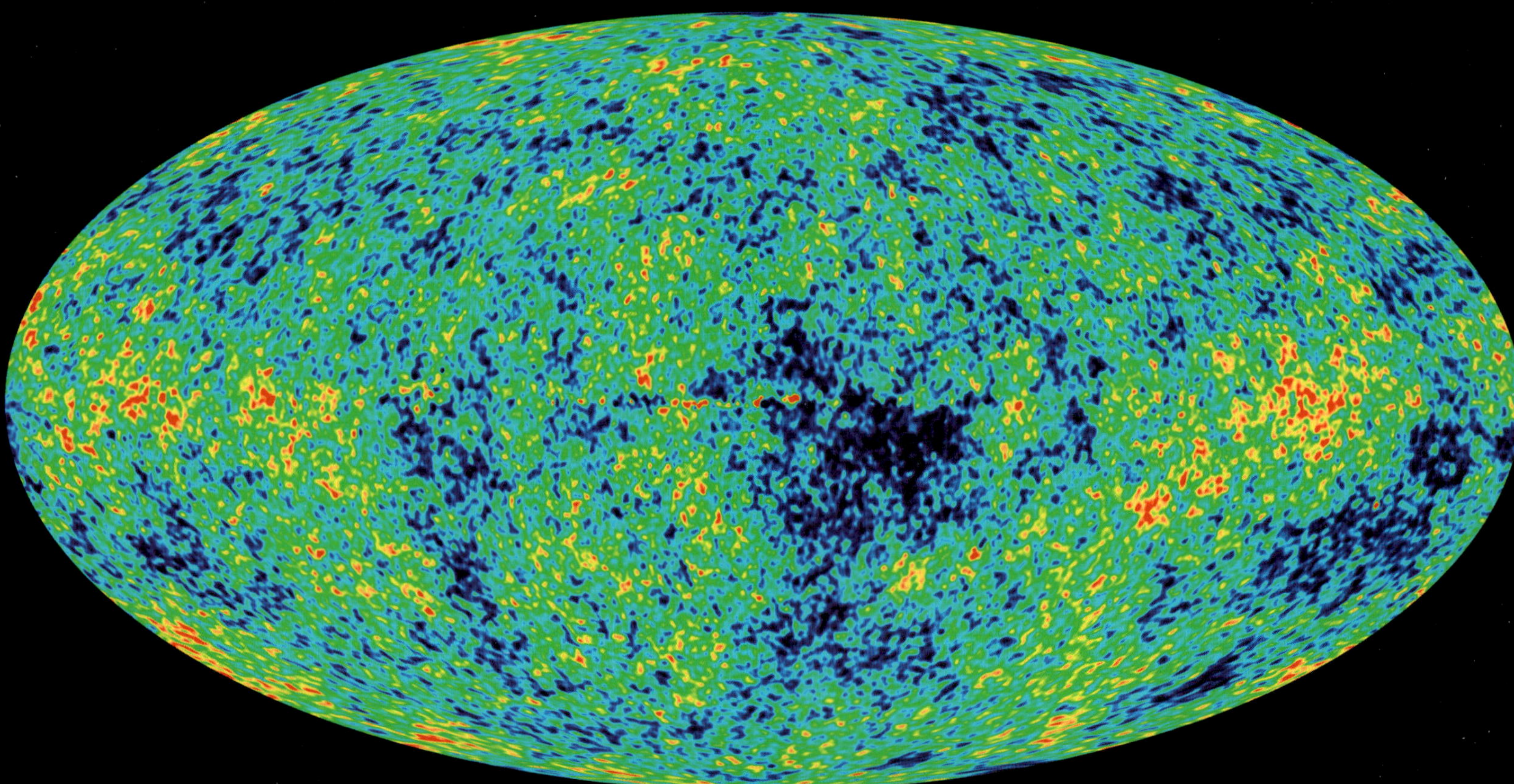

PROLOGUE

# OÙ SOMMES-NOUS ?

Nous voici face à l'infini, par une belle nuit sans nuages. Au-dessus de nous, tout est silence.
À perte de vue, des gerbes d'étoiles s'enfoncent par milliards dans des gouffres de vide illimités. Jusqu'où ? Si nous allions tout droit devant nous, est-ce que nous nous éloignerions pour toujours ? Ou bien au contraire est-ce que nous finirions par revenir un jour sur nos pas ?
Notre voyage commence par ce que nous pouvons voir. À l'œil nu, on distingue à peu près 5 000 étoiles. Certaines sont jaunes, comme le Soleil. D'autres sont bien plus chaudes et rayonnent d'un éclat vert vif ou bleu ciel. Il y a des soleils géants, des milliers de fois plus gros que le nôtre. Et des étoiles naines mesurant quelques kilomètres seulement du pôle Nord au pôle Sud, comme les étoiles à neutrons. Leur densité est absolument folle : 1 000 milliards de kilos par centimètre cube. Une cuillerée à soupe d'étoile à neutron pèserait 5 milliards de tonnes ! Si un chien voulait se promener sur son sol, son poids y atteindrait 500 000 tonnes : il serait instantanément « sucé » par l'étoile, aplati comme une crêpe de moins d'un millième de millimètre d'épaisseur.
Mais l'Univers est loin d'être au bout de ses ressources. Il existe des astres bien plus étranges encore, qui frôlent les frontières ultimes de notre espace-temps et défient notre imagination : les trous noirs.
C'est vers ces choses folles et ces mondes merveilleux, si étrangement autres, encore jamais vus, que nous allons partir en voyage. Cachés au fond de l'inconnu, certains vont nous couper le souffle. D'autres vont nous faire rêver comme jamais. Tous vont nous émerveiller.
Levons maintenant les yeux à la verticale, vers le zénith : cette bande argentée qui traverse le ciel en silence de part en part, c'est la Voie lactée. Notre Galaxie, dont nous apercevons le bord depuis l'intérieur. Au-dessus de nous, dans la poussière luminescente dispersée sur une dizaine de degrés, il y a 1 milliard d'étoiles. Pour les compter une à une, sans nous arrêter, il nous faudrait plus de 80 ans. Et dans la Voie lactée entière il y en a au moins 200 fois plus : 200 milliards d'étoiles de toutes sortes, que nous devinons en gerbes d'argent ou en brumes pâles depuis le fond de la Galaxie. Nous vivons donc dans un nuage fait de myriades d'étoiles. Mais quelle est la taille de ce formidable nuage ?

## Mesurer l'espace-temps

Pour fixer nos idées, supposons que le Soleil soit une orange : à cette échelle, la Terre est un grain de sable à 9 mètres de l'orange, Jupiter un noyau de cerise à 60 mètres, Saturne aussi, mais à 120 mètres, et Pluton de nouveau un grain de sable, à plus de 600 mètres du Soleil cette fois ! Si notre orange était place de l'Étoile, Pluton serait quelque part place de la Concorde. À cette échelle, notre Système solaire tient dans l'avenue des Champs-Élysées ! Toutefois, pour trouver d'autres étoiles dans la Voie lactée, il faut aller beaucoup plus loin : à environ 4 000 kilomètres, soit la distance de Paris à Moscou, avant d'atteindre Alpha du Centaure, l'étoile la plus proche.
Quant à la Galaxie, toujours à cette échelle, c'est un amas d'oranges de 35 millions de kilomètres de diamètre dans lequel le Soleil n'est qu'une orange, une étoile banale parmi les centaines de milliards d'autres qui brillent dans notre seule Galaxie, la Voie lactée. Et l'Univers lui-même contient au moins 100 milliards de galaxies... Peut-être même plus, selon les estimations les plus récentes.



**Ci-contre** Cette photo du fond diffus cosmologique a été prise par le satellite WMAP de la NASA et nous montre l'Univers tel qu'il était seulement 300 000 ans après sa naissance. À cette époque lointaine, les structures que l'on observe de nos jours étaient déjà présentes, en puissance, sur les images réalisées par WMAP. Selon les experts, l'empreinte des futures structures à grande échelle apparaissent déjà au moment où la lumière a été libérée. Même les structures très petites ont été ainsi « imprimées » sur les fluctuations de température du rayonnement cosmique de fond qui apparaissent sur l'image en différentes couleurs. Or les paramètres cosmologiques peuvent être déduits avec une grande précision des propriétés statistiques de ces fluctuations. Le plus remarquable est que les données transmises par WMAP semblent indiquer que la topologie de Univers (sa « forme ») est très marginalement positive, autrement dit qu'il serait doté d'une très légère courbure. En effet, le paramètre de densité totale de la matière dans l'Univers serait, même en tenant compte des habituelles barres d'erreur, très légèrement supérieures à 1, selon les toutes dernières estimations rendues publiques par la NASA en mars 2006. Ceci signifie, peut-être, que l'Univers n'est pas spatialement « plat » (comme une feuille de papier), mais que sa forme pourrait être celle d'une sphère. Par ailleurs, les observations de WMAP confirment que l'Univers est bel et bien « né » il y a 13,7 milliards d'années.

Dans l'Univers, **les étoiles ou les galaxies** que nous voyons
**ne sont pas toutes situées « à la même époque ».**

Mais avec ces immenses distances apparaît un deuxième phénomène, beaucoup plus troublant : dans l'Univers, les étoiles ou les galaxies que nous voyons ne sont pas toutes situées « à la même époque ». Car plus on regarde loin dans l'espace, plus on remonte loin dans le passé. Pourquoi ? Vous avez sûrement constaté que plus vous vous éloignez de la source d'un son, plus celui-ci met de temps à atteindre votre oreille. Il voyage dans l'air à la vitesse de 340 mètres par seconde. C'est ainsi que l'on mesure la distance qui nous sépare d'un orage : en comptant les secondes qui s'écoulent entre l'éclair et le coup de tonnerre.

C'est exactement ce qui se passe avec la lumière, sauf qu'elle est beaucoup plus rapide : 300 000 kilomètres par seconde (soit environ 7 fois le tour de la Terre) ! Par exemple, depuis la Lune, qui est à 384 000 kilomètres de la Terre, la lumière voyage pendant à peine plus d'une seconde avant de nous parvenir. Le Soleil, lui, qui est à 150 millions de kilomètres, est à 8 minutes-lumière : s'il s'éteignait, nous ne le saurions que 8 minutes plus tard. Un autre exemple : le centre de notre galaxie est à 26 000 années-lumière de la Terre. Ceci signifie que, si une explosion se produisait aujourd'hui au centre de la Galaxie, nous ne le saurions que dans 26 000 ans !

En fait, dès qu'on lève les yeux vers le ciel, on regarde nécessairement vers le passé. Inversement, si les habitants d'une planète située à 700 années-lumière de chez nous regardaient notre planète avec un télescope extraordinairement puissant, ils la verraient telle qu'elle était au XIV^e siècle, à la fin du Moyen Âge.

À présent que nous nous situons un peu mieux dans l'espace et dans le temps, faisons place à la première question sérieuse : l'Univers est-il fixe ou, au contraire, en mouvement ?

## L'expansion de l'Univers

Jusqu'au début des années 1920, presque tous les astronomes et physiciens – Einstein en tête – en étaient persuadés : l'Univers s'étalait à l'infini, depuis toujours et pour toujours. Sans commencement ni fin, il était fixe de toute éternité. Pourtant, dès 1917, peu après avoir achevé sa monumentale construction de la relativité générale, Einstein, très contrarié, avait remarqué que quelque chose n'allait pas. Chaque fois qu'il tentait de résoudre ses fameuses équations du champ, les solutions obtenues débouchaient sur un Univers non pas statique (comme il l'aurait souhaité) mais en expansion.

Et c'était bien là le problème : pour le grand savant, comme pour presque tous ses collègues, l'idée que l'espace-temps puisse changer d'échelle à chaque instant paraissait totalement insoutenable. D'autant plus que cela impliquait pour le cosmos un commencement. Aussi, cette année-là, il entreprit de rectifier cette anomalie absurde en introduisant dans les équations du champ un terme nouveau qu'il nomma « constante cosmologique ». Celle-ci n'avait donc qu'une seule utilité : préserver à tout prix le caractère statique de l'espace-temps.

Mais tout allait basculer brutalement. Durant l'été 1922, un jeune mathématicien russe encore totalement inconnu, Alexander Friedmann, publia un surprenant ouvrage dans lequel il affirmait qu'à l'origine l'Univers était contracté « en un point (de volume nul) puis que, à partir de ce point, il avait augmenté de rayon ».

C'était prendre Einstein totalement à contre-pied. Mais si le jeune Friedman avait osé se risquer à une telle provocation, c'est qu'il était parvenu quelques semaines plus tôt à extraire des équations de la relativité générale une solution nouvelle – en fait la seule réellement admissible – qui ne laissait aucun doute possible : l'Univers n'était pas statique et, bien au contraire, il était en expansion. « Le rayon de courbure de l'Univers s'accroît constamment dans le temps », précisait-il. Une conclusion stupéfiante, écrite en toutes lettres dans l'article envoyé par Friedmann en juin 1922 à la célèbre revue de physique théorique allemande *Zeitschrift für Physik*. Presque un an plus tard, en mai 1923, Einstein, à contrecœur, finit par adresser à son tour une lettre à *Zeitschrift für Physik* : « J'ai fait une erreur de calcul dans mes critiques. Je considère à présent que les résultats de Friedmann sont corrects et apportent un nouvel éclairage ».

La théorie du big bang venait de naître.

Mais, en ce début des années 1920, la majorité des savants restaient très sceptiques. Il paraissait peu concevable (pour ne pas dire grotesque) que l'Univers se dilate ainsi. Pour aller où ? Tout cela dépassait l'entendement. Et surtout ce que l'on pouvait voir à l'époque dans le ciel nocturne, au bout des télescopes. Car il manquait encore l'essentiel pour asseoir les « folles idées » de Friedmann : une véritable preuve venue de l'observation. Cette preuve allait surgir brutalement sept ans à peine après l'article de Friedmann.

## Hubble et la fuite des galaxies

Nous voici en 1929, au plus profond de l'immense crise qui secoue le monde entier. Dans son observatoire, un astronome américain du nom d'Edwin Hubble n'en a cure et travaille d'arrache-pied depuis des mois. Et ce qu'il découvre va stupéfier le monde entier : les galaxies, ces immenses nuages d'étoiles, ne sont pas fixes, comme le pensent encore tous ceux qui ne sont pas d'accord avec les résultats de Friedmann. Bien au contraire : elles s'éloignent les unes des autres, à des vitesses d'autant plus grandes que leurs distances augmentent. Comme catapultées dans le vide par une gigantesque explosion, il y a des milliards d'années. Cette fois, il n'y a plus aucun doute : l'espace-temps tout entier grandit, s'étire à chaque instant, un peu comme un immense ballon qui gonflerait de plus en plus vite.

Bien entendu, à notre échelle, et même à celle de notre Galaxie, cette expansion est pratiquement nulle. Mais, à l'échelle des galaxies, il en va tout autrement. Le taux d'expansion est encore relativement incertain, mais on considère qu'il est à peu près de 70 kilomètres par seconde et par mégaparsec. Qu'est-ce qu'un mégaparsec ? C'est une unité astronomique de distance correspondant à 3,26 millions d'années-lumière, la distance parcourue par la lumière pendant 3,26 millions d'années. Ce qui signifie qu'une galaxie qui est à environ 30 millions d'années-lumière (10 mégaparsecs) de chez nous s'éloigne de nous à la vitesse de 700 kilomètres par seconde. Une galaxie qui se trouve cent fois plus loin, à 3 milliards d'années-lumière d'ici (1 000 mégaparsecs), s'éloignera à la vitesse de 70 000 kilomètres par seconde.

## L'énergie noire

Mais ce n'est pas tout. En 1998, en observant ces étoiles très lointaines et très brillantes que sont les supernovae, les astrophysiciens font une découverte qui va une nouvelle fois bouleverser ce que nous croyions savoir jusque-là sur l'Univers. Celui-ci ne se contente pas d'être en expansion : en réalité, cette expansion s'accélère à chaque instant. Autrement dit, non seulement le cosmos s'étend, mais il grandit de plus en plus vite à mesure que le temps passe. Il s'agit là d'un phénomène très mystérieux, dont la cause profonde est à ce jour totalement inconnue.

Déjà en 1995, au cours de nos recherches sur l'origine de l'espace-temps, nous avions été intrigués par l'apparition dans certaines équations d'un champ mystérieux, une « force » peut-être présente avant même le commencement du big bang, inséparable de l'espace et qui, inévitablement, semblait accélérer l'expansion de l'Univers. Depuis, faute de mieux, les astrophysiciens ont donné à



« On pourrait également parler d'une création du monde à partir de rien. »

[ Alexander Friedmann, physicien-mathématicien ]

cette force toujours inconnue le nom d'« énergie noire ». Nous y reviendrons. Pour l'heure, retenons que ce mystérieux phénomène, responsable d'une densité d'énergie non nulle dans le vide, emporte chaque jour plus vite notre Univers vers l'infini.

À la lumière de ce que nous avons appris jusqu'ici émerge une première conclusion : l'Univers est vaste. Inconcevablement grand. Bien plus que nous ne pouvons l'imaginer. Au milieu de cet espace immense scintille faiblement le Soleil, notre soleil. Au-delà il y a d'autres soleils, par milliards, puis encore plus loin d'autres galaxies. Puis des amas de galaxies. Et, toujours de plus en plus loin, des amas d'amas de galaxies. Mais jusqu'où ? En allant tout droit, finira-t-on par trouver tout au fond quelque chose comme une frontière ultime qui ressemblerait au « bord » de l'Univers ?

D'une manière qui peut sembler étonnante, il nous suffit de regarder le ciel la nuit pour obtenir une première réponse. Le soir, en effet, les étoiles brillent mais le ciel reste noir. Cette chose si simple met en jeu l'Univers tout entier. Pourquoi ?

## Le ciel est noir

Revenons en arrière : cinq siècles avant notre ère, certains mécaniciens grecs imaginent que l'Univers est fini, qu'il se limite à la sphère des étoiles visibles, quelques kilomètres seulement au-dessus de nos têtes. Mais d'autres astronomes de l'époque rejettent ces frontières et remplacent le bord de l'Univers par une zone infinie et vide. D'autres encore considèrent que ce vide cosmique n'est pas vide mais contient une infinité d'étoiles.

Et l'on a pensé ainsi jusqu'à ce que, au XIXe siècle, l'astronome allemand Wilhelm Olbers ose poser une question apparemment naïve : pourquoi la nuit est-elle noire ?

Ici se trouve la réponse à la question de l'infinité de l'espace : si l'Univers était infini, il serait nécessairement peuplé d'une infinité d'étoiles. On devrait donc en voir une infinité, serrées en nuages les unes contre les autres, quelle que soit la direction où l'on regarde dans le ciel. Il n'y aurait donc plus la moindre place pour le noir dans le ciel et celui-ci, durant la nuit, brillerait d'un éclat argenté aussi radieux que celui du Soleil. En bref, si l'Univers était infini, le ciel ne serait pas noir mais brillant comme un diamant.

## WMAP : l'Univers est-il fini ?

Mais aujourd'hui, il y a peut-être mieux que le paradoxe d'Olbers : il existe depuis peu – en fait depuis 2003 à peine – un indice expérimental qui suggère que l'Univers pourrait être fini (il ne s'étendrait pas à l'infini même si, pour autant, il n'a pas de bord). En effet, le 11 février 2003, la NASA a rendu publiques les saisissantes images captées par son plus puissant satellite explorateur, le fameux WMAP. Ces images, que nous vous montrons, sont celles du « bébé Univers » : elles nous le révèlent tel qu'il était 380 000 ans à peine après le big bang.

Comment a-t-on pu obtenir ces clichés du passé lointain ? Tout simplement, comme pour n'importe quelle photo, le satellite explorateur a fixé durant plusieurs mois l'objectif de sa caméra sur le lointain horizon cosmique, faisant le point à la distance colossale de 13,7 milliards d'années-lumière. Son champ a été étendu à toute la sphère céleste, ce qui veut dire que WMAP a photographié l'Univers « tout entier » au moment même où la lumière se libère de la matière primordiale et jaillit dans le vide (ce qui s'est produit lorsque la densité de la matière n'a plus été assez forte pour faire obstacle à la lumière, un peu comme une brume se dissipant). Que voit-on sur ces clichés de l'aube des temps ? Bien entendu, aucune étoile ni galaxie : celles-ci ne sont pas encore nées (les toutes premières n'apparaîtront que 200 millions d'années plus tard). Mais il y a autre chose : des taches de couleurs allant du rouge au bleu. Or, ces différentes couleurs révèlent d'infimes différences de température (et donc de densité) d'un bout à l'autre du bébé Univers. Ces fluctuations sont incroyable-



« Tous ceux qui sont sérieusement impliqués dans la science finiront par être convaincus qu'un esprit se manifeste dans les lois de l'Univers, un esprit immensément supérieur à celui de l'homme. »

[ Albert Einstein, physicien ]

On peut raisonnablement s'attendre à ce que **l'espace puisse être fini.**

ment faibles : à peine 0,00001 % d'écart par rapport à la température glaciale du « fond cosmologique diffus » (– 270,3 °C). Et tout est là : dans le rapport officiel publié sur l'arXiv le 20 mars 2006 pour le compte de la NASA, David Spergel et ses collègues ont souligné : « La petitesse du quadrupôle du fond cosmologique diffus observé aussi bien par WMAP que par COBE a stimulé l'intérêt dans la possibilité que l'Univers puisse être fini. ».Pourquoi une telle remarque ? Parce qu'un Univers infini présenterait nécessairement des différences de densité proprement gigantesques (ce que justement WMAP n'a pas observé). On peut donc raisonnablement s'attendre à ce que l'espace puisse être fini – pour la même raison, comme le disent les astrophysiciens, que l'on n'a aucune chance de voir tout à coup surgir un raz-de-marée dans sa baignoire.

Et finalement, de façon très surprenante, l'analyse de ces infimes différences de température donne des indications aussi inattendues que précieuses sur la taille et la forme de notre Univers. Sa géométrie est extrêmement proche d'un espace plat mais, en réalité, cet espace posséderait une courbure marginalement positive. Auquel cas il devrait donc être fini.

## Quelle est la forme de l'Univers ?

À présent, allons plus loin : l'Univers est peut-être fini, soit. Mais à quoi ressemble-t-il ? Quelle pourrait être sa forme ? Sans attendre, précisons une difficulté : l'espace-temps a quatre dimensions (trois pour l'espace, une pour le temps). Il est banal pour nous de visualiser n'importe quel objet à trois dimensions, pourvu que nous puissions le contempler depuis l'extérieur. Mais il en va tout autrement avec une dimension de plus. Quels que soient nos efforts, il nous sera malheureusement à jamais impossible de nous représenter la géométrie à quatre dimensions de l'espace-temps. Pourquoi ? Parce qu'il nous est interdit de contempler l'Univers « de l'extérieur ». Nous sommes plongés dedans et ne pouvons donc l'observer que de l'intérieur, d'autant plus qu'il n'a pas d'extérieur : il n'y a rien « autour » ou « en dehors » de lui.

Alors, comment deviner sa forme, « voir » à quoi il ressemble ? Avant tout, pour une majorité d'astrophysiciens d'aujourd'hui, l'espace à trois dimensions, celui dans lequel nous vivons, doit être considéré comme « euclidien », c'est-à-dire plat (et en fait infini). Cela signifie notamment que, si l'on va tout droit devant soi, on ne reviendra jamais à son point de départ. Mais, pour peu que l'on y regarde de près (comme nous l'avons signalé plus haut), on s'aperçoit qu'aucun argument ni aucune observation vraiment contraignante ne viennent conforter cette approche. Affirmer que l'Univers est plat nous semble donc aussi déraisonnable que de croire que la Terre est plate.

À partir de là, que l'Univers soit décrété plat ou courbe, les solutions proposées par les cosmologistes ou même par les physiciens mathématiciens ne manquent pas : la « topologie » (c'est-à-dire la forme) de l'espace à trois dimensions pourrait être celle d'un pneu de voiture tridimensionnel (c'est ce que l'on appelle un tore), celle d'un cylindre tronqué ou infini, ou encore, selon le choix de certains astrophysiciens français, celle d'un objet plus compliqué que les géomètres, à la suite des travaux d'Henri Poincaré, appellent un « dodécahédron ».

## L'Univers est-il rond ?

Mais n'y a-t-il pas une forme, une topologie, plus simple ? Notre point de vue (certes personnel, mais fondé sur le principe de simplicité) est que, parmi toutes les formes possibles, l'Univers a nécessairement choisi la plus simple. Or quelle est, pour un objet à trois dimensions, la forme la plus simple ? Celle d'une sphère !

Ce résultat dérive d'une conjecture célèbre proposée en 1904 par le mathématicien Henri Poincaré et démontrée seulement 102 ans plus tard – donc en 2006 – par le mathématicien russe Grisha Perelman. Ce dernier s'est d'ailleurs vu décerner en août 2006 la médaille Fields (équivalent du Nobel de mathématiques) pour avoir apporté la solution à ce qui, jusqu'ici, était considéré comme l'un des sept problèmes les plus importants et les plus ardus du millénaire. Précisons au passage que Perelman, inébranlable, a immédiatement refusé la prestigieuse récompense. Reste que sa démonstration – longue, très technique et donc difficile à suivre, même pour les experts – a été pleinement validée au bout de trois ans de vérifications.

Arrêtons-nous un instant sur cette fantastique conjecture, plus que jamais sous les feux de l'actualité : que nous dit-elle au juste ? Essentiellement qu'en trois dimensions, la 3-sphère (ou sphère tridimensionnelle) constitue la topologie finie, sans bord et simplement connexe – c'est-à-dire sans trou – la plus simple.

En 1991, nous étions donc partis de l'idée que l'espace à trois dimensions devrait lui-même avoir la topologie la plus simple possible : une 3-sphère (S3). Depuis, nos calculs nous ont toujours poussés vers la même conclusion : tout comme la Terre est ronde, on peut aussi dire que l'Univers est rond. Fait encourageant : ce même point de vue a été défendu dès les années 1980 par Stephen Hawking et James Hartle dans leur modèle cosmologique. Là aussi, nous y reviendrons. Réfléchissons un moment. L'espace ordinaire (longueur, largeur, hauteur) pourrait donc bien avoir la forme d'une sphère à trois dimensions. Est-il possible de la visualiser ? Hélas, non. Voici pourquoi : si la Terre est bel et bien une sphère, contrairement à ce que nous pourrions penser celle-ci n'a que deux dimensions et non pas trois. En réalité, le globe n'est qu'une surface à deux dimensions courbée dans notre espace qui, lui, en compte trois.

Prenons maintenant la sphère-Univers : contrairement au ballon (à deux dimensions), la surface de cette sphère en possède trois. C'est une « hypersurface ». Or, nous existons dans (et non pas sur) cette surface à trois dimensions. Et la quatrième dimension ? C'est tout simplement le temps.

Comme la direction temporelle (selon le schéma relativiste) est perpendiculaire à l'hypersurface à trois dimensions, celle-ci se trouve nécessairement *à l'intérieur* de la sphère (puisque, par construction, la sphère-Univers n'a pas d'extérieur). Et il en découle une heureuse conséquence : dans la mesure où le temps s'écoule, le rayon de la sphère – qui est justement matérialisé sur l'axe du temps – grandit. Ceci explique de manière très naturelle pourquoi, à chaque instant, l'Univers change d'échelle. Car, selon ce modèle, l'expansion cosmique peut être vue comme le gonflement à chaque instant de la sphère-Univers à trois dimensions (celle-ci représente alors le bord à trois dimensions de l'espace-temps à quatre dimensions).

Quel est le rayon de cette immense « sphère » ? Autrement dit, quelle est la taille de l'Univers observable ? Selon les mesures les plus fines, son âge est de 13,7 milliards d'années. Mais il nous faut tenir compte de l'expansion. Par conséquent, son horizon se trouve aujourd'hui à 47 milliards d'années-lumière (puisque la source qui a émis la lumière il y a 13,7 milliards d'années a été « éloignée » de plus de 30 milliards d'années-lumière par l'expansion).

## Une courbure faible mais positive

Si comme nous venons de le voir l'Univers est très grand (presque 50 milliards d'années-lumière), cela a pour conséquence que sa courbure doit être très faible. Or, une nouvelle récente et spectaculaire suggère à son tour que le modèle sphérique pourrait bien être le bon.

Le 20 mars 2006, après trois années d'étude approfondie à partir des résultats préliminaires de 2003, les astrophysiciens missionnés par la NASA ont publié en conclusion de leur article évoqué plus haut que les mesures recueillies par WMAP sont indubitablement en faveur d'un « Univers presque plat ». Or, « presque plat » ne signifie pas totalement plat. Déjà, le 17 septembre 2004, alors que nous lui demandions si les données de WMAP suggéraient bien une courbure positive pour l'espace à trois dimensions, le physicien théoricien George Ellis, corédacteur avec Stephen Hawking d'un ouvrage réputé sur l'espace-temps, nous répondait : « Oui, c'est correct – quoique beaucoup de gens résistent à cela. »

Il est vrai que, aussitôt après la publication des résultats de WMAP, Ellis a été l'un des premiers à faire connaître son point de vue, qui n'a jamais varié depuis. Dans un article cosigné en 2003 avec deux autres astrophysiciens, le Français Jean-Philippe Uzan, de l'université de Paris-Orsay, et Ulrich Kirchner, de l'université du Cap, on peut lire : « Les données de haute précision de WMAP sur le rayonnement du fond cosmique indiquent marginalement que l'Univers présente des sections spatiales positivement courbées (et donc sphériques). »

Que signifie une « courbure positive » pour l'Univers ? Tout simplement, une fois de plus, que la topologie la plus naturelle concernant l'espace à trois dimensions est celle d'une sphère (dont la courbure est positive). D'ailleurs, cela était clairement énoncé dans les premières conclusions de 2003, résumées par George Efstathiou, l'un des meilleurs experts de l'université de Cambridge : « Les modèles à courbure positive sont en accord avec les données de WMAP. »

Il s'agit donc, selon nous, d'une avancée majeure : pour la première fois, nous pouvons peut-être accéder à une représentation complète (et qui a de bonnes chances d'être exacte) de la forme de l'Univers dans lequel nous vivons. Une forme idéalement pure et simple. Si l'on a pu croire jusqu'ici que l'Univers était plat, c'est parce que la courbure de la sphère représentant l'espace à trois dimensions est extrêmement faible. Mais la conclusion issue de l'observation est sans détour : si, un peu comme sur la Terre, nous marchions droit devant nous (et assez rapidement pour dépasser l'expansion), au terme d'un immense parcours nous devrions finir par revenir à notre point de départ.

## Vers l'origine de l'Univers

À présent, changeons radicalement de cap et regardons en direction du passé : la sphère-Univers va tout naturellement rétrécir. Devenir de plus en plus petite. Mais jusqu'où ? Curieusement, la réponse à cette question fournit une bonne raison de plus d'adopter la sphère S3 (en mathématiques, c'est le nom habituel de la sphère à trois dimensions) comme représentant la forme de notre Univers.

En effet, suivons le rétrécissement de la sphère-Univers à mesure que nous remontons dans le passé. Alors que les milliards d'années défilent follement en arrière, son rayon diminue. Vers – 13,7 milliards d'années, d'après la théorie du big bang, il existe une frontière qui marque l'origine du temps et celle de l'espace. Selon les théoriciens, il y aurait ainsi eu une « première seconde » après cette frontière durant laquelle l'horizon de l'Univers observable (délimité par la distance parcourue par la lumière en une seconde) mesurait à peine 300 000 kilomètres. Un millième de seconde plus tôt et cet horizon atteignait tout juste 300 kilomètres.



Tout comme **la Terre est ronde,**
on peut dire que **l'Univers est rond.**

Pour finir, son rayon devient minuscule, des milliers **puis des milliards de fois plus petit qu'une particule élémentaire,** avant d'atteindre enfin **le rayon de Planck,** dernière frontière du monde physique.

Finalement, le cosmos, avec tout ce qu'il contient (la Terre, le Soleil, les autres planètes du système, les étoiles de notre Galaxie puis, plus loin encore, toutes les galaxies de l'Univers), se trouve fantastiquement courbé, comprimé, et « tient » alors dans un espace de la taille de votre salon. Puis dans une pomme quelques fractions de seconde plus tôt, et dans un grain de poussière l'instant d'avant. Pour finir, son rayon devient minuscule, des milliers puis des milliards de fois plus petit qu'une particule élémentaire, avant d'atteindre enfin le rayon de Planck, la fameuse frontière du monde physique.

Nous le verrons plus loin, au sens habituel, il n'existe pas (en fait, il ne peut pas exister) quelque chose de plus petit que la longueur de Planck : $10^{-33}$ centimètres. C'est 100 milliards de milliards de fois plus petit que le noyau d'un atome d'hydrogène. Et si ce même noyau atomique devenait aussi grand que l'Univers tout entier, le mur de Planck ne mesurerait pas plus de 3 mètres. Mais pourquoi le mur de Planck est-il la chose à la fois la plus petite et la plus ancienne de l'Univers ? Pour quelle raison n'y aurait-il rien de plus petit ? Sans doute, comme le pressentait le physicien allemand Max Planck, parce qu'en deçà de cette échelle microscopique, la réalité entre dans le « flou quantique » et est soumise au principe d'incertitude. Autrement dit, selon les prédictions des spécialistes de cette théorie nouvelle (mais encore très spéculative) qu'est la « gravité quantique » (résultant du mariage forcé, à l'échelle de Planck, entre la théorie de la gravitation et la mécanique quantique), l'espace-temps se « déforme », il perd la rigidité que nous lui connaissons à notre échelle de tous les jours. Entre autres phénomènes, comme nous l'avons suggéré dans les années 1990 au cours de nos recherches, à l'échelle de Planck, la direction temporelle, telle l'aiguille d'une boussole au pôle Nord, pourrait perdre son orientation habituelle et se mettre à fluctuer entre le temps réel (mesuré par les nombres réels) et un temps imaginaire (mesuré par les nombres imaginaires). Cette possibilité de « fluctuation de la signature » ne peut bien sûr être envisagée que si l'on adopte un cadre où les contraintes relativistes auront été modifiées (notamment en considérant que la courbure de l'espace à trois dimensions n'est plus décrite par un terme linéaire mais par un terme élevé au carré).

Arrêtons-nous sur un point intéressant : les contrastes de couleurs que l'on peut voir sur l'image du très jeune Univers (380 000 ans tout juste) prise par le satellite WMAP. Que révèlent ces contrastes ? Tout simplement que la température et la densité de l'Univers naissant fluctuent d'une région à une autre. À partir de là, l'hypothèse communément admise est que ces fluctuations sont peut-être reliées à quelque chose de plus profond : de possibles fluctuations du champ gravitationnel, en liaison avec un champ scalaire mystérieux utilisé dans la théorie de l'inflation (cette époustouflante expansion cosmique qui aurait eu lieu une infime fraction de seconde après le big bang). Or, ces fluctuations du champ gravitationnel pourraient être à leur tour le signe de fluctuations de la métrique (c'est-à-dire des distances d'Univers, dans l'espace et dans le temps) et peut-être aussi, selon nous et de façon complémentaire, de sa signature (ce qui nous ramènerait aux fluctuations possibles de la direction du temps).

Insistons ici sur ce rendez-vous important déjà signalé : le satellite destiné à succéder à WMAP sera lancé par l'Agence spatiale européenne et la NASA en 2007. Il s'appellera justement « Planck Surveyor ». Notre point de vue est qu'il devrait alors être possible de mettre en évidence les fluctuations quantiques qui, selon nous, ont pu perturber l'axe du temps au commencement du big bang.

Tout cela n'est pour l'instant rien de plus qu'une hypothèse parmi d'autres. Toutefois, cette nouvelle approche cosmologique, fondée sur une possible fluctuation du flot temporel à l'échelle de Planck, pourrait peut-être, comme le pense le Pr Lubos Motl, physicien théoricien à l'université de Harvard, représenter « une alternative à la gravité quantique ». C'est-à-dire une solution possible aux redoutables problèmes que rencontre aujourd'hui la physique théorique lorsqu'elle tente justement de franchir le fameux Mur de Planck. Nous y reviendrons.

### Un point singulier

Pour l'instant, afin de mieux « voir » ce que représente cette distance ultime, prenons un insignifiant grain de poussière, à peine visible à l'œil nu. À présent, imaginons que ce grain infime puisse devenir aussi gros que l'Univers tout entier. Or, même à cette échelle, le mur de Planck serait encore invisible, bien plus petit qu'un atome.

Mais ce n'est pas la fin de nos péripéties. Car en deçà du rayon de Planck commence peut-être un autre monde, un monde avant le big bang. Et ce monde-là, lui aussi, devrait avoir une origine, un « point zéro ». Tout à fait logiquement, notre sphère-Univers atteint la limite ultime de rétrécissement lorsque son rayon atteint zéro et devient nul. L'origine serait donc représentable par cet objet mathématique simple : une sphère de rayon nul.

À présent, d'un point de vue mathématique, qu'est-ce qu'une sphère de rayon nul ? Un objet des plus intéressants. En effet, en géométrie, on dit que la sphère à trois dimensions n'est pas « contractile », ce qui veut dire qu'elle ne peut pas s'effondrer de façon continue sur un point sans former (sans « enfermer ») une singularité. Autrement dit, lorsque le rayon de la sphère-Univers devient nul, celle-ci s'est transformée en un point singulier ! Fascinant ? Certes, d'autant plus que dans leurs impressionnants *Théorèmes de singularités,* Stephen Hawking et Roger Penrose (ensemble ou séparément à partir de 1964) décrivent justement les singularités comme des sphères à trois dimensions de rayon nul. Leur conclusion est d'ailleurs sans ambiguïté : sous certaines conditions simples, il existe inévitablement une siingularité à l'origine de notre Univers.

Au-delà des démonstrations techniques, nous retrouvons ici la troublante singularité initiale prédite par Friedmann il y a bientôt un siècle. D'où cette question : si l'Univers a bien commencé par une singularité (un simple point sans dimension), cela ne pourrait-il pas signifier que l'origine de tout ce qui fait notre réalité, en deçà du mur de Planck, n'est pas physique mais mathématique ? Qu'au commencement du temps, de l'espace et de la matière il y a peut-être « quelque chose » qui ne relève d'aucune forme d'énergie imaginable mais repose, plus profondément, sur une information primordiale ? Curieusement, c'est un peu cette même notion d'information qu'on retrouve au fond des trous noirs. Selon Stephen Hawking et d'autres, cette information n'est jamais détruite même lorsqu'un objet est absorbé par la singularité finale du trou noir.

Toutes ces questions et encore bien d'autres, nous les poserons dans ce livre. Avec, parfois, le fol espoir de voir monter de l'inconnu, telles les étoiles, des réponses nouvelles...



**Au commencement du temps,** de l'espace et de la matière il y a peut-être « **quelque chose** » qui ne relève d'aucune forme d'énergie imaginable mais, plus profondément, **d'une information primordiale.**

# PARTIE 1

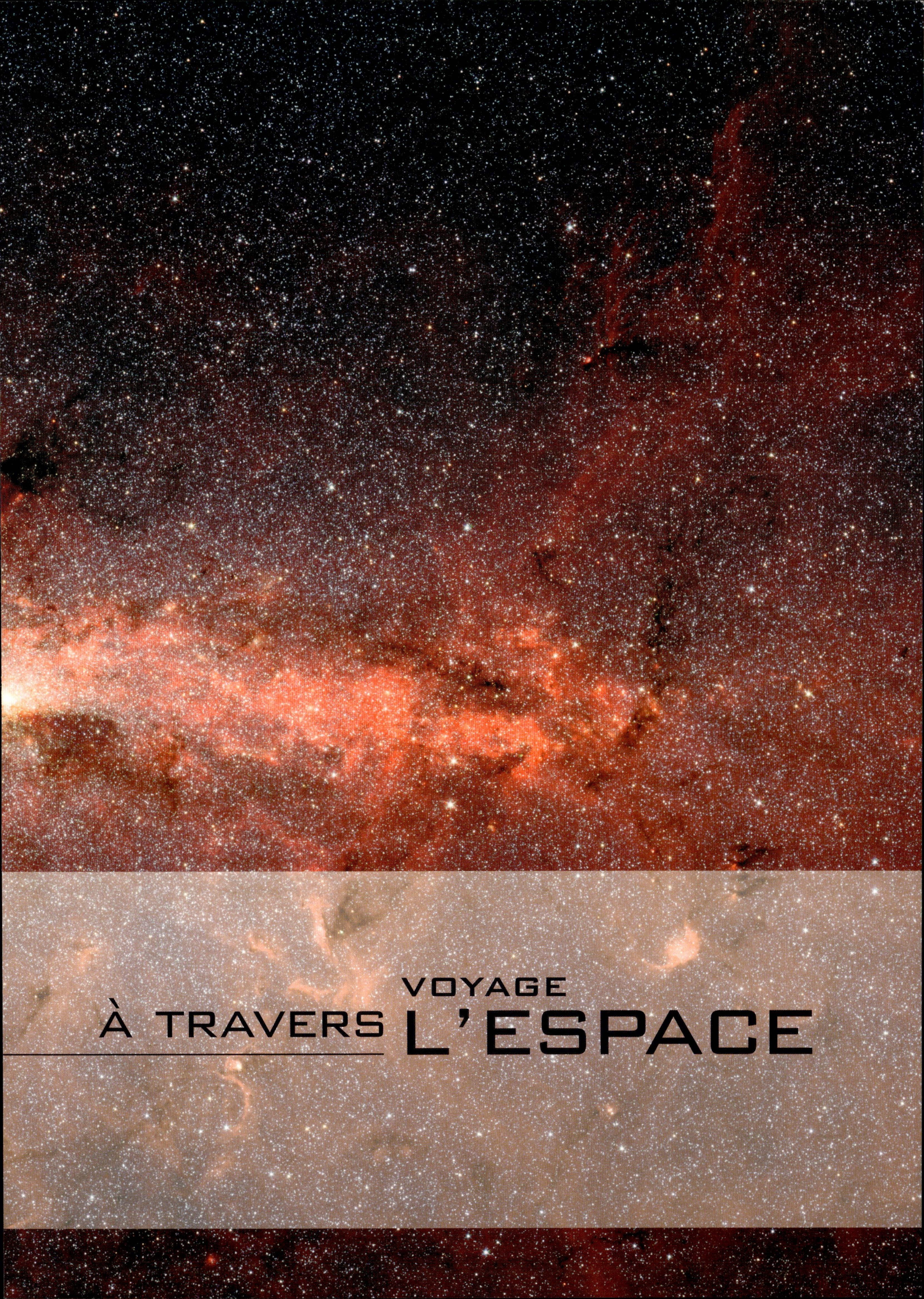

# VOYAGE À TRAVERS L'ESPACE

CHAPITRE 1

# VOYAGE DANS LE SYSTÈME SOLAIRE

Commençons par nous repérer au sein de notre bonne Voie lactée. Quelque part sur le bord de cette spirale, parmi les milliards d'autres étoiles, il y a le Soleil et les neuf mondes qui circulent autour : le Système solaire. Nous le verrons plus loin, celui-ci s'est formé il y a 4,5 milliards d'années. Il est perdu au fond de la Galaxie et rien ne le distingue des milliards d'étoiles qui brillent en nuées argentées tout autour. Pour trouver le Soleil et la Terre, il nous faut remonter vers le bras de la magnifique spirale d'Orion, à 28 000 années-lumière du centre de la Galaxie et juste à 20 années au-dessus de son plan équatorial.

Mais à quoi ressemblent ces autres mondes situés à côté de chez nous et néanmoins si différents ? Pour le savoir, partons à leur découverte, des plus proches du Soleil aux plus lointains.

## De Mercure à la Terre

Commençons par Mercure, désert de sable et de cailloux brûlé par le Soleil. Vu de là-bas, à 58 millions de kilomètres à peine du Soleil, celui-ci est énorme et brille d'un feu insoutenable. Le ciel est noir en plein jour. Pas d'atmosphère. Pas le moindre souffle de vent. Pas un bruit. Dans ces plaines immobiles, la chaleur dépasse 430 °C à la lumière. Mais, à l'ombre, 2 centimètres plus loin, il gèle : – 170° C ! Au fond de certains cratères près du pôle, il y a de la glace. En fait, c'est sur Mercure que l'on trouve les plus grandes variations de température de tout le Système solaire : de – 180 °C la nuit à 430 °C le jour dans certaines régions.

À présent que se passe-t-il sur Vénus, la deuxième planète ? Elle est beaucoup plus proche du Soleil que la Terre : 108 millions de kilomètres à peine. Une journée vénusienne dure 243 jours terrestres (elle tourne sur elle-même à l'envers et très lentement par rapport à la Terre). L'atmosphère y est 90 fois plus dense que chez nous et totalement irrespirable. Car, au cœur des tempêtes de gaz carbonique, il pleut de l'acide sulfurique. Au sol règne une chaleur infernale, 500 °C, assez pour faire fondre du plomb ! En fait, nous sommes beaucoup trop près du Soleil et les nuages s'élèvent à des hauteurs inconcevables : plusieurs dizaines de milliers de kilomètres au-dessus du sol. De quoi provoquer un monstrueux effet de serre.

Éloignons-nous vers une température plus fraîche. Nous croisons bien sûr la Terre. C'est la troisième planète du Système solaire en partant du Soleil. Elle se trouve à 150 millions de kilomètres de lui. On l'appelle la « planète bleue ». Pourquoi ? Parce qu'il y a de l'oxygène dans le ciel et de l'eau à la surface du sol, ce qui en fait un monde unique dans le Système solaire. À 380 000 kilomètres se trouve son unique satellite, la Lune.

## La Lune

Là-haut, on le sait bien désormais, on contemple à perte de vue, sous un ciel éternellement noir, un sol de poussière grise parsemé de bassins et de montagnes. Mais surtout, il y a les fameux cratères. Certains sont minuscules, à peine quelques centimètres de rayon. D'autres sont immenses. Par exemple le fameux Clavius : un



**Double page précédente** La Voie lactée (du grec *Galaktos* qui signifie « lait ») : un spectacle vertigineux formé de 250 milliards d'étoiles. Si nous voulions les dénombrer une par une, il nous faudrait compter nuit et jour pendant 20 000 ans. Cet immense troupeau d'étoiles qui ressemble à un disque en spirale mesure 100 000 années-lumière de diamètre.

**Ci-contre** L'énorme planète Saturne vue depuis le sol de l'un de ses satellites, Encelade. Nous sommes à quelque 1 427 000 kilomètres du Soleil. À une telle distance, en plein jour, le paysage bleuté ressemble à l'une de nos nuits de pleine lune. La surface d'Encelade, où règne un froid intense d'environ – 200 °C, est recouverte de glace et on y découvre, masquées par le givre, des crevasses de toutes tailles. Mais, sous quelques kilomètres de banquise, Encelade pourrait contenir un véritable océan liquide réchauffé par de très puissantes marées internes engendrées notamment par le champ gravitationnel de Saturne. En fait, il n'est pas impossible qu'un transfert de chaleur depuis les profondeurs d'Encelade vers sa surface et son hypothétique océan donne lieu à des phénomènes comparables aux sources hydrothermales qui existent au fond de nos mers. Si de telles sources chaudes existent dans les profondeurs d'Encelade, on peut imaginer qu'elles permettraient la synthèse de molécules organiques. Dès lors, tout comme sur Europe, satellite de Jupiter, une chimie organique prébiotique pourrait s'être développée et donner naissance à la vie.

**Ci-dessus** Une extraordinaire « tempête de neige » détectée sur le soleil au point de Lagrange par le satellite d'observation solaire SOHO. On observe ici une énorme éruption autour du disque solaire (photo du haut). Immense et brûlant, notre astre règne en maitre dans le ciel noir de Mercure (en bas).

**Ci-dessus, à droite** Orbitant à une distance moyenne de 58 millions de kilomètres du Soleil, Mercure est la planète la plus proche de notre astre. C'est aussi la plus petite des planètes solides : à l'équateur, son diamètre est de 4 878 kilomètres. Il est particulièrement difficile de l'observer depuis la Terre, car elle est le plus souvent noyée dans le rayonnement du Soleil.

En 1974, la sonde Mariner 10 a photographié environ 45 % de la surface de ce petit monde brûlé par le Soleil, ressemblant beaucoup à la Lune. Le jour, en plein soleil, la température à la surface de Mercure s'élève à 430 °C alors que la nuit, en l'absence de toute atmosphère, le froid est tel qu'elle chute bien au-dessous des températures les plus basses jamais enregistrées sur les pôles terrestres : – 180 °C ! Même dans leurs rêves les plus audacieux, les spécialistes de cette science que l'on appelle la « terraformation » (l'aménagement des planètes étrangères dans le dessein de les rendre habitables) n'ont jamais envisagé que l'homme puisse, un jour, s'installer durablement sur ce petit monde infernal.

« PYTHAGORE PENSAIT QUE LES CORPS CÉLESTES ÉTAIENT IMMORTELS ET DIVINS ;
QUE LE SOLEIL, LA LUNE ET TOUS LES ASTRES ÉTAIENT AUTANT DE DIEUX
QUI RENFERMAIENT AVEC SURABONDANCE LA CHALEUR,
QUI EST LE PRINCIPE DE LA VIE. »

[ Charles-François Dupuis, scientifique ]

**Ci-dessus et ci-contre** Ces photographies rendues possibles par le programme Magellan de la NASA montrent que Vénus est un véritable enfer. Il y règne une température de 482 °C et la pression à sa surface est telle (92 fois celle que nous ressentons sur la Terre) qu'elle est comparable à celle que l'on rencontre à plusieurs milliers de mètres de profondeur sous les mers. Pourquoi une telle différence entre la Terre et Vénus ? Alors que ces deux planètes se sont formées en même temps, à partir de la même nébuleuse, qu'elles ont la même taille et que Vénus est à peine plus proche du Soleil (108 millions de kilomètres) que la Terre, Vénus ressemble à un monde digne du pire cauchemar : des plaines très sombres noyées par des coulées de lave, des montagnes déformées par l'activité géologique. Près de 90 % du sol visible de Vénus est recouvert de roche volcanique. Ainsi, grâce aux observations de la mission de cartographie radar Magellan de la NASA (1990-1994), on peut découvrir ces immenses coulées de lave, longues de plusieurs centaines de kilomètres, qui ont littéralement inondé les plaines. On dénombre à la surface au moins 100 000 petites cheminées volcaniques et plusieurs centaines de volcans de grande taille. De véritables fleuves de lave s'écoulent de ces volcans sur des centaines de kilomètres, le plus long de ces fleuves brûlants dépassant 7 000 kilomètres.Pour parfaire ce paysage, on trouve sur Vénus des cheminées volcaniques géantes dont le diamètre est supérieur à 100 kilomètres (alors que, sur la Terre, le diamètre des cheminées

fantastique gouffre de 225 kilomètres de diamètre, dans la région sud de la Lune. Profond de presque 5 000 mètres, il résulte de la chute d'un astéroïde géant il y a plus de 2 milliards d'années.
Récemment, les astrophysiciens ont émis l'hypothèse qu'il pourrait y avoir de l'eau sur notre satellite. Une eau sans doute en provenance des comètes qui, il y a plusieurs milliards d'années, se sont écrasées à sa surface. Bien entendu, il est impossible de déceler la moindre goutte d'eau en surface : lorsque le Soleil illumine le sol, la température dépasse 100 °C. En revanche, il est pensable de trouver de l'eau sous forme de glace au fond de certains cratères, notamment ceux du pôle Sud, qui ne sont jamais exposés aux rayons du Soleil. Cette eau – dont la quantité, selon les experts, devrait être supérieure à 1 milliard de mètres cubes – pourrait alors constituer un fabuleux réservoir à oxygène pour les futures bases lunaires.
À ce sujet, le 25 août 2006, la NASA a officiellement lancé la mise à l'étude d'un futur vaisseau spatial destiné à remplacer la navette mais également les modules d'exploration antérieurs, du type Apollo. Symboliquement, ce vaisseau portera le nom d'une constellation lointaine : Orion. Il devrait emmener des hommes sur la Lune entre 2018 et 2020.
À présent, quittons la Lune pour Mars, la quatrième planète, à 230 millions de kilomètres du Soleil.

## Mars, la « planète rouge »

Mars a de tout temps fasciné les hommes. Pour l'atteindre, il nous a fallu traverser 100 millions de kilomètres. La première fois qu'un tel voyage a été effectué, c'était en 1965, par la sonde Mariner 4. Vingt-deux photos ont été prises au cours de cette expédition. Ce qui frappe sur ces clichés, c'est avant tout la couleur du désert martien : rouge à perte de vue. Pourquoi ? Parce que sa surface contient de l'oxyde de fer, c'est-à-dire de la rouille.
La planète Mars est plus petite que la Terre : sa superficie représente le quart et sa masse à peine le dixième. Pourtant, ce monde lointain ressemble étrangement au nôtre. Plus exactement à certaines régions désertiques de la Terre, par exemple au désert du Ténéré. Parfois, on y observe même de fortes tempêtes de poussière et de sable. Levons maintenant les yeux au-dessus de l'horizon. Le ciel martien est différent du nôtre. Il oscille entre le rose et le violet. Bien



volcaniques ne dépasse pas quelques kilomètres). En imaginant qu'il ne soit pas écrasé par le poids de l'atmosphère ou brûlé par l'effet de serre qui règne à la surface de ce monde hostile, s'il levait les yeux vers le ciel obscur, un promeneur ne pourrait voir à travers la pluie d'acide sulfurique qu'un horizon noir, masqué par d'épais nuages de dioxyde de carbone. Il ne verrait même pas que, en raison de sa rotation d'est en ouest (inverse à celle de la Terre), le Soleil se lève à l'ouest et se couche à l'est. Et, plongé dans cet enfer, il réaliserait à peine que le jour vénusien est de 243 jours terrestres et dure plus longtemps que son année (qui est de 225 jours).

**Double page suivante** Cette recomposition en 3D de la surface de Vénus nous dévoile le spectacle grandiose que nous découvririons si nous étions à bord d'un engin survolant le paysage à 7 500 mètres d'altitude. Au premier plan, nous verrions Gula Mons, un volcan de plus de 3 000 mètres de haut. Les flots de lave vomis par ce volcan en activité s'écoulent sur des centaines de kilomètres vers les plaines, très loin en contrebas. On aperçoit également en haut à droite, presque à l'horizon, un autre volcan nommé Sif Mons : son diamètre dépasse 300 kilomètres et sa hauteur avoisine 2 000 mètres.

**Ci-dessus et ci-contre**

Troisième planète après Mercure et Vénus, la Terre tourne autour du Soleil à une distance d'environ 150 millions de kilomètres. Elle atteint un diamètre de 12 756 kilomètres, quelques centaines de kilomètres de plus que celui de Vénus. L'atmosphère de notre globe est composée de 78 % d'azote, de 21 % d'oxygène et de 1 % d'autres éléments rares. Grâce à l'observation de la Terre par les nombreux satellites qui l'entourent, on sait désormais que notre atmosphère est loin d'être aussi calme qu'on l'imaginait : à haute altitude, les courants sont particulièrement actifs. Le manteau atmosphérique se dilate pendant le jour et se resserre durant la nuit. Directement affectée par les variations de l'activité solaire, l'atmosphère des hautes altitudes concourt donc directement à la températue et au climat terrestre.

Très impressionnés par la mince couche d'atmosphère qui entoure le globe, les astronautes ont pour la plupart décrit la Terre depuis l'espace comme un monde magnifique, mais aussi très vulnérable. Quand on la regarde à une distance de seulement quelques centaines de kilomètres, la Terre offre le spectacle féérique de ses eaux bleues, de ses nuages blanc perle masquant à peine les grandes masses de terre sombre et verte. Depuis l'espace, on peut voir (photo ci-dessus en bas) l'image extraordinaire de la nuit qui tombe sur l'Europe : la Côte d'Azur est déjà plongée dans l'obscurité alors que la Bretagne est encore en plein jour.

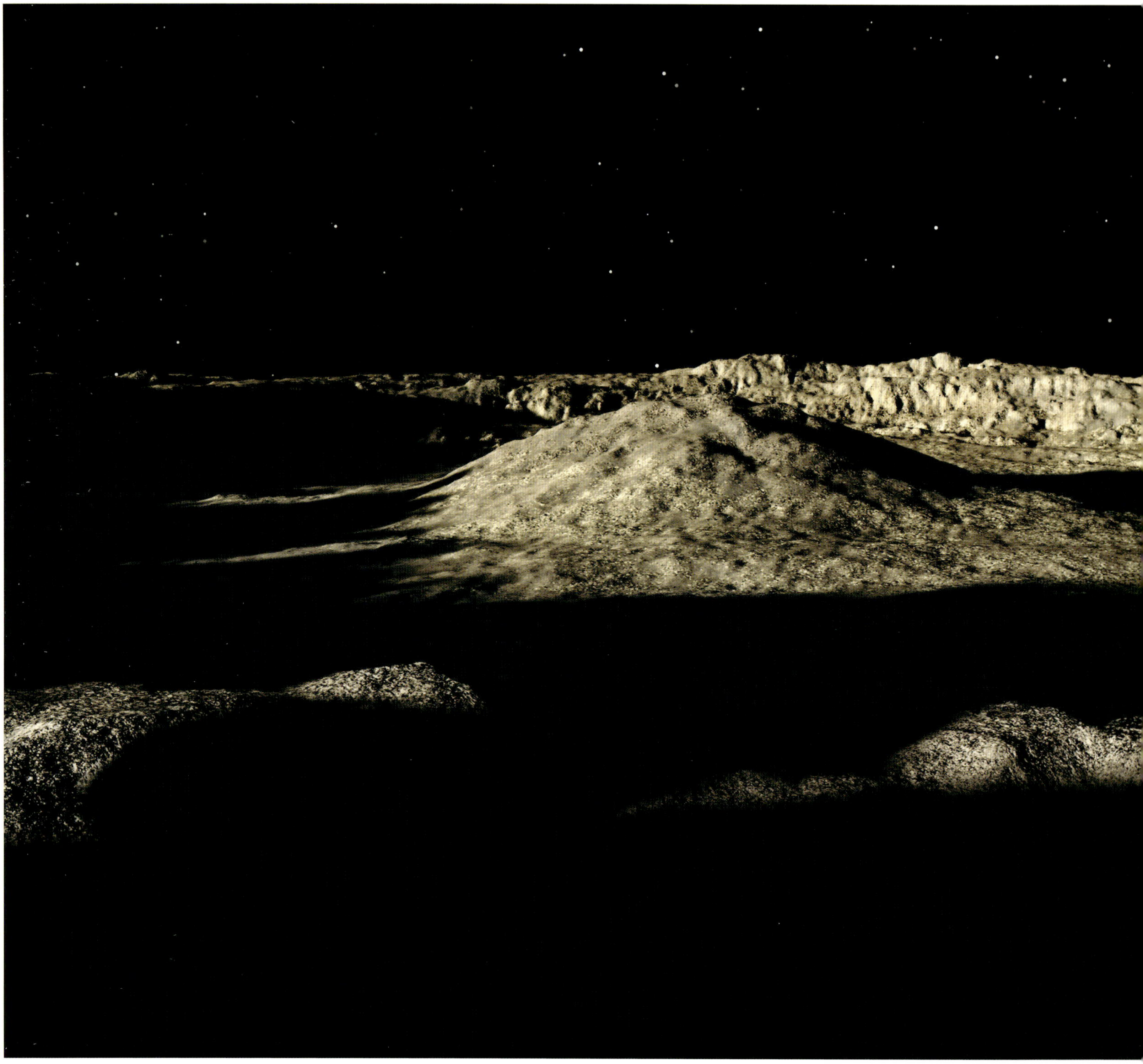

**Ci-dessus** Voici le spectacle étonnant découvert par les astronautes lorsqu'ils ont posé le pied sur la Lune. Les sommets des montagnes sont éclairés par le Soleil tandis que les vallées sont encore plongées dans l'obscurité. Au-dessus d'un horizon que l'américain Eugene Cernan, dernier astronaute à avoir exploré la Lune, qualifiera de « presque irréel », on voit la Terre se lever.

**Ci-contre, en haut** Cette magnifique photographie du paysage montagneux de la Lune a été prise par l'astronaute Harrison H. Schmitt pendant la seconde sortie extravéhiculaire de la mission Apollo 17 sur le site étonnant de Taurus-Littrow. C'est à cet endroit, en descendant vers le cratère Shorty (que l'on aperçoit sur la droite), que Eugene Cernan a découvert que le sol était de couleur orange, comme en témoignaient les flancs du Rover lunaire. Une partie du massif Sud et le mont Family sont nettement visibles à l'horizon. Lors d'un de ses voyages à Paris, en 2005, Eugene Cernan (ici aux commandes du Rover lunaire) a déclaré : « Nous avons atterri sur la Lune et nous y avons passé 75 heures. Un peu plus de trois jours. C'est pour cela que j'ai l'habitude de dire que nous avons véritablement "vécu" sur la Lune ». Grâce à notre véhicule lunaire, nous avons pu traverser des vallées entières, grimper sur le flanc de quelques montagnes, descendre au fond de cuvettes, et, lorsque nous avons redécollé, nous sommes restés en orbite autour de la Lune trois jours de plus afin de compléter des mesures scientifiques,

notamment grâce à des photographies. C'était notre dernière chance d'explorer la Lune, au moins pour de nombreuses années, et nous en avons profité pour rapporter sur Terre le maximum d'informations.
Personne au monde n'avait jamais vu la face cachée de la Lune comme je l'ai vue. J'ai atterri dans une vallée entourée de montagnes extrêmement hautes sur trois côtés. On pourrait appeler ça une "magnifique désolation". Car, bien qu'il soit désolé et de couleur grisâtre, le paysage est vraiment magnifique. Quelque chose de très spécial et de vraiment unique. Pour me rassurer, je regardais parfois la Terre en me disant qu'à cet instant précis ma fille devait se trouver dans le bus qui l'emmenait à l'école. »

**Ci-dessus, en bas** Cernan et Shmitt auront parcouru une distance de 35 kilomètres à bord de leur fameuse jeep lunaire que l'on aperçoit sur cette image. Le 14 décembre 1972, à 16h55, les derniers hommes à avoir marché sur la Lune décolleront vers la Terre, mettant un terme pour bien longtemps à l'une des aventures humaines et technologiques les plus prodigieuses de toute l'histoire de l'humanité.

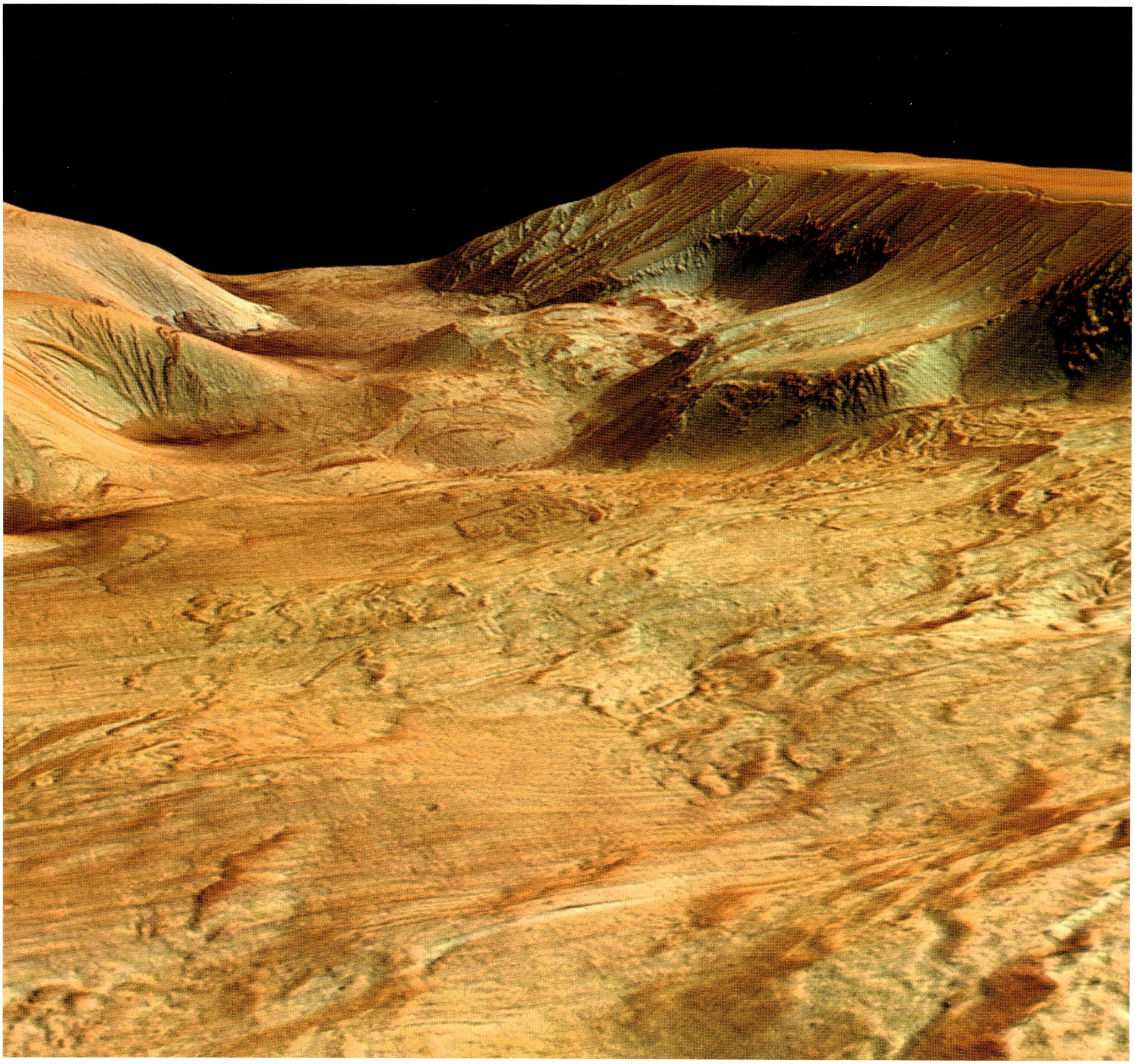

« La vie microscopique, je suis convaincu qu'elle existe. Sans doute qu'elle existe (ou qu'elle a existé) dans le Système solaire, sur certains endroits, comme Mars. »

[ François Raulin, biologiste ]

**Le ciel martien est différent du nôtre.** Il oscille entre le rose et le violet. Bien entendu, l'air, saturé de gaz carbonique, n'est pas respirable.

entendu, l'air, saturé de gaz carbonique, n'est pas respirable. Et, de toute façon, l'atmosphère est très mince : quelques dizaines de mètres à peine au-dessus de la surface. Il suffit de grimper sur une colline pour que le ciel devienne noir comme de l'encre.

Imaginons que nous assistions au lever du jour sur la planète rouge : il va durer environ 12 heures, comme chez nous. De même, en raison de son inclinaison, il y a sur Mars quatre saisons bien marquées. Autre ressemblance avec la Terre : au pôle Nord et au pôle Sud, on trouve des calottes glaciaires et même de la neige. Mais il fait en moyenne beaucoup plus froid que chez nous, avec des records de – 140 °C. Même si en été, à l'équateur, la chaleur peut atteindre 20 °C.

Commençons notre exploration. Les terres se divisent en deux régions : au nord, des plaines volcaniques rougeâtres et, au sud, des hauts plateaux semés de cailloux. Comme sur la Lune ou sur Mercure, on observe des milliers de cratères, dont le plus remarquable, creusé par la chute d'un énorme astéroïde, s'appelle Hellas Planitia : plus de 6 000 mètres de profondeur et 2 000 kilomètres de diamètre.

En continuant, nous arrivons dans Valles Marineris, une chaîne de canyons longue de 4 000 kilomètres. Celle-ci s'enfonce à des profondeurs étonnantes, jusqu'à 7 000 mètres sous la surface. Enfin, en remontant, nous trouvons Olympus Mons, un immense volcan éteint. Sa circonférence à la base atteint plus de 500 kilomètres et son sommet culmine à la hauteur vertigineuse de 27 000 mètres ! C'est la montagne la plus haute non seulement de Mars, mais de tout le Système solaire.

Sur cette vision saisissante s'achève notre visite de la planète rouge. Notre prochain objectif, toujours plus loin du Soleil : les planètes géantes que sont Jupiter, Saturne, Uranus et Neptune.

## Les planètes géantes

Ce sont des mondes qui, en grande partie, en sont pas solides, ce sont seulement d'énormes boules de gaz. Si un vaisseau spatial voulait les explorer, il passerait facilement au travers (à condition bien sûr d'éviter le noyau, seule zone compacte).

Tout d'abord, il y a Jupiter : c'est la plus grosse planète du Système solaire. On pourrait y loger 1 300 planètes de la taille de la Terre. Sa masse représente plus de 300 fois celle de la Terre et, à elle seule, elle est presque trois fois plus lourde que toutes les autres planètes réunies.

Comme sur les autres mondes gazeux, des vents violents, de près de 600 kilomètres heure, parcourent les couches supérieures. Sur ses flancs, on observe depuis plus de trois siècles une immense tache rouge sombre étalée sur plus de 25 000 kilomètres d'un bout à l'autre. Peut-être un cyclone.

Enfonçons-nous dans les nuages. Les volutes sont démesurées et donnent le vertige ; elles dessinent des flocons rougeâtres de plusieurs milliers de kilomètres de circonférence. Nous réalisons alors à quel point la couche est immense, plongeant vers le sol invisible sur des dizaines de milliers de kilomètres. L'atmosphère, composée essentiellement d'hydrogène et d'hélium, est de plus en plus agitée mais tout aussi irrespirable que sur Mars ou Vénus.

À mesure que nous poursuivons notre descente, les nuages d'hydrogène se densifient et se transforment peu à peu en pluies de plus en plus lourdes. Celles-ci tourbillonnent en écumant dans les vents déchaînés,



**Ci-contre** 4 000 kilomètres de long, près de 700 kilomètres de large dans les espaces les plus ouverts et, enfin, une profondeur ahurissante de 10 kilomètres dans les zones les plus profondes : le grand canyon martien Valles Marineris atteint des dimensions gigantesques. Comme on le devine sur cette image, le paysage que nous offre ce monstre géologique est vertigineux : comment ne pas être ébloui par ses falaises de 7 000 mètres de haut ? Il est probable que Valles Marineris représente l'un des paysages les plus spectaculaires de tout le Système solaire et que dans l'avenir il devienne, à coup sûr, l'un des lieux incontournables du grand tourisme extra-terrestre.

**Double page suivante** Un sol désolé, jeté de cailloux sous un ciel rose marbre. Telle nous apparaît désormais la surface de Mars à la faveur des images rapportées par les diverses sondes d'exploration. Il y fait généralement très froid. Malgré la faible densité de l'atmosphère, de violentes tempêtes se déclenchent souvent pour souffler dans le ciel le sable que l'on aperçoit ici en quantité. Si des êtres humains devaient un jour vivre sur Mars, ils devraient s'installer sous terre ou sous des dômes protecteurs. Ils devraient également extraire l'oxygène et l'eau du sol gelé. En bref, il reste bien des obstacles à surmonter pour transformer Mars en ce paradis dont ont rêvé les premiers astronomes ou certains écrivains de science-fiction comme Ray Bradbury.

précipitées en titanesques cataractes hydrogénées vers les entrailles de la planète géante. Très au-dessous, dans un fracas indescriptible, s'est donc formé l'immense océan d'hydrogène liquide de la planète. Et, au fond de cet océan noir et étrange, entre 30 000 et 40 000 kilomètres de profondeur, sous une pression inimaginable, nous trouvons enfin la partie solide de Jupiter, faite d'hydrogène métallique et, encore plus au centre, de silicates et de fer. Ce noyau « rocheux » est aussi grand que la Terre. Là-bas, la température est sans doute supérieure à 20 000 °C. Si elle avait été un tant soit peu plus grosse, Jupiter serait devenue une étoile, le second soleil du Système solaire.

Maintenant, voici Saturne. Encore un monde géant, mais un peu plus petit que Jupiter. C'est la planète la moins dense du Système solaire : si un de nos océans était assez grand pour l'accueillir, elle pourrait flotter à la surface. Comme sur Jupiter, notre promenade commence par des nuages d'hydrogène. Vers les profondeurs de la planète, ceux-ci se condensent également en pluies ruisselantes et en océans. Enfin, tout en bas, à des dizaines de milliers de kilomètres de la surface, alors qu'autour de nous tout est d'un noir d'encre, nous atterrissons sur un noyau rocheux composé, comme pour Jupiter, de fer et de silicates.

Remontons maintenant vers la surface et élançons-nous vers le ciel. Nous découvrons alors la chose la plus étonnante de Saturne : ses anneaux. D'innombrables cailloux étalés sur plus de 400 000 kilomètres de largeur – 10 fois le tour de la Terre – mais en couche très fine : à peine 1 kilomètre d'épaisseur. Si leur origine reste énigmatique, on pense toutefois qu'il pourrait s'agir des débris d'une lune de Saturne pulvérisée il y a des centaines de millions d'années par un astéroïde géant ou détruite par les forces de marée de la planète. On sait en effet, depuis les travaux de l'astronome Édouard Albert Roche, qu'un petit corps céleste qui s'approche trop près d'un grand peut être mis en pièces par de telles forces.

À présent, en route pour Uranus. Comme pour les deux autres géantes, notre exploration commence par des nuages très épais et très froids en altitude. Sur près de 8 000 kilomètres, une première couche d'hydrogène où s'abattent des tempêtes d'hélium liquide. Puis nous rencontrons une couche plus dense, sur 10 000 kilomètres environ. Celle-ci est composée de brumes d'hydrogène, d'hélium, d'ammoniac et de méthane. À la différence des deux autres, Uranus ne possède sans doute pas d'océan d'hydrogène : nous finissons donc par tomber directement sur un sol solide fait, là encore, de fer et de silicates.

Toujours plus loin du Soleil, voici Neptune, la huitième planète et aussi la moins connue des géantes gazeuses. Là-bas le ciel est très sombre, le Soleil étant bien trop loin pour dissiper cette nuit éternelle. Uranus a sans

Si elle avait été un tant soit peu plus grosse,
**Jupiter serait devenue une étoile,**
**le second soleil du Système solaire.**



**Ci-contre** Voici Jupiter vue depuis Ganymède, à une distance de 1 070 millions de kilomètres de la planète géante. Son diamètre est de 5 268 kilomètres. C'est le plus grand satellite du Système solaire.
Le sol de Ganymède est bicolore. On rencontre alternativement des zones sombres recouvertes de cratères (les zones les plus anciennes, vraisemblablement les vestiges de la surface originelle), et des zones claires, présentant quant à elles peu de cratères, mais striées de nombreuses fissures parallèles. Elles sont peut-être constituées de matériaux provenant de l'intérieur du satellite, qui seraient remontés vers la surface à la suite de glissements et d'affrontements des grandes plaques souterraines.

**Ci-dessus, en haut** Avec ses 63 satellites, le système formé par la planète Jupiter – que l'on aperçoit ici depuis l'horizon désolé de l'un d'entre eux –, ressemble à un petit système planétaire. En effet, par sa genèse et ses dimensions, Jupiter a souvent été comparée à une étoile « ratée » autour de laquelle plusieurs planètes se seraient mises en orbite.

**Ci-dessus, en bas** Si vous vous trouviez à la surface de Io, l'un des satellites de Jupiter, voici la taille que ce monde occuperait dans votre champ de vision : une énorme planète envahissant tout l'horizon. Vous pourriez immédiatement constater qu'il s'agit d'un monde gazeux, dont l'épaisse atmosphère ne laisse entrevoir aucun continent solide.
La « surface » solide de Jupiter se trouve à près de 120 000 kilomètres sous les nuages, là où règne une pression si élevée qu'il est pour l'instant impossible de la récréer en laboratoire. Identique en taille à la Lune, Io ne présente pas de cratères d'impacts car sa surface est continuellement remaniée par une activité volcanique intense. En vous y promenant, vous pourriez constater que son sol est dense et rocheux, pareil à celui d'Europe.

Mais vous découvririez aussi avec inquiétude que, en raison des forces gravitationnelles exercées par les autres satellites, la surface du sol est littéralement déformée par des effets de marée.
À chaque révolution, il se soulève de plus de 100 mètres (contre 40 centimètres sur la Terre). Ce phénomène engendre un échauffement très important et provoque le volcanisme observé.

**Ci-dessus** D'un diamètre de 4 820 kilomètres, Callisto est le satellite le plus éloigné de Jupiter (1,8 million de kilomètres). Sa surface est couverte de cratères de météorites et de formations montagneuses. Le paysage s'apparente à celui de la Lune ou de Mercure. Cet objet semble n'avoir que très peu évolué depuis le bombardement météoritique intense du premier milliard d'années et, en conséquence, il a été le moins affecté par l'existence de Jupiter. Toutefois, à quelque 250 kilomètres sous sa surface, certains scientifiques pensent que l'on pourrait trouver de l'eau à l'état liquide.

« CE N'EST PAS SEULEMENT LE NOMBRE DES ATOMES,
C'EST CELUI DES MONDES QUI EST INFINI DANS L'UNIVERS. »

[ Épicure, philosophe ]

**Ci-dessus** Cette planète géante est située à une distance moyenne de 1 429 000 kilomètres du Soleil. Tout comme Jupiter, Saturne est composée d'environ 75 % d'hydrogène et 25 % d'hélium, ainsi que de quelques traces d'eau, de méthane, d'ammoniac et de « roches ». L'intérieur de Saturne est également similaire à celui de Jupiter. Il consiste en un noyau rocheux, une couche d'hydrogène métallique liquide et une couche d'hydrogène mélangée à des traces de différentes glaces. L'intérieur de Saturne est chaud (12 000 °C dans le noyau) et Saturne irradie davantage d'énergie dans l'espace qu'elle n'en reçoit du Soleil. La plupart de cette énergie supplémentaire est générée par le mécanisme Kelvin et Helmholtz, de même que pour Jupiter. Mais ce n'est pas suffisant pour expliquer la luminosité de Saturne. Les débris importants récemment observés au cœur des anneaux qui sont en orbite autour de Saturne laissent penser qu'il s'agit bien des restes d'une planète brisée par une collision. On pense qu'une comète ou un astéroïde a dû heurter un des satellites de Saturne il y a environ 100 millions d'années et produire ces débris.

doute aussi un noyau de fer. Au-dessus, l'atmosphère, où l'on ne trouve que de l'hydrogène, de l'hélium et du méthane (qui donne son étrange couleur bleue à la planète), s'étale sur près de 10 000 kilomètres. Les tempêtes de Neptune se déchaînent avec une rare violence : les vents deviennent alors les plus rapides du Système solaire, avec des pointes ahurissantes de 2 000 kilomètres heure.

## Pluton et Eris, planètes naines

Enfin, nous atterrissons sur Pluton, la dernière planète. Une planète placée sous les feux de l'actualité en 2006 : le 24 août, l'Union astronomique internationale lui a en effet ôté son statut de membre de plein droit du Système solaire pour en faire un « monde nain » (presque un astéroïde, peut-être en provenance de la ceinture de Kuiper, zone riche en météores de toutes sortes). Ce petit monde – qui, malgré cette nouvelle appellation, fait toujours partie du Système solaire – est à 6 milliards de kilomètres du Soleil : en avion, il faudrait 800 ans pour l'atteindre !

À la différence des géantes, Pluton est entièrement solide. Son sol noir est fait de roches métalliques, mais il est éternellement gelé : – 230 °C. Vu de là-bas, le Soleil n'est plus qu'une étoile, à peine plus grosse et plus brillante que les autres. Comme il n'y a presque pas d'atmosphère, le ciel de Pluton est vide et profondément noir. Il est possible qu'en « hiver », c'est-à-dire au moment où la planète est le plus loin du Soleil, les traces de cette atmosphère retombent en flocons de neige sur le sol gelé.

Plus loin encore et découverte seulement en octobre 2003, à 13 milliards de kilomètres du Soleil, existe une nouvelle planète naine que personne n'avait jamais observée jusqu'alors. Elle a été baptisée Eris.

À cette distance colossale, notre astre ne peut apporter aucune lumière, aucune chaleur. La surface de ce monde, là encore, est noire et glacée : il y règne une température de – 240 °C. C'est un corps céleste rougeâtre, mélange de roc et de méthane gelé, qui mesurerait environ 2 900 kilomètres de diamètre, un peu plus que Pluton, dont le diamètre est de 2 390 kilomètres.

Dans la nuit éternelle, le Soleil est tellement loin qu'il n'apparaît pas plus grand qu'une tête d'épingle. Au-delà d'Eris, la dernière planète naine, en tournant le dos au Soleil, il y a le vide. Un gouffre immense, des milliers de fois plus vaste que celui qui nous sépare de Pluton. Qu'allons-nous trouver au fond de ce gouffre ?

Pour le découvrir, partons sans plus attendre en excursion dans la Galaxie : d'incroyables mystères nous y attendent.

Au-delà d'Eris, la dernière planète naine,
en tournant le dos au Soleil, **il y a le vide. Un gouffre immense...**



**Ci-contre** Les récentes photographies d'Encelade prises par la sonde Cassini montrent, dans la région du pôle Sud de ce monde étrange, des sources ressemblant à des geysers de particules glacées. L'une des hypothèses les plus probables repose sur l'idée que, en-dessous de la surface, la température est suffisamment élevée pour que l'eau soit maintenue à l'état liquide. Dès lors, sous la pression interne, l'eau jaillit vers la surface et gèle presque instantanément une fois plongée dans l'atmosphère à près de – 200 °C.

« Un malin, Dieu, qui nous a ouvert l'espace
sans nous donner des ailes. »

[ Jules Renard, écrivain ]

**Ci-contre** Dernière des planètes gazeuses géantes, Neptune se trouve à 4 504 millions de kilomètres du Soleil. La composition de cette planète est très semblable à celle d'Uranus. Très loin au-dessous des couches nuageuses, elle serait formée d'un petit noyau (à peu près la masse de la Terre) de matériaux rocheux. Son atmosphère est essentiellement composée d'hydrogène, d'hélium et d'une petite quantité de méthane. Au-delà des nuages, on aperçoit le satellite Triton, la plus grosse lune de Neptune (2 700 kilomètres de diamètre).

**Ci-dessus** Cette scène dévoile le spectacle étonnant qu'offre la planète Uranus, sphère lisse et bleuâtre, observée depuis le sol de l'un de ses modestes satellites, Ariel. À une telle distance du Soleil (2,8 milliards de kilomètres), le paysage d'Ariel est à peine plus clair en plein jour que nos campagnes par une nuit de pleine lune. L'atmosphère d'Uranus contient 83 % hydrogène, 15 % d'hélium, 2 % de méthane et de petites quantités d'acétylène et d'autres hydrocarbones. C'est le méthane présent dans les couches supérieures de l'atmosphère qui donne cette couleur bleue à la planète. La surface d'Ariel est parcourue de cratères dont les vallées indiquent que peut-être, à une certaine époque, des fluides ont pu modeler le paysage.

**Ci-dessus, en haut** D'une taille légèrement supérieure à Pluton, l'objet le plus lointain du Système solaire a reçu officiellement le nom d'Eris. Ce petit monde dont on aperçoit le paysage gravite à 14,5 milliards de kilomètres du Soleil. Une distance colossale que l'on a bien du mal à imaginer. Si nous décidions de nous rendre sur la planète Mars à bord d'un avion de ligne sans escale, le voyage durerait environ une douzaine d'années. En revanche, si nous mettions le cap vers Eris, aux confins du Système solaire, cette fois, le voyage durerait environ 2 000 ans. Cet exemple nous permet de mieux évaluer la véritable échelle du Système solaire et des distances qui séparent les planètes les unes des autres.

**Ci-dessus, en bas** Au premier plan, toujours depuis le sol de ce monde très lointain, on aperçoit, au-dessus des falaises qui barrent l'horizon, sur la droite, la petite lune d'Eris nommée Dysnomie.

**Ci-dessus** Laissant loin derrière nous Neptune et ses lunes, nous quittons l'univers des planètes géantes gazeuses pour nous approcher des mondes qui gravitent aux limites extrêmes de notre Système solaire. Cette région est occupée par Pluton, un petit monde solide qui, à des milliards de kilomètres du Soleil, vient de perdre son statut de neuvième planète. À une distance aussi grande, Pluton et son unique satellite, Charon, sont plongés dans une obscurité éternelle. Il y règne un froid intense : – 238 °C au plus fort de l'hiver, qui, sur Pluton, dure plus de 60 ans…

CHAPITRE 2

# VOYAGE DANS LA VOIE LACTÉE

Nous venons de quitter le sol glacé de Pluton. À présent, nous nous éloignons du Système solaire, en route vers l'infini.

Lorsque nous nous retournons, le Soleil derrière nous n'est plus qu'une grosse étoile jaune, bientôt perdue parmi les milliers d'autres de cette région de la Voie lactée. Et loin devant nous, au fond du vide noir et glacé, nous voyons briller d'autres soleils. Des étoiles nouvelles. La plupart (presque 80 %) sont des naines rouges, plus petites et environ 100 fois moins brillantes que le Soleil. Elles sont immensément lointaines. Mais nous allons mettre le cap sur l'une des plus proches. Elle se nomme Alpha du Centaure A.

## Alpha du Centaure

En nous rapprochant, nous découvrons qu'il s'agit de la plus grosse étoile d'un système de trois soleils qui tournent les uns autour des autres. Les deux plus brillantes, Alpha du Centaure A et Alpha du Centaure B, forment ce que l'on nomme un système binaire. Elles sont séparées par environ 3,5 milliards de kilomètres et tournent l'une autour de l'autre en 80 ans. La troisième, Proxima du Centaure, est beaucoup plus lointaine : plus de 2 000 milliards de kilomètres des deux autres (soit environ 400 fois la distance entre le Soleil et Neptune).

Nous voici maintenant à proximité de la plus grosse des trois, Alpha du Centaure A. C'est un soleil jaune, qui ressemble beaucoup au nôtre. À peine un peu plus gros, il scintille depuis des milliards d'années dans la constellation du Centaure. À peu près du même âge, il s'est allumé à peine 250 millions d'années avant le nôtre. Pour autant, ce soleil étranger pourrait-il héberger autour de lui une planète – un monde solide et propice à la vie, comme la Terre ? La plupart des étoiles de notre galaxie n'en sont pas capables. Mais Alpha du Centaure A, elle, satisfait à presque tous les critères.

D'abord, elle se trouve dans ce que l'on appelle la séquence principale. C'est celle où l'étoile brûle son hydrogène en le transformant en hélium, ce qui génère la chaleur et la lumière indispensables à la vie. Ensuite, malgré le fait qu'il s'agit d'un système triple, les conditions d'ensoleillement autour d'Alpha du Centaure pourraient être stables (ce qui n'est pas le cas pour la troisième, Proxima du Centaure, une naine rouge dont la lumière peut doubler ou tripler en quelques minutes seulement). Enfin, pour fabriquer des planètes et permettre à la vie de s'y développer, les étoiles doivent receler des éléments lourds, comme le carbone, l'azote, l'oxygène ou le fer. C'est justement le cas d'Alpha du Centaure A.

Ainsi est soulevée la question ultime : allons-nous trouver autour de notre soleil voisin une planète comme la Terre ? Aujourd'hui, nous ne le savons toujours pas. Mais, jusqu'à preuve du contraire, on peut imaginer une planète orbitant dans la zone de vie d'Alpha du Centaure A, à environ 200 millions de kilomètres, ce qui permettrait à ce monde éventuel d'échapper à l'attraction d'Alpha du Centaure B, le deuxième soleil du système. Malheureusement, cet astre fascinant est encore hors de portée de nos vaisseaux spatiaux : il est 7 000 fois plus loin de chez nous que Pluton. Pour aller jusque



**Ci-contre** Cette image splendide représente l'un des amas d'étoiles les plus importants de notre Voie lactée. L'amas est littéralement embrasé par l'éclat de 14 étoiles supergéantes rouges qu'il est rare d'observer en si grand nombre. De jeunes étoiles bleues sont disséminées parmi ces étoiles supergéantes. L'amas contient environ 20 000 soleils et est 20 fois plus massif que les amas typiques de notre Galaxie. Il se situe en direction du centre de la Galaxie. Sa lumière visible est obscurcie par de la poussière interstellaire, mais les télescopes à infrarouge mettent facilement en évidence la luminosité réelle de cet amas qui est seulement âgé de 8 à 10 millions d'années. Il est suffisamment jeune pour que les astronomes puissent voir la plupart des étoiles rouges supergéantes avant qu'elles n'explosent en supernovae. On aperçoit ici, à l'extrême gauche de l'amas, les restes d'une supernova. On devine également, à l'arrière plan, une région stellaire éloignée appelée W42.

**Double page suivante** Au centre de l'amas du Trapèze, on aperçoit 4 étoiles très massives et très énergétiques entourées d'une très grande quantité d'étoiles semblables au Soleil. Le Trapèze est situé à peu près au milieu de la nébuleuse d'Orion que l'on voit apparaître ici comme un magnifique fond bleuâtre.

**Ci-dessus** Une représentation de notre galaxie, la Voie lactée, vue de l'extérieur. Cet immense disque de structure spirale rassemble 250 milliards d'étoiles et mesure 100 000 années-lumière de diamètre.

**Ci-contre, en haut**
Alpha du Centaure est un système formé de trois soleils, situé à une distance de 4,3 années-lumière de la Terre. Deux de ses étoiles, les plus grosses (Alpha Centauri A et B) sont remarquables car elles ont pratiquement la même taille que notre Soleil. Elles tournent l'une autour de l'autre en 80 ans et à une distance de 3,4 milliards de kilomètres. Quant à la troisième étoile, Alpha Centauri C (ou Proxima du Centaure), c'est une naine rouge tellement éloignée des deux premières qu'elle n'apparaît même pas liée à A et B. L'intérêt tout particulier de ces deux étoiles tient au fait que Alpha du Centaure A est une étoile jaune de type G2, exactement comme le Soleil. Sa température, son âge et sa composition étant donc très comparables, nombre d'hypothèses convergent vers l'idée que cette étoile « sœur » pourrait contenir un système solaire et, pourquoi pas, abriter la vie.
Le système d'Alpha du Centaure fait partie de la constellation du Centaure : à l'arrière plan, au milieu de la constellation, apparaît la grande galaxie NGC 5128.
Il s'agit de l'une des radiosources les plus puissantes identifiées à ce jour.

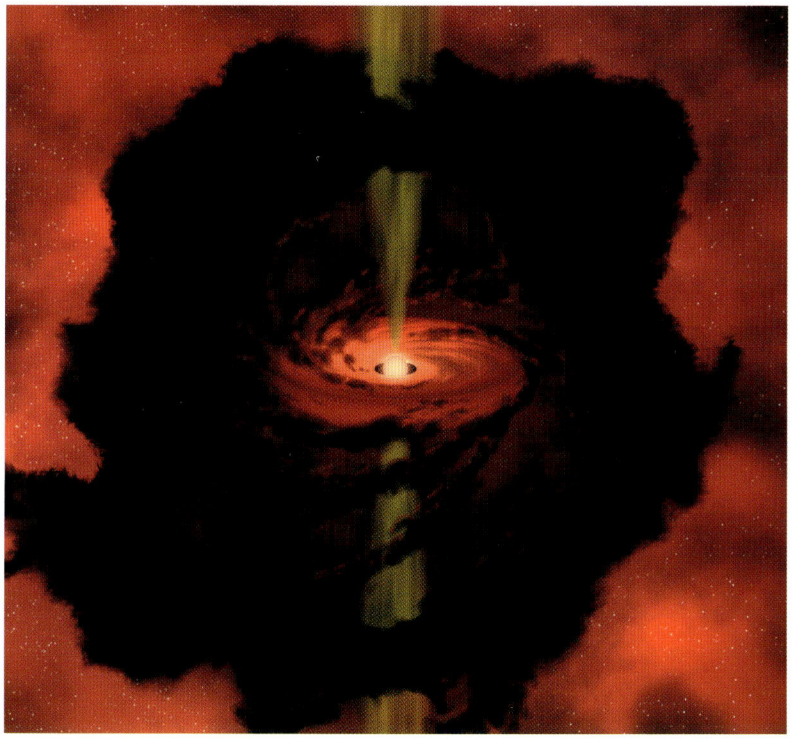

là-bas en avion de ligne, le voyage prendrait plus de 5 millions d'années ! Rappelons-nous : à bord d'un Airbus, il nous faudrait une dizaine de jours pour atteindre la Lune et un peu plus de 10 ans pour nous rendre sur Mars. Mais, pour voguer jusqu'aux étoiles les plus proches, il nous faudrait des dizaines de millions d'années.

Tout à coup, nous comprenons que, si nous voulons mesurer les distances entre les étoiles, nos bons vieux kilomètres ne veulent plus dire grand-chose. Il nous faut les remplacer par cette autre unité que nous avons déjà vue : l'année-lumière. Une année-lumière, c'est le chemin parcouru par la lumière, soit 9 000 milliards de kilomètres environ en un an. Pour parvenir jusqu'à cette fameuse étoile voisine qu'est Alpha, soleil jaune perdu dans la constellation du Centaure, notre rayon de lumière voyagera donc pendant un peu plus de quatre ans. C'est pourquoi l'on dit qu'Alpha du Centaure se trouve à environ 4 années-lumière de la Terre (4,35 années-lumière exactement pour Alpha du Centaure A).

À présent, quittons ce système voisin et poursuivons notre voyage à la recherche des étoiles les plus proches de chez nous.

## Les soleils voisins du nôtre

Après le système du Centaure, le soleil le plus proche est l'étoile de Barnard, à 6 années-lumière de chez nous. Il s'agit de ce que l'on appelle une naine rouge. Ce type d'étoile est le plus répandu dans l'Univers : trois étoiles sur quatre (du moins dans la Galaxie) sont des naines rouges. Ce sont des soleils rougeâtres, très peu brillants, dont la durée de vie peut atteindre 1 000 milliards d'années. Pour revenir à l'étoile de Barnard, celle-ci se déplace de 0,29 degré par siècle. Résultat : dans 8 000 ans, elle aura détrôné Alpha du Centaure et sera devenue l'étoile la plus proche du Soleil.

Ensuite, à 7,8 années-lumière, nous rencontrons Wolf 359. Ce soleil qui luit très faiblement est aussi une naine rouge, découverte par Max Wolf en 1918. À peine visible, jetant d'inquiétantes lueurs pourpres autour d'elle, c'est la troisième étoile la plus proche du Soleil.

La quatrième, 0,5 année-lumière plus loin, s'appelle Lalande 21185. Découverte en pleine Révolution française, en 1790, c'est également une naine rouge. Mais son éclat orangé est tel qu'on peut la voir nettement avec de simples jumelles.



**Ci-dessus, en bas** Cette vue d'artiste nous entraîne au-delà des poussières sombres de L1014 pour assister à la naissance d'une étoile. Le télescope Spitzer a en effet détecté un objet de faible luminosité, mais dégageant de la chaleur au cœur d'un nuage moléculaire très dense. Dans le cas où un jeune soleil aurait pu se condenser dans les profondeurs de ce nuage de poussières, il aurait une structure semblable à celle-ci. Attirées par la gravité de la nouvelle étoile, les poussières sombres du nuage s'agrègent sous la forme d'un disque à mesure qu'elles « spiralent » vers l'intérieur. Souvent, la naissance invisible d'une étoile est mise en évidence par des rejets bipolaires de gaz ainsi que des projections de matériaux aux pôles de l'étoile.

Enfin, encore un saut et voici qu'à 8,6 années-lumière, dans la constellation du Grand Chien, nous rencontrons l'une des reines de la Voie lactée : Sirius. Cet astre mythique rayonne d'un vif éclat argenté et c'est le plus brillant du ciel. Légèrement plus gros et plus chaud que le Soleil, Sirius est extrêmement jeune : à peine 250 millions d'années. Ce soleil encore dans l'enfance est donc né au temps des dinosaures. Mais il n'est pas solitaire : autour de lui gravite (en un demi-siècle) une naine blanche, Sirius B, totalement invisible à l'œil nu. Sirius B est 1 million de fois plus dense que l'eau : un litre de sa matière « pèse » 1 000 tonnes ! Ce système double est donc le cinquième en partant du Soleil.

Après avoir dépassé les systèmes de Luyten et de Ross, des naines rouges au faible éclat, nous parvenons à Epsilon Eridani, à 10,5 années-lumière de la Terre. Encore une étoile naine qui brille d'un feu orangé. En août 2000, on a détecté une planète gazeuse de la taille de Jupiter gravitant à 480 millions de kilomètres de l'étoile, ce qui la différencie de celles qui précèdent.

À 11,4 années-lumière, nous rencontrons une nouvelle étoile blanche, très brillante cette fois : Procyon. Autour d'elle orbite en 41 années une naine blanche découverte visuellement en 1896.

Avant d'achever notre exploration des étoiles les plus proches de la Terre, nous croisons Tau Ceti, un soleil jaune. Parmi les étoiles jaunes semblables au Soleil, c'est celle qui est la plus proche de nous. En 1960, on a recherché (en vain) les signes d'une vie possible dans ses parages immédiats, en même temps qu'autour d'Epsilon Eridani.

Enfin, nous terminons par une magnifique étoile bleue, le cinquième soleil le plus brillant du ciel : Véga, dans la constellation de la Lyre. Celle-ci se trouve à 25 années-lumière de la Terre. Elle est trois fois plus grosse que le Soleil et extrêmement plus brillante.

Nous sommes donc parvenus à un peu plus d'une vingtaine d'années-lumière de la Terre. Mais, au-delà des quelques soleils de notre voisinage immédiat, où que nous posions notre regard, à gauche, à droite, vers le haut ou vers le bas, nous voyons des nuées d'étoiles. Au moins 200 milliards, saupoudrées dans cet immense nuage en forme de lentille qui forme notre Galaxie, la Voie lactée : celle-ci s'étend sur 100 000 années-lumière d'un bout à l'autre.

**Ci-dessus, en bas** Un astronome financé par la NASA vient de découvrir un monde dont le soleil principal, au crépuscule, pourrait avoir déjà disparu derrière l'horizon, alors que deux de ses compagnons brillent encore dans le ciel. Cette nouvelle planète, appelée HD 188753 Ab, est la première qui réside au sein d'un système triple. Elle est en orbite autour d'un soleil semblable au nôtre qui maintient deux autres étoiles sous son influence gravitationnelle. De sorte que cette planète, dont la masse est légèrement plus importante que celle de Jupiter et que l'on aperçoit ici depuis le sol d'un satellite hypothétique, est le théâtre du spectacle peu commun de couchers et de levers de soleils multiples. À mesure que le soleil principal disparaît derrière l'horizon du satellite, la géante gazeuse NH 188753 Ab autour de laquelle gravite la lune apparaît dans le ciel (en haut à gauche sur cette image). Le paysage de la lune est éclairé par le rayonnement des trois soleils réfléchi par la surface de la géante gazeuse. Cet extraordinaire système triple se trouve à 149 années-lumière de la Terre.

**Ci-contre, en haut**
À 5,94 années-lumière de la Terre, on trouve la quatrième étoile (et le second système stellaire) la plus proche après le système triple d'Alpha du Centaure. L'étoile de Barnard, âgée de 11 à 12 milliards d'années, est devenue une naine rouge. Elle se rapproche de nous à une vitesse inhabituelle de 108 kilomètres seconde.En l'an 11800, elle ne sera plus qu'à 3,85 années-lumière de la Terre. En fait, elle représente un candidat idéal pour la recherche de planètes extrasolaires. Pour l'instant, aucune planète n'a encore été observée aux alentours de cette étoile. Si on remplaçait notre soleil par l'étoile de Barnard, la Terre serait brusquement plongée dans une semi obscurité : à midi, en plein été, le paysage serait plongé dans une nuit de pleine lune. De plus, la chaleur serait si faible que notre atmosphère gèlerait. En fait, cette étoile très âgée s'est formée avant que la galaxie ne s'enrichisse en éléments lourds. Même si elle est très vieille par rapport à notre soleil, elle brillera encore 40 milliards d'années avant de se refroidir et de devenir alors une naine noire.

**Ci-dessus** Ce soleil rougeoyant sur le point de disparaître derrière l'horizon désolé d'un satellite inconnu est Capella, une géante jaune de type G, une étoile double composée de deux géantes de masse identique, 10 fois plus grosses que notre Soleil et 70 fois plus lumineuses. 90 millions de kilomètres séparent les deux monstres célestes, situés à 42 années-lumière de notre planète.

« Nous avons trop aimé les étoiles
pour avoir peur de la nuit. »

[ Épitaphe anonyme ]

**Ci-dessus** Que dire de ce lever de soleil glacé qui illumine la surface vide d'un astéroïde hypothétique qui croiserait de très loin l'étoile supergéante Rigel ? Même à une distance colossale, de l'ordre de 15 milliards de kilomètres (presque 3 fois la distance qui sépare le Soleil de Pluton), le rayonnement de Rigel serait encore tellement élevé qu'il porterait la température du sol à plusieurs dizaines de degrés au-dessus de zéro. De plus, ce rayonnement serait tellement énergétique que les radiations émises seraient mortelles pour tout être vivant. Rigel est un soleil distant d'environ 750 années-lumière de la Terre. Il s'agit d'une supergéante bleue dont la luminosité est 55 000 fois supérieure à celle du Soleil. Son diamètre d'environ 110 millions de kilomètres est 80 fois plus grand que celui du soleil : si Rigel prenait sa place dans notre système solaire, ce véritable monstre stellaire serait tellement immense qu'il dépasserait l'orbite de Vénus. Son éclat fantastique en fait l'une des étoiles les plus brillantes que l'on peut observer. À l'instar de nombreuses supergéantes, Rigel est une étoile légèrement variable en raison de ses déformations de surface. Comme sa masse est 21 fois supérieure à celle de notre Soleil, Rigel connaîtra un destin de supernova : elle explosera avec une violence inouïe, projetant autour d'elle les éléments lourds qui auront fusionné dans les régions centrales, avant de terminer sa vie sous la forme d'une étoile à neutrons ou d'un trou noir.

**Ci-dessus** Ce monde en fusion, aveuglé par l'éclat brûlant d'un astre noyé dans sa propre lumière au-dessus d'un horizon liquide, est la première planète jamais découverte autour d'une étoile de type solaire G2, en 1995, par les astronomes Michel Mayor et Didier Queloz. Elle est appelée 51 Pegasus. Or ce nouveau monde, distant de 42 années-lumière de la Terre, s'est révélé très vite des plus étranges. Tout d'abord, malgré sa masse comprise entre 0,5 et 2 fois celle de Jupiter, il possède une période de seulement 4 jours, ce qui est bien peu. Car cela voudrait dire qu'il serait à peine à 7,5 millions de kilomètres de son soleil. Une telle proximité ne va pas sans poser de nombreux problèmes. Comment une planète géante peut-elle orbiter si près de son étoile, contredisant du même coup tous les modèles planétaires qui prédisent que les géantes gazeuses sont toujours situées loin de leur Soleil, bien au-delà de l'orbite des planètes solides ? L'une des hypothèses est que cette planète aurait été, à l'origine, une géante gazeuse dont le gaz aurait été vaporisé par la chaleur et les vents solaires. Mais cette planète ne peut en aucune manière être comparée à la Terre.

**Ci-contre, haut et bas** Le système solaire d'Upsilon Andromeda, situé à 44 années-lumière de la Terre, est récemment entré dans l'histoire avec la découverte, en 1996, que l'étoile centrale, âgée d'environ 3 milliards d'années, ne présentait pas seulement une mais trois planètes en orbite autour d'elle. Il s'agissait de la première découverte d'un véritable système solaire

composé de plusieurs planètes jamais découvert autour d'une étoile ressemblant à notre soleil. La première de ces planètes, Upsilon Andromeda b, la plus proche de son soleil, est une étoile « ratée » de type Jupiter. Une étude récente menée par l'astronome Mark Marley suggère que de tels mondes seraient très différents des géantes gazeuses « classiques » comme celles de notre Système solaire. En raison de la proximité de leur étoile, ces mondes seraient tellement chauds qu'ils émettraient un rayonnement de couleur rouge. En outre, leur température empêcherait des nuages d'eau de se former. En revanche, Upsilon Andromeda c et d pourraient être des planètes solides ressemblant à celles de notre Système solaire. La plus éloignée, Upsilon Andromeda d (image du haut) gravite à une distance de 300 millions de kilomètres de son soleil, près de l'orbite de géantes gazeuses non encore détectées, mais que l'on aperçoit au-dessus de l'horizon, barrée par un anneau. Ceci explique que sa température de surface est probablement très froide (entre – 150 et – 180 °C) et qu'elle ne présente pas les conditions nécessaires à la vie. Mais à l'inverse, Andromeda c (image du bas), pourrait se trouver sur une orbite bien plus favorable. Elle est à seulement 120 millions de kilomètres de son soleil et il doit y régner une température de type terrestre. Dans le cas où cette planète possèderait une atmosphère, elle pourrait entrer dans le petit groupe de planètes extrasolaires susceptibles d'abriter la vie.

« COURONS VERS L'HORIZON, COURONS VITE,
POUR ATTRAPER AU MOINS UN OBLIQUE RAYON. »

[ Charles Baudelaire, poète ]

## À quelques siècles-lumière de la Terre

Pour en savoir un peu plus, quittons notre voisinage immédiat et enfonçons-nous davantage dans cette forêt d'étoiles. Plusieurs centaines d'années-lumière défilent, jusqu'à ce que nous arrivions tout près d'une étoile géante, à 600 années-lumière de chez nous : Antarès. Son diamètre est gigantesque : presque 1,5 milliard de kilomètres ! Elle est 65 000 fois plus brillante que le Soleil. Un peu plus loin, à 800 années-lumière de la Terre, on découvre Rigel, dans la constellation d'Orion. C'est également un soleil géant, 40 000 fois plus lumineux que le nôtre. Pour mieux nous rendre compte de ce que représentent ces distances colossales, imaginez que vous fassiez un saut jusqu'au bord de la Voie lactée... Une fois arrivé, vous appelez vos amis sur Terre à l'aide de votre téléphone portable. Ils auront beau attendre toute leur vie, ils n'auront jamais votre appel. Leurs enfants et leurs petits-enfants non plus. Car votre appel n'aboutira que loin, très loin dans l'avenir : dans plus de 40 000 ans ! Dans ce gouffre de temps, il n'y aura plus une personne sur Terre qui ait gardé la moindre parcelle de souvenir de votre existence.

Mais revenons à ces constellations de toutes couleurs et à ces étoiles que nous voyons briller autour de nous au cœur de la Voie lactée : toutes ne sont pas des naines rouges ou des étoiles blanches, loin de là. Il y a par exemple les naines blanches et les naines brunes (et même les naines noires), des familles d'étoiles plus petites que le Soleil et qui s'éteignent lentement durant des milliards d'années. Mais il y en a de bien plus étranges encore. Parmi elles, voici trois types d'astres particulièrement fascinants.

## Étoiles à neutrons, quasars et hypernovae

Commençons par ce que l'on nomme les étoiles à neutrons. Pour en découvrir une, faisons un saut de 50 000 années-lumière dans la Galaxie. L'étoile à neutrons qui nous attend dans cette région très lointaine se nomme SGR 1806-20. Elle est née de l'effondrement d'un soleil sur lui-même. C'est un astre bien étrange, un bloc de matière de couleur sombre qui mesure à peine 10 kilomètres de rayon et tourne sur lui-même à toute vitesse, toutes les 7 secondes. Une cuillerée à café de son sol pèse 100 milliards de tonnes. Car ce que l'on a encore du mal à appeler « sol » n'est plus composé que d'une pâte de neutrons (des particules élémentaires neutres), si condensée qu'ils se touchent les uns les autres. Mais, dans les entrailles de l'étoile, il y a d'autres particules élémentaires bien plus mystérieuses, presque totalement inconnues sur Terre, qui ne peuvent exister que sous cette pression inimaginable.

SGR 1806 est ce que l'on appelle un magnétar, dont le champ magnétique est 1 million de milliards de fois plus grand que celui du Soleil. Or, il y a 50 000 ans, alors que nous étions encore dans la préhistoire, la croûte du magnétar s'est sans doute brutalement fissurée, ce qui a libéré une énergie titanesque emprisonnée au cœur de l'étoile. Comme si, pendant une seconde, 50 millions de soleils s'étaient soudain allumés dans la constellation du Sagittaire. Ce monstrueux « flash » cosmique, les astronomes ont pu l'observer à l'œil nu pendant quelques instants le 27 décembre 2004.

Sur la liste des objets qui, depuis des dizaines d'années, ne cessent de nous intriguer par leur étrangeté, on trouve aussi, bien sûr, les quasars. De quoi s'agit-il ? D'objets à la fois très brillants et très lointains, qui ressemblent à des étoiles (d'où leur nom de « quasi-star ») mais que l'on est encore bien loin de comprendre. Les astronomes supposent qu'il pourrait s'agir du centre (ou « noyau ») de galaxies actives. Ils s'éloignent de nous à de très grandes vitesses et peuvent être 1 000 fois plus lumineux que toutes les étoiles d'une galaxie réunies. La meilleure façon d'expliquer ce phénomène est de considérer que les quasars sont alimentés par la chute de matière à



**Ci-contre** On a découvert à ce jour 181 planètes en dehors de notre système solaire. La plupart de ces planètes sont des géantes gazeuses de type Jupiter ou Saturne (semblables à celle que l'on voit sur cette image avec son anneau qui disparaît derrière l'horizon). Bien que l'on soupçonne leur existence en grand nombre, il n'a pas encore été possible de mettre en évidence, de manière certaine, la présence de petites planètes solides dont le type de soleil, la distance orbitale, les climats et la composition pourraient en faire des « jumelles de la Terre ». En revanche, en 2005, on a découvert pour la première fois une planète solide qui ouvre la voie à la chasse aux planètes de type terrestre. Ce nouveau monde, baptisé OGLE-2005-BLG-390Lb, est en orbite autour d'une naine rouge, une étoile dont la masse est 5 fois inférieure à celle de notre Soleil. Elle est très éloignée de nous puisqu'elle se situe à 20 000 années-lumière de notre Système solaire, près du centre de la Voie lactée. Or il se trouve que Ogle est seulement 5 fois plus massive que la Terre. Sa surface est constituée de roches et de glaces et pourrait contenir une très fine atmosphère dont la composition est inconnue. En raison de sa grande distance par rapport à son soleil de faible énergie, la température de ce monde est estimée à – 220 °C. Ce paysage qui évoque celui de certains satellites de Jupiter ou de Saturne ne présente évidemment pas la moindre trace de vie, mais il s'agit de la première découverte significative d'une planète solide de type terrestre.

**Ci-dessus** Cette magnifique étoile est l'objet le plus lumineux de la constellation du Lion, à 77 années-lumière de la Terre. Il s'agit de Régulus, une étoile très jeune et très chaude dont la température de surface dépasse les 20 000 °C. Elle est 140 fois plus brillante que le Soleil. Régulus a également deux autres compagnons peu lumineux qui orbitent autour d'elle à très grande distance et en 2 000 ans environ.

« IL N'Y A PERSONNE QUI SOIT NÉ SOUS UNE MAUVAISE ÉTOILE,
IL N'Y A QUE DES GENS QUI NE SAVENT PAS LIRE LE CIEL. »

[ Dalaï-lama ]

**Ci-dessus** L'amas d'étoiles des Pléiades, également connu sous le nom des Sept Sœurs et Messier 45, est un objet très brillant dans le ciel nocturne et occupait une place importante dans la mythologie ancienne. Ce magnifique amas contient, en effet, des centaines d'étoiles dont seulement une petite partie est visible à l'œil nu. On pense que les superbes étoiles des Pléiades se sont se formées simultanément il y a environ 100 millions d'années, ce qui fait qu'elles atteignent à peine 1/50e de l'âge de notre Soleil. Elles se situent à 425 années-lumières (130 parsecs) de la Terre.

**Page suivante** Remarquable par sa beauté, la nébuleuse du Cône est visible dans le Bras d'Orion qui entoure l'amas stellaire NGC 2264, à environ 2 500 années-lumière de la Terre. Nous découvrons ici le fantastique sommet de la nébuleuse, constitué d'un amas de poussières denses et de gaz dont les parois ressemblent à celles d'une haute montagne. Or, au sommet de cette montagne rouge sombre, on découvre une partie « plate » qui évoque irrésistiblement un « nid » de jeunes étoiles supergéantes nouvellement créées par l'accrétion des gaz et des poussières brassées par la magnifique nébuleuse.

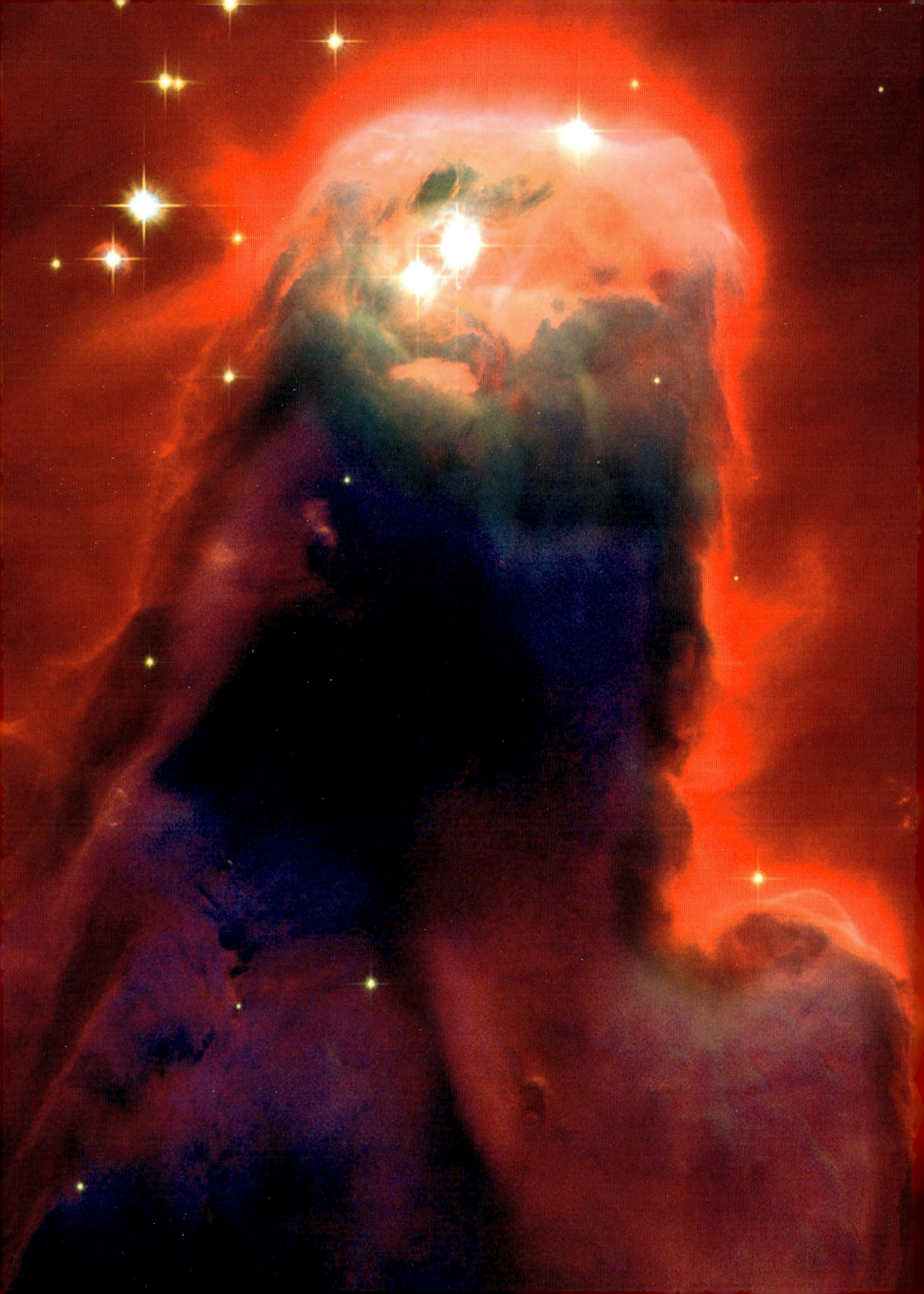

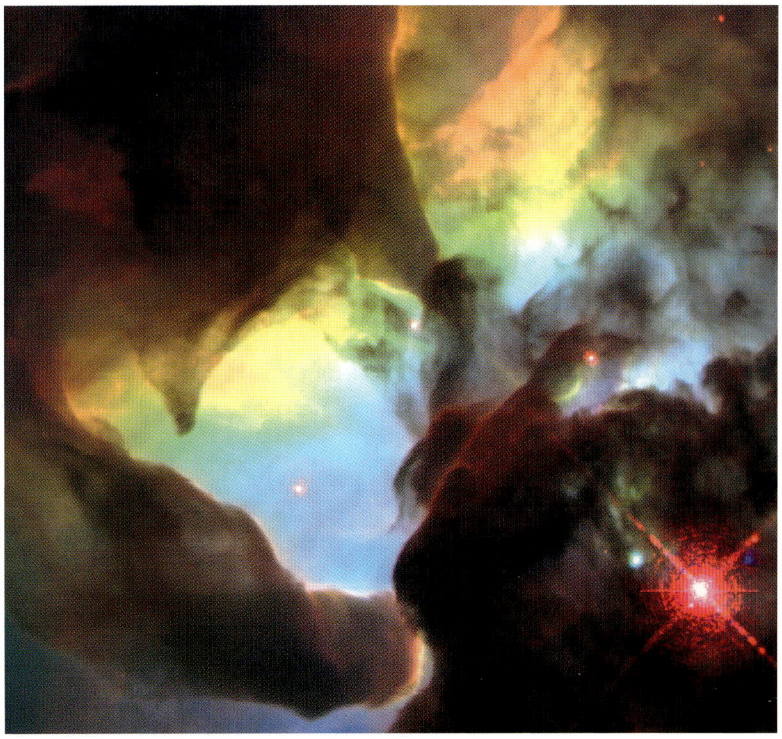

**Ci-dessus, en haut à gauche** Aux frontières d'un grand nuage moléculaire, à quelque 3 000 années-lumière de la Terre, des filaments sombres de poussières se détachent sur le fond lumineux de nuages d'hydrogène. Une vue rapprochée de la nébuleuse de la Rosette suggère fortement que cette région est le siège d'une intense formation d'étoiles.

**Ci-dessus, en haut à droite** La nébuleuse Oméga (également connue sous le nom de M17 et de nébuleuse du Cygne) contient des gaz chauds, des poussières sombres et des étoiles massives de type inhabituel. Elle se situe dans la constellation du Sagittaire, à environ 5 000 années-lumière de la Terre et peut même être observée avec des jumelles.

**Ci-dessus, en bas à gauche** La splendide nébuleuse de la Tarentule, située à une distance de 180 000 années-lumière (également connue sous le nom NGC 2070), apparaît comme une vaste région de gaz ionisés de 1 000 années-lumière entourant une nombreuse population d'étoiles en formation situées dans le Nuage de Magellan.

**Ci-dessus, en bas à droite** L'une des caractéristiques les plus intéressantes de la nébuleuse du Lagon, située à 5 200 années-lumière de la Terre, tient à la présence de ces immenses nuages sombres, des zones connues sous le nom de « globules ». Ce sont des nuages en plein effondrement dont la contraction, à terme, donnera naissance à des protoétoiles.

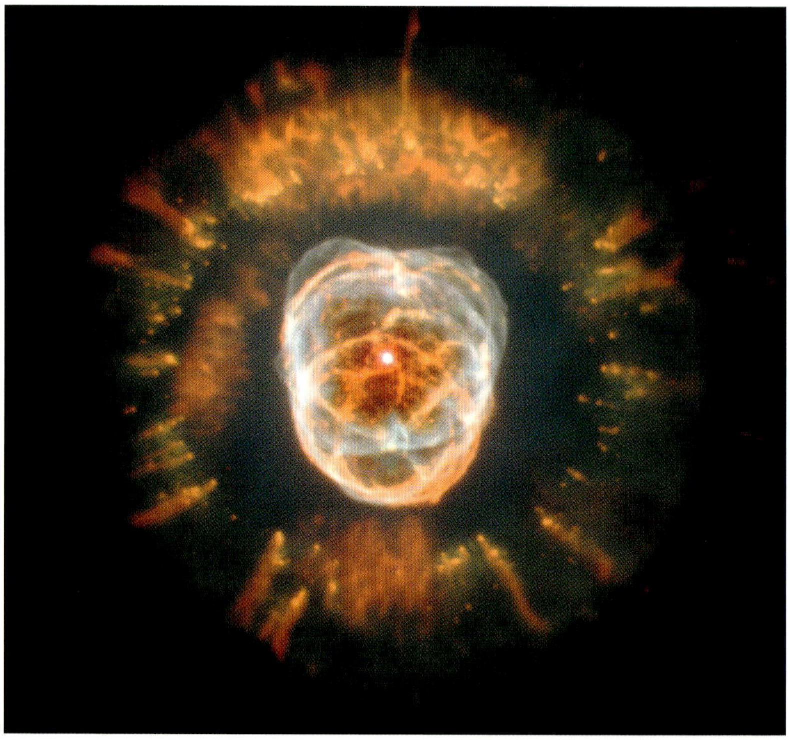

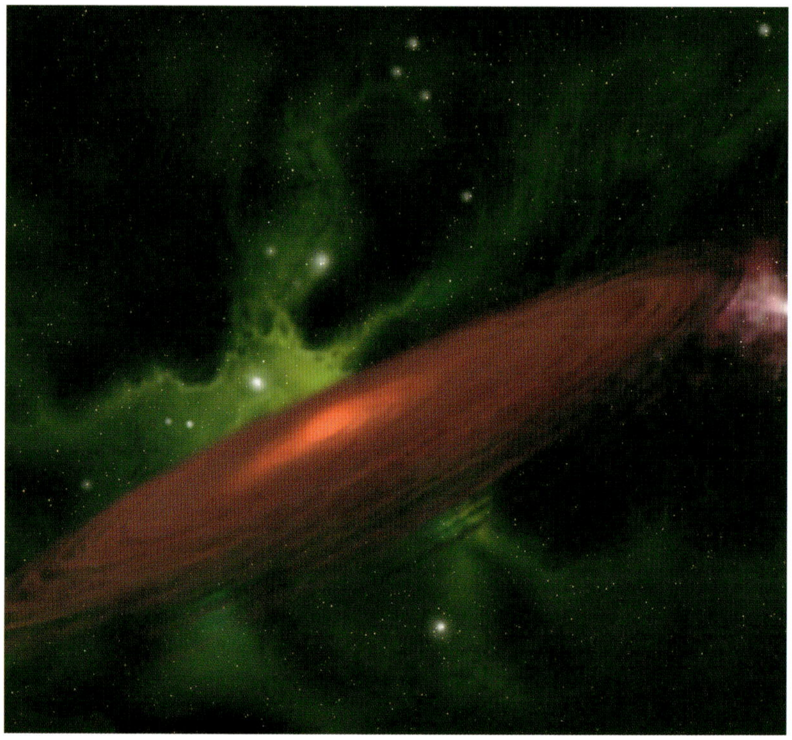

**Ci-dessus, en haut à gauche** Cet objet étrange, nommé « nébuleuse Helix », a été photographié par Spitzer à 650 années-lumière de la Terre. Il s'agit d'une étoile moribonde d'une taille comparable à celle de la Terre. Au cours de ses derniers instants, elle a projeté d'importantes quantités de gaz chauds ainsi que d'intenses radiations ultraviolettes, donnant naissance à une « nébuleuse planétaire ».

**Ci-dessus, en haut à droite** Voici tout ce qu'il reste d'une étoile qui a explosé il y a quelques milliers d'années : une sorte de couronne brillante. La nébuleuse de l'Esquimau (NGC 2392) apparaît clairement comme une nébuleuse planétaire et les gaz que l'on aperçoit au-dessus faisaient partie, il y a seulement 10 000 ans, des couches externes d'une étoile de type solaire.

**Ci-dessus, en bas à gauche** Cette photo présente les débris de l'explosion supernova qui s'est produite en 1054. La nébuleuse est située à 7 000 années-lumières dans la constellation du Taureau. Les filaments verts, jaunes et rouges, concentrés sur les bords de la nébuleuse, représentent les débris de l'étoile projetés lors de l'explosion. Au centre se trouve le pulsar du Crabe, noyau de l'étoile.

**Ci-dessus, en bas à droite** Voici le disque de matière moléculaire d'une future étoile en formation. Les matériaux ne peuvent pas tomber directement vers le centre car ils sont soumis au moment angulaire créé par leur rotation autour du centre. C'est ainsi que les matériaux moléculaires du nuage vont d'abord s'agréger sous la forme d'un disque en rotation autour de la protoétoile.

**Ci-dessus, en haut (gauche et droite)**
Grâce aux images très précises que nous offrent les télescopes depuis l'espace, il est désormais possible de montrer que les disques de gaz, de poussières et de matériaux moléculaires indispensables à la formation des planètes ralentissent, dès leur apparition, les jeunes étoiles qu'ils entourent. Partant de cette constatation, toute le problème consiste à déterminer quelle est la relation précise entre la vitesse de rotation d'une étoile et le fait qu'elle puisse abriter des planètes. Mais il est important de rappeler que, jusqu'à ce jour, toutes les étoiles, dotées d'un système de planètes, à commencer par notre Soleil qui effectue un tour complet sur lui-même en seulement 28 jours, sont des étoiles « lentes » (elles tournent lentement sur elles-mêmes).

**Ci-dessus, en bas (gauche et droite)**
L'image de gauche représente les résidus de la formation d'un amas d'étoiles. En fait, au moment où les soleils de cet amas se sont allumés pour rayonner de tout leur éclat, leurs vents solaires ont soufflé la poussière et les gaz et créé une sorte de « vide pur » autour de cet amas. À droite, la naissance flamboyante d'un soleil : sous l'effet de l'effondrement gravitationnel et de la fantastique pression qui en résulte, la température de l'hydrogène primitif atteint le seuil critique de 15 millions de degrés et on assiste aux premières réactions de fusion dans les régions centrales de la future étoile.

**Ci-dessus** Environ la moitié des étoiles identifiées ont pour compagnon une autre étoile qui leur est associée et avec laquelle ils forment un système double (encore appelé système binaire). Certains systèmes stellaires peuvent même être triples, voire davantage. Dans un système binaire, lorsque celles-ci sont séparées par une grande distance, chaque étoile se comporte comme un objet solitaire. Ce n'est que lorsque les étoiles sont proches l'une de l'autre que les choses se compliquent, aussi bien sur le plan de la mécanique gravitationnelle que, plus généralement, sur celui de l'évolution de chaque étoile. Sur cette image d'artiste, on découvre ce que pourrait représenter, depuis le sol d'une des planètes associée à ce système solaire complexe, un lever de deux soleils très proches l'un de l'autre.

**Ci-dessus, en haut et en bas** Ces deux images représentent une naine brune entourée d'un disque de poussières qui intervient dans la formation des planètes. Le télescope Spitzer a repéré ce disque autour d'une naine brune dont la masse est étonnamment faible. Il s'agit en fait d'une étoile « ratée », appelée OTS 44, dont la taille est seulement 15 fois supérieure à celle de Jupiter. Elle est donc la plus petite naine brune autour de laquelle on a pu observer un disque protoplanétaire de planètes en formation. Car il semble à peu près certain que ce système inhabituel finira par engendrer des planètes. Dans ce cas, on avance l'hypothèse que le disque de OTS 44 a une masse suffisante pour engendrer une géante gazeuse ainsi que plusieurs petites planètes solides de la taille de la Terre. OTS 44 est âgée d'environ 2 millions d'années. À cet âge relativement jeune, les naines brunes sont encore assez chaudes et apparaissent de couleur rougeâtre. Le temps passant, elles se refroidissent et s'assombrissent progressivement.

l'intérieur d'un trou noir très massif, dont la masse pourrait être de dix à plusieurs centaines millions de fois la masse du Soleil.

À présent, voici un type d'étoile encore bien plus stupéfiant. Il s'agit de ce que l'on appelle depuis quelques années les « hypernovae ». Celle que vous allez découvrir ci-dessous a existé très loin d'ici, dans une autre galaxie, il y a 2 milliards d'années. Elle a été observée dans la nuit du 2 avril 2003, à 10 h 37, en Australie. Ce soir-là, les astronomes de l'université de Nouvelle-Galles du Sud n'en croient pas leurs yeux : là où quelques minutes plus tôt le ciel était vide vient d'apparaître une étoile nouvelle très brillante, visible à l'œil nu. Ce qui est incroyable, c'est qu'elle ne brillera qu'une minute avant de s'éteindre pour toujours. Pourquoi ? Parce que cette étoile géante, située à 2 milliards d'années-lumière, a explosé avant de former sans doute un trou noir.

Cet astre explosif est une hypernova. Chaque jour, il en apparaît une. Et la puissance de son explosion est inimaginable, la plus gigantesque de tout l'Univers. En effet, si l'un de ces monstres explosait à moins de 3 000 années-lumière de chez nous, en deux secondes il deviendrait cent fois plus brillant que le Soleil. Un quart d'heure plus tard, toute vie serait carbonisée par la chaleur et les rayons gamma. Un danger terrible, découvert seulement en 1999. Or, d'après les astronomes, une étoile située dans la constellation de la Carène, à 9 000 années-lumière, pourrait se transformer en hypernova. Lorsqu'elle explosera, durant une minute elle sera plus lumineuse que toutes les galaxies de l'Univers.

Quand cette catastrophe se produira-t-elle ? Il est impossible de la dire. Mais, selon les astronomes, au fond du puits gravitationnel engendré par ce cataclysme devrait apparaître l'objet cosmique le plus fascinant et le plus mystérieux qui puisse être : un trou noir.

## QU'EST-CE QU'UN TROU NOIR ?

Pour le découvrir, rapprochons-nous d'une étoile massive, beaucoup plus « lourde » que le Soleil. L'astre que nous avons choisi se trouve quelque part au centre de la Galaxie, à plus de 30 000 années-lumière de la Terre. Or, sa vie est sur le point de s'achever : il est en train de brûler ses dernières réserves et va s'éteindre. Que va-t-il se produire ? Selon les astronomes, un phénomène inouï :

Chaque jour, il apparaît une hypernova.
**Et la puissance de son explosion est inimaginable, la plus gigantesque de tout l'Univers.**



**Ci-contre** La nébuleuse de l'Aigle : un grandiose nuage de 20 années-lumière de large qui se tient à un peu plus de 6 000 années-lumière de la Terre. Au centre de l'image, l'on peut voir une région plus claire qui constitue une véritable fenêtre sur un amas ouvert d'étoiles en formation. Dans cette cavité, on devine nettement d'immenses piliers et des globules ronds de poussière sombre et froide, des gaz moléculaires restant des étoiles en train de naître. Plus visibles au premier plan, on peut également deviner plusieurs jeunes étoiles bleues dont la lumière et les vents solaires sont emportés au loin et aspirent les filaments résiduels ainsi que les parois de gaz et de poussières.

**Ci-dessus** Ces images saisissantes prises par le télescope Hubble montrent des étoiles fraîchement nées émergeant de poches denses et compactes de gaz interstellaires. Hubble a découvert ces « berceaux » d'étoiles en nombre significatif dans la nébuleuse de l'Aigle (M16), une région peu éloignée où se forment beaucoup d'étoiles (à 7 000 années-lumière de la Terre). On voit ici ces berceaux d'étoiles au sommet de piliers en forme de doigts émergeant de colonnes monstrueuses de gaz froids et de poussières dans la nébuleuse de l'Aigle. Les « Piliers de la Création » surgissent d'un mur formé d'un épais nuage d'hydrogène moléculaire, à l'image de stalagmites se dressant sur le sol d'une caverne. À l'intérieur des tours gazeuses, dont la longueur se mesure en années-lumière, le gaz interstellaire est suffisamment dense pour s'affaisser sous son propre poids. Il forme alors de jeunes étoiles, qui continuent de croître en accumulant de plus en plus de masse grâce à leur environnement riche en matière protostellaire.

**Ci-dessus** Pendant longtemps, les astronomes ont observé certaines « étoiles » apparemment comme les autres, en pensant que ces objets étaient situés dans notre galaxie. Une seule chose les intriguait : ces étoiles présentaient un décalage spectral très élevé contredisant leur localisation : elles semblaient s'éloigner à des vitesses considérables. Dès lors, sans savoir exactement de quoi il s'agissait, on a appelé ces objets des « quasi-étoiles » (quasi-star), autrement dit, des quasars. Ce n'est que plus tard que les astronomes allaient percer la véritable nature de ces quasi-étoiles : elles n'étaient pas des étoiles et n'étaient pas situées dans notre galaxie, mais à des distances inimaginables, à plusieurs milliards d'années-lumière de chez nous. De quoi s'agissait-il ? On sait aujourd'hui que les quasars les plus proches sont désormais connus pour être des trous noirs supermassifs au centre des galaxies. Les gaz et les poussières qui tombent en direction d'un quasar émettent une lumière très brillante qui illumine parfois la galaxie tout entière. Or les quasars qui se sont formés au cours des premiers âges de l'Univers (pendant le premier milliard d'années) sont bien plus mystérieux puisque même la nature du gaz qui les environnait reste encore inconnue. L'image ci-dessus représente un quasar primordial tel qu'il a pu exister, entouré de couches de gaz, de poussières, d'étoiles et de jeunes amas d'étoiles.

« IL EST POUR MOI, PHYSICIEN, ABSURDE DE PENSER
QUE L'UNIVERS SE SOIT FAIT PAR "HASARD". »

[ Alfred Kastler, physicien ]

**Ci-contre** Cette vue d'artiste représente le premier système de planète découvert, en 1992, par Aleksander Wolszczan, autour d'un pulsar appelé PSR B1257+12. Les pulsars sont des étoiles à neutrons en rotation rapide constituées des noyaux d'étoiles massives qui ont explosé. Elles tournent sur elles-mêmes et émettent un signal, un peu à la manière d'un phare. Les deux planètes les plus éloignées du pulsar ont à peu près la même taille que la Terre. Si des observateurs pouvaient contempler le ciel depuis le sol de ces planètes, ils constateraient que les radiations émanant des particules chargées du pulsar provoquent des phénomènes semblables aux aurores boréales. Depuis cette découverte, plus de 160 planètes extrasolaires ont été observées autour de soleils étrangers. Les planètes découvertes par Wolszczan sont toujours les seules à graviter autour d'une étoile morte.

**Ci-dessus** À la fin de leur existence, les étoiles massives se transforment de manière éblouissante en supernovae ou hypernovae : elles explosent en rayonnant une fantastique énergie de rayons gamma. Ce cataclysme représente l'une des explosions les plus extraordinaires depuis le big bang. Il débouche, à terme, sur la création d'un des plus mystérieux phénomènes de l'Univers : les trous noirs.

Au terme de cette catastrophe cosmique à peine concevable, **la matière de l'étoile a été entièrement engloutie** au fond d'un **tourbillon gravitationnel.**

cette étoile 50 fois plus grosse que le Soleil va s'effondrer sur elle-même en quelques minutes à peine !
Imaginons alors ce qui se passe : au terme de cette catastrophe cosmique à peine concevable, la matière de l'étoile a été entièrement engloutie au fond d'un tourbillon gravitationnel. Il ne reste plus rien de l'énorme soleil qui était là quelques minutes auparavant ; rien si ce n'est la masse de l'étoile engloutie et son champ gravitationnel. On le sait, cette houle gravitationnelle autour du trou noir est si intense que rien, pas même la lumière, ne peut s'en échapper. Et ce jusqu'à la singularité finale, tapie au fond de l'immense puits de gravitation.
Cela fait que, de l'extérieur, on ne voit rien : ni ce que l'on appelle l'horizon du trou noir, ni l'entonnoir gravitationnel, ni la singularité finale. Un trou noir ne peut être vu que si de la matière, attirée par les forces de marée, se met à « spiraler » autour du siphon gravitationnel.
Justement, imaginons maintenant qu'un vaisseau spatial (de préférence inhabité) s'approche d'un trou noir. Vous restez à l'extérieur. Que va-t-il se passer ?
L'engin va en premier lieu franchir ce que l'on nomme parfois la « sphère des photons ». C'est la distance à laquelle l'orbite des rayons lumineux commence à devenir instable : certains photons (ou « grains de lumière ») vont s'échapper, tandis que d'autres vont tomber dans le trou noir. À ce stade, notre vaisseau peut encore faire machine arrière et s'éloigner du gouffre cosmique.

## À L'INTÉRIEUR DU TROU NOIR

Mais, s'il poursuit sa route, il va franchir l'« horizon des événements », une sorte de surface totalement invisible marquant la frontière du trou noir. L'engin glissera tranquillement sous cet horizon et entamera sa descente sans qu'il se produise rien de particulier. Mais ici commence l'étrange. Car, pour vous qui êtes resté à l'extérieur, le vaisseau ralentira de plus en plus à mesure qu'il se rapprochera de l'horizon. Jusqu'à ce qu'il vous paraisse totalement figé et de moins en moins visible, avant d'avoir pu atteindre cet étrange horizon. Mais il s'agit d'une illusion, créée par le fait que les rayons lumineux émis par le navire mettront de plus en plus de temps pour vous atteindre à l'extérieur. En fait, ils seront de plus en plus affaiblis par l'immense champ de gravitation.
Pour le navire, une fois franchi l'horizon du trou noir, l'espace et le temps se sont inversés : tout se passe comme si, désormais, l'espace « coulait » inexorablement vers la singularité, sans qu'il soit plus jamais possible au vaisseau de revenir en arrière. Il finira par tomber sur la singularité finale, quels que soient ses efforts pour tenter d'échapper à son sort. En réalité, pour se libérer de l'emprise du siphon noir, le navire devrait atteindre la vitesse de la lumière, ce qui est strictement impossible. Bien entendu, à mesure qu'il s'enfonce dans les profondeurs du trou noir, les forces de marée gravitationnelle deviennent de plus en plus puissantes. Plus la gorge du trou noir se resserre, plus ces forces deviennent titanesques. Inéluctablement, elles finiront par pulvériser l'aventureux engin, dont les débris distordus seront précipités vers la « singularité finale ». Les atomes et les noyaux eux-mêmes qui le constituaient finiront dissociés.
Suivons cette matière en chute. L'effondrement, l'écrasement qu'elle subit sont indescriptibles. Enfin, elle va finir par atteindre un troisième et dernier horizon : l'horizon de Planck. C'est la plus petite portion d'espace physique concevable. Sur cette ultime frontière de ce qui reste du monde physique, la taille du siphon gravitationnel n'est



**Ci-contre** Au moment de l'explosion d'une supernova ou d'une hypernova, la phase de rayonnement gamma dure entre 2 et 30 secondes. Ce phénomène ne survient que dans le cas d'étoiles dont la taille est 100 fois supérieure à celle de notre Soleil. La plus proche de ces explosions jamais observée s'est produite à environ 1 milliard d'années-lumière et la plus lointaine à 12 milliards d'années-lumière. Dans un Univers aujourd'hui âgé de 13,7 milliards d'années, on envisage d'utiliser l'observatoire Switch pour détecter des données sur ce type d'explosions de courte durée. Il s'agit de découvrir, entre autre chose, le sort des toutes premières étoiles : non seulement aux confins de l'Univers connu, mais également à la frontière d'un passé tellement lointain que notre esprit a bien du mal à comprendre ce qui a pu se produire à cette époque mystérieuse. Dans le cas où une hypernova viendrait à exploser dans notre galaxie à une distance inférieure à 3 000 années-lumière, en deux secondes, elle deviendrait 100 fois plus brillante que le Soleil. Une minute plus tard, la couche d'ozone serait détruite ; un quart d'heure plus tard, toute vie serait carbonisée par la chaleur et les rayons gamma : un danger terrible découvert seulement en 1999. D'après les astronomes, une étoile située dans la constellation de la Carène, à plus de 8 000 années-lumière, pourrait se transformer en hypernova. Mais à cette distance, elle ne serait pas mortelle.

**Ci-dessus, en haut à gauche et en bas à droite** Les astronomes viennent de résoudre un mystère vieux de 35 ans concernant l'origine des puissants flashes de lumière d'une durée d'une fraction de seconde qu'on appelle « sursauts gamma ». Ces flashes, plus lumineux qu'un milliard de soleils, ont jusqu'alors été tout simplement trop rapides pour être saisis. Les éclairs gamma résultent de collisions entre un trou noir et une étoile à neutrons ou entre deux étoiles à neutrons. Dans le premier scénario, le trou noir engloutit l'étoile à neutrons et grossit. Dans le second, les deux étoiles à neutrons créent un trou noir. Sur l'image en haut à gauche, un trou noir a dévoré une étoile à neutrons. L'image en bas à droite représente la même scène au cours des premières phases du phénomène.

**Ci-dessus, en haut à droite** Une équipe d'astronomes a réussi à mettre en évidence l'écho visuel de trois anciennes supernovae. Localisées dans une galaxie voisine et visible depuis l'hémisphère Sud de la Terre, les trois étoiles ont explosé, il y a au moins trois siècles, émettant des flashes lumineux de courte durée. Les poussières et les gaz interstellaires sont habituellement invisibles, à moins qu'on ne les éclaire avec une source de lumière quelconque. Un éclair de supernova peut représenter cette source de lumière, illuminant les nuages interstellaires de matière avec leur flash de type stroboscopique. Il devient ainsi possible d'observer, comme sur cette image, la trace visuelle de l'explosion d'une supernova alors que celle-ci a disparu depuis longtemps.

**Ci-contre, en bas à gauche** Voici une image de MyCn18, une jeune nébuleuse planétaire encore appelée nébuleuse du Sablier, située à quelques 8 000 années-lumière de la Terre. Les photographies de Hubble révèlent le véritable aspect de MyCn18 : une structure « en sablier ». Selon une théorie sur la formation des nébuleuses planétaires, cette forme serait produite par l'expansion des vents stellaires rapides à l'intérieur d'un nuage à expansion lente. Lorsque des étoiles semblables à notre Soleil vieillissent, elles se refroidissent et deviennent plus rouges, augmentant considérablement leur taille et leur production d'énergie : on les appelle des géantes rouges. La majeure partie du carbone (la base de la vie) et des éléments plus lourds (cruciaux pour construire des systèmes solaires tels que le nôtre) de l'Univers sont produits puis dispersés par les étoiles géantes rouges. Lorsque la géante rouge a éjecté la matière de ses couches supérieures, la radiation ultraviolette due à l'exposition du noyau de l'étoile chaude engendre le nuage de matière environnant, créé au cours de la phase d'embrasement de la géante. L'objet devient alors une nébuleuse planétaire.

**Ci-dessus** Les étoiles à neutrons sont-elles facilement observables ? En 2005, une équipe internationale a découvert une étoile à neutrons cachée derrière une épaisse couche de poussières. Cet objet, nommé IGR J16283-4838, fait partie d'un système binaire enfoui sous d'épaisses couches de poussières qui occultent notre vue depuis la Terre.

« Plonger au fond du gouffre, Enfer ou Ciel, qu'importe ?
Au fond de l'Inconnu pour trouver du nouveau ! »

[ Charles Baudelaire, poète ]

plus que de $10^{-33}$ centimètre. C'est-à-dire 0,000 000 000 000 000 000 000 000 000 000 001 centimètre. Au-delà, le trou noir devient quantique. Qu'est-ce que cela signifie ? L'une des hypothèses est que « là-bas » l'espace et le temps deviennent flous, commencent à fluctuer. En particulier, le signe de la quatrième coordonnée, celle du temps, pourrait se mettre à osciller. Celle-ci pourrait alors se transformer en une nouvelle dimension d'espace avant de redevenir temporelle, au gré des fluctuations quantiques de la métrique (on appelle ainsi l'objet qui permet de mesurer les distances au sein d'un espace à une, deux, trois ou *n* dimensions). Ce phénomène de fluctuations de la métrique est théoriquement comparable à ce qui aurait pu également se passer à l'origine de l'Univers, lorsque celui-ci n'était pas plus grand que la longueur de Planck. Nous y reviendrons.

## La « singularité finale »

Reste la dernière étape : par définition, elle est totalement inconnue. On ne peut qu'échafauder des hypothèses, pour l'heure invérifiables. Il est possible d'imaginer que, une fois franchi l'horizon quantique, les ultimes vestiges d'espace-temps fluctuant sont engloutis par la singularité finale.

Comment se représenter cette mystérieuse singularité ? La meilleure image est celle d'un point. Une abstraction mathématique n'occupant aucun espace et aucun temps. Car, au voisinage de ce point singulier, tout au bout du trou noir, le temps tel que nous le connaissons a sans doute cessé de fluctuer et, du même coup, de s'écouler. Il a peut-être été remplacé par ce que l'on appelle en physique théorique le temps imaginaire (équivalant à cette nouvelle dimension d'espace dont nous avons parlé plus haut). Nous retrouverons ces concepts captivants au voisinage de la singularité initiale marquant l'origine de l'Univers, à l'instant zéro.

Pour l'instant, il nous suffit de savoir que le temps imaginaire est une autre forme du temps, mesurée non plus avec des nombres réels (comme c'est le cas pour le temps réel) mais avec des nombres imaginaires (ces nombres dont le carré, à la différence de tous les nombres réels, est négatif et non pas positif).

Mais finalement, comment prouver l'existence de ces objets si étranges et de surcroît invisibles ? Le seul moyen semble être l'observation des effets qu'ils exercent sur la matière qui les entoure.

## Rayons X et gamma à la limite de l'horizon

Les étoiles appartiennent souvent à des systèmes doubles. Si l'une des deux étoiles du système est victime d'un effondrement gravitationnel, il est toujours possible que le champ de gravitation de l'objet final arrache des gaz et des poussières à la surface de sa compagne. Or, en tombant peu à peu dans le puits gravitationnel central, la matière gazeuse se comprime et s'échauffe. Il en résulte l'émission de rayons X et gamma, loin du visible, mais aussi de lumière visible, directement détectable par les télescopes.

À l'aide du télescope spatial Hubble, les astrophysiciens ont donc entrepris une recherche systématique de ces rayonnements X et gamma. La présence de tels rayonnements au centre de notre Galaxie pourrait indiquer l'existence, au cœur de la Voie lactée, d'un trou noir supermassif, de l'ordre de 5 milliards de masses solaires. Selon la plupart des experts, il est possible que presque tous les noyaux de galaxie abritent des trous noirs géants.

Compte tenu du fait qu'il est en pratique impossible de les observer, il est très difficile de calculer la distance qui pourrait nous séparer des trous noirs. Toutefois il existe dans le ciel, pas trop loin de chez nous, un objet qui pour la première fois est considéré sérieusement comme un trou noir possible : Cygnus X. Il s'agit d'une étoile située à plus de 8 000 années-lumière de la Terre, au voisinage de laquelle on observe un puissant rayonnement X. Ce



**Ci-contre** Cette superbe image de NGC 4696 nous dévoile un immense nuage de gaz chauds (de couleur rouge) entourant des bulles très énergétiques (de couleur bleuâtre) mesurant 10 000 années-lumière de part et d'autre de la zone blanche très brillante et proche d'un trou noir supermassif. Le plus étonnant est que les études menées sur des images observées dans d'autres galaxies présentent une structure exactement semblable à celle que l'on a mise en évidence avec NGC 4696. En fait, le trou noir supermassif qui se trouve probablement au centre de la galaxie NGC 4696, distante de 150 millions d'années-lumière de la Terre, pourrait nous donner une idée de ce qui se passe au centre de notre propre galaxie. Celui-ci pourrait être occupé par un trou noir supermassif donnant lieu à des phénomènes semblables à ceux que nous observons sur cette image.

qui veut dire que Cygnus X pourrait bien être en rotation autour d'un trou noir.

Mais il y a mieux : à ce jour, les satellites d'observation ont déjà permis de découvrir plus d'une centaine de sources X binaires dans notre galaxie. Or, plusieurs parmi elles (au moins une demi-douzaine) ont révélé la présence d'une masse compacte importante. Des trous noirs stellaires ? Peut-être pas encore. Mais la présomption concernant leur existence est de plus en plus forte. Un jour, il se pourrait bien qu'on en dénombre des dizaines de millions au sein de la Voie lactée.

Avec la découverte de ces astres énigmatiques s'achève notre voyage dans la Galaxie. Avons-nous évoqué tout ce qu'elle peut contenir ? Pas tout à fait. Car il n'y a sans doute pas dans le cosmos que de la matière visible. Selon les astrophysiciens, il pourrait aussi exister une autre forme de matière, faite non pas d'atomes ordinaires mais d'autre chose : de la matière noire.

Au chapitre 4, nous nous poserons bien sûr la question ultime. Celle qui revient de manière inlassable aussitôt que nous regardons le ciel : existe-t-il, au-delà du Système solaire, d'autres planètes semblables à la Terre ?

Cette question fascinante nous amène à regarder non seulement vers les autres étoiles de la Galaxie mais aussi vers les autres galaxies de l'Univers. Justement : allons jusqu'à la frontière de la Voie lactée, là où brillent les dernières étoiles. Que voyons-nous ? Derrière nous, les milliards d'étoiles dont nous avons parlé. Mais devant ? Rien. Le noir glacé. Un vide noir insondable. Un vide encore bien plus absolu et profond que celui qui sépare les étoiles les unes des autres. C'est le vide intergalactique.

Et pourtant, loin, très loin au fond de l'infini, luit faiblement l'éclat d'une autre galaxie : Andromède. Et, au-delà encore, on en devine d'autres. Beaucoup d'autres. En réalité, il en existe au moins 100 milliards dans tout l'Univers. Si vous parveniez à atteindre la plus proche, la grande galaxie d'Andromède, et que vous téléphoniez sur la Terre, votre appel ne serait reçu qu'au bout de... 2,2 millions d'années !

C'est dans cet espace immense, dans cet abîme où flottent de loin en loin les nébuleuses galactiques, que nous allons plonger avec le chapitre suivant.

Si vous parveniez à atteindre **la grande galaxie d'Andromède, et que vous téléphoniez sur la Terre,** votre appel ne serait reçu qu'au bout de... **2,2 millions d'années !**



**Ci-contre, en haut à gauche**
Les astronomes ont découvert un nouvel indice de la perte d'énergie subie par la lumière dans l'environnement d'un trou noir. En effet, au moment où la lumière s'échappe du puits gravitationnel créé par le trou noir, conformément aux prédictions de la relativité générale, elle perd une partie de son énergie.

**Ci-contre, en haut à droite** Cette vue d'artiste présente une comète éclatée près d'une étoile morte – ou naine blanche – appelée G29-38. Le télescope Spitzer de la NASA a en effet observé un nuage de poussière autour de cette naine blanche, nuage qui pourrait avoir été généré par la destruction d'une comète. Cette découverte suggère que d'autres objets pourraient encore orbiter autour de ce système solaire mort depuis longtemps. Cette naine blanche était à ses débuts une étoile qui représentait environ trois fois la masse de notre Soleil. Sa mort a obéi au scénario que connaîtra le Soleil dans quelques milliards d'années. Selon la théorie, en effet, l'étoile G29-38 est devenue de plus en plus brillante en vieillissant, jusqu'à se dilater pour former une étoile mourante appelée géante rouge. Cette géante rouge est devenue tellement grande qu'elle a englouti et vaporisé toutes les planètes solides de même taille que la Terre. Plus tard, l'étoile moribonde s'est débarrassée de son atmosphère, laissant derrière elle un petit squelette d'étoile appelé naine blanche.

**Ci-dessus, en bas à gauche** Au centre de ce tourbillon de gaz chaud se dissimule peut-être un monstre que l'on n'a encore jamais pu observer directement : un trou noir. Les études menées sur la lumière émise par certaines volutes de gaz indiquent souvent la présence d'un trou noir. On a ainsi découvert que le gaz qui entoure GRO J1655-40, par exemple, émettait un flash à un rythme de 450 fois par seconde. La masse de l'objet central ayant été estimée à sept fois celle de notre Soleil, on peut expliquer ce flash par l'existence d'un trou noir en rotation rapide. Toute la question consiste désormais à découvrir quels mécanismes physiques sont à l'origine de ce flash (ainsi que d'oscillations quasi périodiques) dans les disques d'accrétion qui entourent les trous noirs et les étoiles à neutrons.

**Ci-dessus, en bas à droite** Réalisée par l'observatoire aux rayons X Chandra et le satellite XMM-Newton, cette image offre également un nouvel aperçu du tourbillon de gaz chaotique qui entoure le trou noir sous le nom de disque d'accrétion.

**Ci-dessus** Voici l'un des objets les plus mystérieux de notre galaxie. En effet, pourquoi l'étoile V838, située à 20 000 années-lumière de la Terre, a-t-elle littéralement décuplé son volume ? Car, pour des raisons inconnues, la surface de V838 s'est soudain dilatée dans des proportions à peine concevables jusqu'à devenir, en un laps de temps très bref, l'étoile la plus brillante de toute la galaxie. À son apogée, sa luminosité était 600 000 fois plus brillante que d'ordinaire. Et puis, toujours sans la moindre raison et tout aussi soudainement, elle a disparu. Un tel « flash stellaire » n'avait jamais été observé auparavant. Bien que durant ce mystérieux flash V838 semble également avoir projeté de la matière dans l'espace, il apparaît en fait qu'il s'agit d'une sorte « d'écho lumineux » qui, comme on le voit sur cette image, se propage vers l'extérieur en formant des anneaux au sein de la poussière interstellaire. Ce phénomène demeure encore inexpliqué.

**Ci-contre** Ce curieux disque incliné presque à la verticale au-dessus de l'horizon d'un planétoïde hypothétique est, en réalité, un disque protoplanétaire vieux de 25 millions d'années que les astronomes viennent de découvrir autour d'une paire de naines rouges (que l'on aperçoit au centre), distantes de 350 années-lumière.

« Selon les astronomes modernes, l'espace est limité.
Voilà une pensée très réconfortante,
particulièrement pour les gens qui ne se rappellent jamais
où ils ont mis les choses. »

[ Woody Allen, cinéaste ]

CHAPITRE 3

# 100 MILLIARDS DE GALAXIES

Nous entamons à présent la troisième étape de notre voyage. Objectif : quitter la Voie lactée en nous éloignant par un chemin perpendiculaire au plan galactique. Derrière nous, le spectacle de l'immense spirale stellaire où a disparu notre Soleil est d'une saisissante beauté. Une fois passées les dernières étoiles qui brillent au loin, tout au bord, nous voici face à l'immensité noire. Devant nous, il n'y a plus rien : un vide glacé, les ténèbres absolues. Seuls flottent çà et là, perdus dans le néant, un atome d'hydrogène ou un grain de lumière isolés. Pourtant, au fond de ce vide obscur, nous apercevons quelque chose, un nuage argenté qui brille faiblement. C'est la toute première galaxie après la nôtre, la galaxie elliptique naine du Sagittaire, située à 80 000 années-lumière. Faisons un saut de 100 000 années-lumière : la Voie lactée a brusquement reculé et, à présent, elle est visible en entier. Nous venons d'aborder le célèbre Nuage de Magellan, une galaxie irrégulière située à 179 000 années-lumière exactement de la Voie lactée.

## L'étincelante galaxie d'Andromède

Nous dépassons maintenant le Nuage galactique, et c'est à nouveau le vide. Face à nous, un gouffre noir et gigantesque, plus énorme que tout ce que nous avons déjà pu voir : des millions d'années-lumière dans toutes les directions. Jusqu'à ce que grandisse enfin, loin devant nous, un nuage argenté en forme d'ellipse. C'est la grande galaxie d'Andromède, la plus proche de nos voisines en dehors de nos deux galaxies satellites. Elle est pourtant bien loin de chez nous : 2,2 millions d'années-lumière. Tout comme notre Voie lactée, elle rassemble des centaines de milliards d'étoiles en une étincelante nébuleuse dorée. Si nous pouvions l'observer sans nous arrêter pendant des dizaines de millions d'années, nous verrions qu'elle tourne lentement sur elle-même. Il lui faut 250 millions d'années pour effectuer un tour complet (ce qui signifie que, à l'époque des dinosaures, qui ont régné il y a de 280 à 65 millions d'années, elle se trouvait « à l'envers »).

Éloignons-nous encore d'une dizaine de millions d'années-lumière. Nous distinguons maintenant les deux nébuleuses spirales argentées, la Voie lactée et Andromède, à environ 2,5 millions d'années-lumière l'une de l'autre. Autour d'elles gravitent une douzaine de galaxies plus petites, contenant chacune moins de 1 milliard d'étoiles. Ces flocons laiteux, dispersant une lueur pâle dans un océan de vide glacé, forment ce que l'on appelle le Groupe local... Les galaxies ne sont pas réparties uniformément dans l'espace, elles ont tendance à se répartir en groupes et en amas. Dans un rayon de 5 millions d'années-lumière, on trouve environ une trentaine de galaxies au sein de notre Groupe local.

## Le Grand Attracteur

Mais nous ne sommes pas au bout de nos surprises. Car on a découvert que notre Galaxie – comme toutes celles du Groupe local, jusqu'au superamas local de la Vierge – est attirée par quelque chose d'inconnu et de colossalement puissant, à la vitesse de 600 kilomètres par seconde.



**Ci-contre** Cette image dévoile dans toute sa beauté la grande galaxie d'Andromède (encore appelée M31), voisine de notre galaxie la Voie lactée, à laquelle elle ressemble énormément. Il s'agit d'un des rares objets extérieurs à notre système solaire qu'il est possible de voir à l'œil nu. Sur cette image, les astronomes ont observé que de nouvelles étoiles se forment dans les poussières et les gaz des bras spiraux, tandis que les étoiles plus anciennes se rassemblent plutôt dans les régions centrales, saturées d'étoiles, de la grande galaxie.
La galaxie d'Andromène rassemble au moins 400 milliards d'étoiles (un nombre sensiblement plus élevé que celui de notre Galaxie) et elle est située à 2,2 millions d'années-lumière de la Terre.

Selon les estimations des experts, cette chose représente une masse d'environ 50 millions de milliards de fois le Soleil. Cette source étrange, située au-delà du superamas de l'Hydre, est difficile à observer dans la mesure où elle se trouve directement derrière le plan galactique de la Voie lactée.

Les astronomes lui ont donné le nom évocateur de Grand Attracteur. Selon les calculs, celui-ci doit être bien plus grand qu'une galaxie. Selon les astronomes, les amas de galaxies en contiennent plusieurs centaines ; quant aux superamas, ils rassembleraient des centaines d'amas. Or, le Grand Attracteur est sans doute un superamas, peut-être même quelque chose de bien plus grand encore. Il serait situé à environ 200 ou 300 millions d'années-lumière. La force qu'il exerce pourrait être équivalente à celle de plus de 10 000 galaxies aussi massives que la nôtre.

À présent, prenons du recul par rapport au Groupe local. Qu'observons-nous ? À nouveau le vide. Et enfin plus loin, beaucoup plus loin, si nous continuons à nous éloigner, nous finissons par trouver d'autres galaxies, à des centaines de millions puis à des milliards d'années-lumière. Plus surprenantes, plus étranges les unes que les autres.

Jusqu'ici, on estimait qu'il devait y avoir environ 100 milliards de galaxies dans l'Univers visible. Mais, depuis quelques années, on commence à penser qu'elles pourraient être beaucoup plus nombreuses. Par exemple, en 1999, le télescope spatial Hubble en comptait déjà au moins 125 milliards. Aujourd'hui, on pense qu'il pourrait y en avoir encore bien davantage.

## Ellipses, spirales et autres galaxies

À quoi ressemblent-elles ? Elles peuvent être incroyablement différentes les unes des autres : en âge, en taille, en forme, en contenu. Certaines ont un éclat aveuglant, elles brillent plusieurs milliards de fois plus que le Soleil. D'autres, faites peut-être de la mystérieuse matière noire, sont absolument invisibles. Certaines sont des géantes, des dizaines de fois plus grandes que la Voie lactée. Ou au contraire des naines, qui ne contiennent que quelques milliers d'étoiles à peine.

Les plus courantes sont les galaxies elliptiques, les plus nombreuses – près des deux tiers des galaxies. Elles recèlent des étoiles âgées et très peu de gaz et de poussières. Certaines elliptiques peuvent être des galaxies géantes. L'une des plus extraordinaires est M 87. Comparée à la Voie lactée, elle est littéralement colossale : 20 fois plus grande et 40 fois plus massive, elle contiendrait au moins 5 000 milliards d'étoiles (et probablement un trou noir géant dans son noyau).

Puis viennent les galaxies spirales, comme notre Voie lactée, où l'on trouve une majorité d'étoiles dans la force de l'âge (quelques milliards d'années) avec ici et là des gaz et des poussières. Notre voisine, la galaxie d'Andromède, est la plus grande galaxie spirale connue : elle abrite en son sein plus de 400 milliards d'étoiles.

Enfin, les galaxies irrégulières ont une forme indéfinie et contiennent beaucoup d'étoiles jeunes avec, tout autour, de véritables nébuleuses gazeuses et de gigantesques formations de poussières. Elles peuvent être très aplaties ou, au contraire, parfaitement sphériques. La plupart des galaxies sont plus petites que la nôtre. Par exemple, celles du Groupe local sont en moyenne 10 fois plus petites que la Voie lactée.



**Ci-contre** S'agit-il d'une ou de deux galaxies ? À l'extérieur, on voit un anneau dominé par des étoiles bleues tandis que, près du centre, on remarque une sorte de sphère constituée d'étoiles plus rouges et qui semblent bien plus anciennes. Entre ces deux objets, il y a un vide qui apparaît presque complètement noir. La manière dont cet objet, appelé Hoag, a pu se former demeure un mystère. Certaines hypothèses reposent sur l'idée d'une collision galactique qui se serait produite il y a des milliards d'années et qui aurait pu générer des perturbations gravitationnelles inhabituelles. Les dimensions de Hoag sont considérables puisqu'elles atteignent 100 000 années-lumière de diamètre. Cet étrange objet est très éloigné : il se trouve à une distance de quelque 600 millions d'années-lumière de la Terre.

**Double page suivante** Le jet puissant, long de plusieurs dizaines de milliers d'années-lumière, et qui traverse le cœur de certaines galaxies de part en part, semble trouver son origine dans un trou noir supermassif qui se trouverait au centre de ces galaxies.

« LE SENTIMENT RELIGIEUX COSMIQUE
EST LE MOTIF LE PLUS PUISSANT ET LE PLUS NOBLE
DE LA RECHERCHE SCIENTIFIQUE. »

[ Albert Einstein, physicien ]

## Les galaxies noires

Plus nous avançons au sein des myriades de galaxies qui peuplent l'Univers, plus nous allons voir combien elles peuvent être différentes les unes des autres et parfois très étranges. Parmi celles qui nous étonnent le plus, il y a ce que l'on appelle les galaxies noires. On ne les voit pas. Ainsi, en 2005, dans l'amas de la Vierge, à 50 millions d'années-lumière, une équipe internationale d'astronomes (dont un Français de l'Observatoire de Paris) a découvert une nébuleuse galactique apparemment sans étoiles, très mystérieuse, du nom de Virgo HI 21.

Elle est dotée d'une masse d'hydrogène neutre de plus de 100 millions de masses solaires. Mais cette masse représenterait à peine 1 % de la matière totale de cette galaxie de plus de 10 milliards de masses solaires, par ailleurs totalement invisible. Il pourrait bien s'agir de la toute première galaxie noire jamais découverte dans l'Univers. Elle serait peuplée non pas d'étoiles, comme la nôtre, mais d'une matière très étrange dont la nature nous est encore inconnue : la matière noire.

L'existence de cette hypothétique forme de matière a été avancée il y a quelques années en vue d'expliquer pourquoi les galaxies tournent bien plus vite que ce à quoi on pourrait s'attendre, compte tenu de la matière ordinaire qu'elles contiennent. Cette nouvelle forme de matière, qui ne serait pas faite d'atomes ordinaires, ne pourrait donc ni émettre ni absorber la moindre radiation électromagnétique. Et l'on pense aujourd'hui que l'Univers ne contient que 5 % de matière ordinaire, contre 25 % de matière noire et 70 % d'une nouvelle forme d'énergie : l'énergie noire. Comme nous l'avons déjà souligné, celle-ci reste aujourd'hui un profond mystère.

Mais prenons le temps de réfléchir quelques instants à cette nouvelle énigme qui bouleverse nos connaissances. Non seulement les galaxies s'éloignent les unes des autres, mais elles le font de plus en plus vite. Nous l'avons vu dans le prologue, ce phénomène de « fuite en avant » de l'Univers ne cesse de s'accélérer. Comment s'en est-on aperçu ? Nous l'avons dit : en observant la lumière émise par les supernovae, ces soleils qui explosent au loin, au cœur d'autres galaxies. Pendant un temps plus ou moins long, elles peuvent être bien plus brillantes que tout le reste de la galaxie qui les accueille. Or, en 1998, les astronomes ont observé une cinquantaine

**Ci-dessus, en haut** En 1995, la majestueuse galaxie spirale NGC 4414 a été photographiée par Hubble. À la faveur de mesures minutieuses de la luminosité d'étoiles variables présentes dans cette galaxie, les astronomes ont pu déterminer sa distance : environ 60 millions d'années-lumière. Il a également été possible de préciser le taux d'expansion de l'Univers qui s'accélère sous l'effet de l'énergie noire.

**Ci-dessus, en bas** Cet étrange objet photographié par Spitzer évoque irrésistiblement l'un de ces masques multicolores de la comédie italienne. Or, les mystérieux yeux bleus que l'on aperçoit sur ce masque rose pâle se révèlent être, en réalité, les noyaux de deux galaxies en train de fusionner : NGC 2207 et IC 2163. Quant au masque lui-même, il est constitué des bras spiraux des deux galaxies chargés de gaz et de poussières. NGC 2207 et IC 2163 se sont rencontrées récemment et ont entamé leur union il y a seulement 40 millions d'années. Elle sera consommée lorsque les deux noyaux de galaxies auront fusionné et que les deux galaxies n'en formeront plus qu'une, plus grande. Ce formidable couple galactique est situé à 140 millions d'années-lumière.

**Ci-contre** Après celle d'Andromède, cette galaxie spirale (M33) est l'une des plus proches de la nôtre. Elle est plus petite que la Voie lactée et compte environ une centaine de milliards d'étoiles. On la trouve à seulement 2,7 millions d'années-lumière, dans la constellation du Triangle : elle fait donc partie du « Groupe local » qui regroupe, avec la Voie lactée, une trentaine de galaxies « voisines » les unes des autres.

**Ci-dessus, en haut à gauche** Pourquoi cette galaxie est-elle si mince ? En fait, de nombreux disques galactiques sont aussi minces que NGC 5866, mais ils ne sont pas observés par la tranche depuis la Terre. Cette galaxie dite « lenticulaire », présente de nombreux filaments de poussière qui apparaissent en rouge et en noir alors que la plupart des étoiles lumineuses du disque lui donnent une teinte bleutée. On peut voir le disque bleuâtre de jeunes étoiles s'étendre au-delà de la poussière sur ce plan galactique extrêmement fin, tandis que le renflement au centre du disque prend des nuances orange dues à la présence probable d'étoiles plus âgées. Bien que sa masse soit comparable à celle de la Voie lactée, il faut environ 60 000 années à la lumière pour traverser NGC 5866.

**Ci-dessus, en haut à droite** Située à 56 millions d'années-lumière de la Terre, la galaxie spirale M100 appartient à l'amas de la Vierge. Quantité d'étoiles bleues, générées par les interactions de la galaxie avec les galaxies voisines, sont rassemblées dans ses bras spiraux très brillants. Cette galaxie, d'un diamètre de 120 000 années-lumière, est légèrement plus grande que la Voie lactée.

**Ci-dessus, en bas à gauche** Les magnifiques bras spiraux de la galaxie M81 semblent illuminés par la formation de nouvelles étoiles. M81 est située dans la constellation de la Grande Ourse, à une distance d'environ 11 millions d'années-lumière. Cette spirale barrée a un diamètre de 60 000 années-lumière (contre 100 000 pour la Voie lactée).

**Ci-contre, en bas à droite** À première vue, cette galaxie, parfois surnommée « L'œil noir » ou « La Beauté endormie », semble parfaitement sereine. En réalité, elle est le théâtre d'affrontements extraordinaires. Les gaz des régions externes de cette splendide spirale tournent à la vitesse de 300 kilomètres par seconde, dans une direction opposée à la rotation de toutes les étoiles. Dès lors, les collisions inévitables entre les immenses nappes de gaz des régions internes et externes sont à l'origine de nombreuses créations d'étoiles bleues très chaudes et de l'émission d'un rayonnement diffus de couleur rose. Le mouvement interne fascinant de la galaxie M64 semble résulter de la collision qui s'est produite entre une petite et une grande galaxie.

**Ci-dessus** À une distance de 12 millions d'années-lumière, on peut découvrir M82, une magnifique galaxie irrégulière, joyau de l'hémisphère Nord, qui forme un couple parfait avec sa voisine, la galaxie M81. Le noyau et le disque de M82 semblent avoir été littéralement déformés par les puissants effets de marée induits par M81, au point que cette galaxie est le théâtre de phénomènes stellaires violents ainsi que d'une activité très turbulente des flux de gaz explosif dans les régions externes.

La plupart des galaxies s'éloignent.
**Mais certaines se rapprochent jusqu'à entrer en collision,**
notamment par leur noyau.

de ces supernovae à de très grandes distances, allant de 1 à 6 milliards d'années-lumière. Et les plus lointaines exprimaient une luminosité plus faible que celle que laisse prévoir le taux d'expansion supposé de l'Univers. La conclusion s'est alors brutalement imposée : non seulement l'Univers se dilate beaucoup plus vite qu'on ne le pense, mais de surcroît cette expansion ne cesse de s'accélérer.

Selon les calculs, cet extraordinaire phénomène est devenu sensible il y a de 6 à 7 milliards d'années. Aujourd'hui, 70 % de l'énergie supposée de l'Univers proviendrait de cette énergie inconnue.

## Catastrophes intergalactiques

Revenons maintenant à nos galaxies. Nous venons de le voir, en raison de l'expansion accélérée, elles sont en mouvement les unes par rapport aux autres. De quelle manière ? La plupart s'éloignent. Mais certaines se rapprochent jusqu'à entrer en collision, notamment par leur noyau. Dans ce cas, leurs bras s'enchevêtrent, elles se disloquent et finissent par perdre leur symétrie habituelle (bien entendu, ces catastrophes cosmiques s'étalent sur des périodes de temps colossalement longues, des dizaines ou des centaines de millions d'années). C'est le cas par exemple de la galaxie M 82, qui a subi l'attraction irrésistible de sa voisine M 81. Ou encore d'Arp 220, une des galaxies les plus brillantes de l'Univers, née d'une phénoménale collision à 230 millions d'années-lumière d'ici. À chaque seconde, elle émet davantage d'énergie (essentiellement sous forme infrarouge) que 2 000 milliards de soleils comme le nôtre.

Si étonnant que cela puisse nous sembler, un choc galactique du même genre (mais avec des effets différents) pourrait avoir lieu entre la Voie lactée et la galaxie d'Andromède. Selon les calculs, d'ici environ 3 milliards d'années, les deux grandes galaxies devraient en se rapprochant finir par exercer l'une sur l'autre des perturbations gravitationnelles telles qu'elles pourraient fusionner.

Il existe des galaxies encore plus étranges que celles que nous venons de voir. Par exemple, ce que les astronomes appellent des « galaxies cannibales » : elles dévorent littéralement leurs congénères. Un exemple ? NGC 6166, située au sein de l'amas Abel 2199. Dans son noyau, on observe en effet trois ou quatre condensations ultramassives : selon toute vraisemblance, les « restes » d'anciennes galaxies en voie de digestion. En outre, cette galaxie cannibale émet deux puissants jets radio dans des directions opposées.

## De titanesques jaillissements d'énergie

L'étape suivante dans l'étrangeté est franchie avec ce que l'on appelle les galaxies actives. Certaines d'entre elles sont le siège du plus titanesque jaillissement de matière et d'énergie que l'on puisse imaginer. Faisons un voyage de 600 millions d'années-lumière dans la constellation du Cygne pour trouver la plus puissante radiosource galactique connue à ce jour dans l'Univers, à l'exception de notre Soleil.

Cette galaxie lointaine et très étrange s'appelle Cygnus A. C'est l'une des plus impressionnantes géantes de tout le cosmos, avec une masse inimaginable de 100 000 milliards de Soleils. Elle s'étend sur 0,5 million d'années-lumière et comporte deux noyaux séparés par 5 500 années-lumière. Comme pour Arp 220, ces noyaux sont sans doute les restes d'une formidable



**Ci-contre** Cette vue d'artiste nous montre une violente collision entre deux galaxies ainsi que les fragiles cristaux de couleur verte disséminés au centre. Les taches blanches représentent une population d'étoiles de toutes les tailles et de tous les âges. Le télescope Spitzer Space de la NASA a ainsi détecté plus de 20 galaxies semblables à celles que l'on voit ici. Entourées de gaz et de poussières, elles sont toutes très brillantes et fourmillent parmi les minuscules cristaux aux allures de pierres précieuses. Lorsque les galaxies entrent en collision, elles entraînent la naissance d'un nombre important d'étoiles massives. On pense que ces étoiles chaudes et très énergétiques deviennent alors de véritables fournaises, susceptibles de produire des cristaux de silicate tout comme on produit du verre à partir de sable. Si notre propre galaxie fusionnait avec la galaxie d'Andromède, dans quelques milliards d'années, une explosion comparable d'étoiles massives et de cristaux de silicate pourrait alors se produire.

**Ci-dessus** Si quelque observateur se trouvait sur ce planétoïde perdu dans l'espace profond, il pourrait voir à l'arrière plan, sur la gauche, une grande galaxie spirale et, sur la droite, au-dessus de l'horizon, un superbe amas globulaire d'étoiles. Un amas globulaire est le résultat du rassemblement presque sphérique d'étoiles en orbite proche ou plus lointaine autour d'une galaxie. La forme sphérique de tels amas résulte du fait que les étoiles qui les composent sont fortement liées par la gravité. Ceux que l'on trouve dans le halo des galaxies sont plus massifs et bien plus anciens que ceux qui peuplent les régions moins denses (on les appelle des « amas ouverts ») du disque galactique. Alors qu'on dénombre environ 150 amas globulaires dans notre galaxie, celle d'Andromède, par exemple, pourrait en contenir au moins 500. Et certaines galaxies elliptiques géantes, comme M87, pourraient présenter quelque 10 000 amas globulaires en orbite autour d'elles.

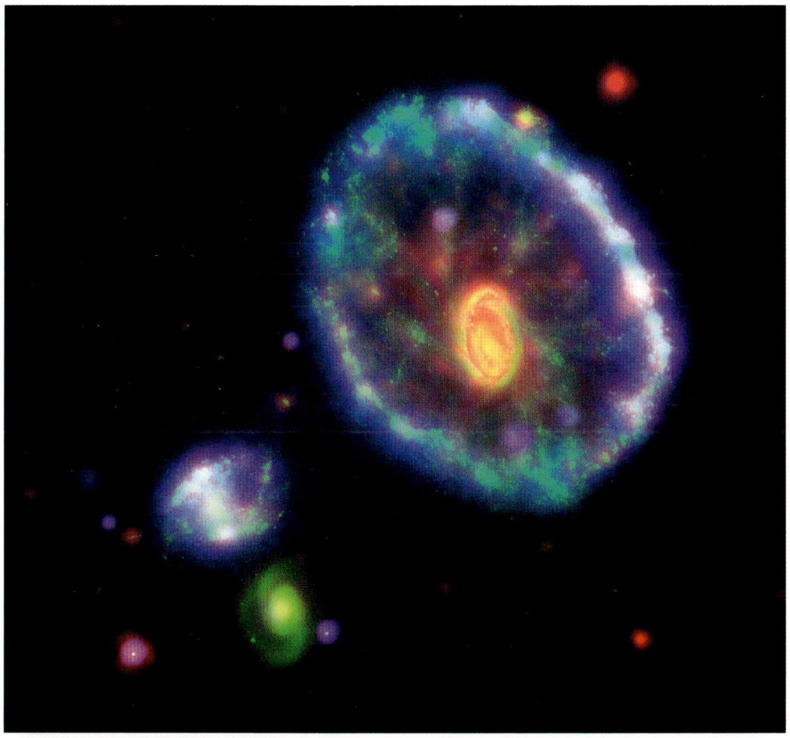

collision entre deux galaxies jadis séparées et qui sont passées trop près l'une de l'autre. Mais, ce qui est vraiment étrange dans cette galaxie, c'est qu'elle émet un phénoménal courant d'ondes électromagnétiques (équivalant à 2 000 milliards de fois ce que produit le Soleil), qui proviennent non pas des étoiles visibles mais de deux zones totalement invisibles situées à 160 000 années-lumière de part et d'autre du disque galactique. Ces nuages opaques semblent produits par un plasma brûlant d'électrons et de positrons fusant dans des champs magnétiques à des vitesses proches de celle de la lumière.

Qu'est-ce donc qui peut causer un rayonnement si insolite ? On pense de plus en plus que, au centre incandescent d'une galaxie de ce type, sont tapis de gigantesques trous noirs de plusieurs milliards de masses solaires. Au-dessus d'eux pourraient se matérialiser des disques tourbillonnaires de gaz, de poussières et d'étoiles entières à partir desquels de la matière arrachée tomberait dans les trous noirs, dégageant d'énormes quantités d'énergie, sous forme de radiations, de jets de plasma et de champs magnétiques. Ces courants titanesques voyagent sans doute le long d'axes de moindre résistance perpendiculaires au disque, ce qui, dans le cas de Cygnus A, pourrait expliquer ces deux étranges radiosources de part et d'autre du plan galactique.

En fait, des études récentes menées par le télescope spatial Hubble nous incitent à penser qu'il existe des trous noirs massifs au cœur de presque toutes les galaxies, sinon de toutes. Si nous reprenons, entre mille autres, l'exemple de la galaxie géante M 87, les observations du comportement accéléré et très énergétique de la matière dans son noyau laissent fortement supposer la présence d'un trou noir géant, décelable par le gigantesque disque d'accrétion dont nous avons parlé plus haut.

## Des galaxies lointaines prodigieusement brillantes

Enfonçons-nous à présent dans les profondeurs de l'Univers. Jusqu'où allons-nous trouver des galaxies ? Nous voici à 5 milliards d'années-lumière. Autour de nous, il y a encore des galaxies, par centaines de millions, par milliards. Reculons encore. Toujours plus loin. Nous arrivons à 10 milliards d'années-lumière. Les galaxies



**Ci-dessus, en haut** Voici une image très colorée de la galaxie Cartwheel, distante d'environ 400 millions d'années-lumière. Il y a environ 100 millions d'années, une galaxie plus petite aurait percuté le cœur de la galaxie Cartwheel, créant momentanément des vagues de formation d'étoiles. Sur cette image, la première vague apparaît sous la forme d'un anneau extérieur bleu vif ultraviolet. Cet anneau extérieur bleu est tellement vif qu'il démontre que Cartwheel est l'une des plus puissantes galaxies à émission d'ultraviolets de l'univers proche. La couleur bleue indique que des agrégations d'étoiles d'une masse égale à 5 à 20 fois celle de notre Soleil se forment dans cette région.

**Ci-dessus, en bas** Plus proche que Cartwheel, se trouve NGC 3621, à quelques 22 millions d'années-lumières. Découverte dans la constellation de l'Hydre, les bras en spirale de ce splendide « Univers île » sont chargés d'amas de jeunes étoiles très lumineuses et de sombres galeries de poussières. Toutefois, pour les astronomes, NGC 3621 n'est pas seulement une belle galaxie spirale de plus : certaines de ses étoiles les plus lumineuses ont été utilisées comme des repères afin de parvenir à de meilleures estimations des distances extragalactiques et de l'échelle de l'Univers. Cette image en couleur a été produite à partir de données astronomiques enregistrées avec le très grand télescope Antu, à l'observatoire Paranal au Chili.

sont toujours là, par milliards. Encore une nouvelle plongée et nous voici 1 milliard d'années plus tôt, à 11 milliards d'années-lumière de la Terre. Et soudain, devant nous surgit de nulle part un amas galactique encore plus stupéfiant que tous les précédents. Il comprend une myriade de galaxies monstrueusement brillantes. Caché jusqu'ici, il a été découvert en 2005 grâce au télescope spatial Spitzer de la NASA. Ces mystérieuses galaxies, rayonnant d'un éclat supérieur à 10 000 milliards de Soleils, sont aujourd'hui parmi les plus lumineuses de l'Univers.

Encore 1,8 milliard d'années-lumière plus loin : nous sommes à présent à près de 12,8 milliards d'années de chez nous (et donc 12,8 milliards d'années dans le passé). Face à nous, il y a un nouveau troupeau de galaxies. Elles viennent à peine de naître, environ 850 millions d'années après le big bang. En fait, nous voyons ces nébuleuses galactiques alors que l'Univers entier n'était âgé que de 850 millions d'années. À quoi ressemblent-elles ? À quelque chose de très brillant, où l'on devine la masse d'étoiles toutes jeunes et, au centre, quelque chose d'encore plus lumineux qui nous fait irrésistiblement penser à un quasar. Par ailleurs, il est probable qu'avant leur formation les galaxies étaient d'abord des quasars. Et, à cette époque, ceux-ci devaient comporter des disques d'accrétion et, au centre, des trous noirs qui aspiraient d'énormes quantités de matière. Ce sont ces phénomènes que nous interprétons aujourd'hui comme des galaxies très actives et très énergétiques.

## Galaxies de l'aube des temps

Le plus surprenant, ce n'est pas tant l'âge fantastique de ces galaxies nées quelques centaines de millions d'années après le big bang, c'est leur structure déjà très massive. Autrement dit, ces toutes premières galaxies de l'aube des temps sont bien plus évoluées qu'on n'aurait pu le penser. Mais remontons encore un peu plus loin vers la frontière de l'Univers. Nous venons de dépasser 13 milliards d'années-lumière depuis la Terre. Nous arrivons aux frontières ultimes de la matière, là où elle prend forme dans le creuset cosmique. Sous nos yeux vient de surgir un objet fantastique que les astronomes ont baptisé Abel en 2004. C'est une nouvelle galaxie en train de naître, éblouissant nuage de lumière et de rayonnement. Abel est né tout juste 480 millions d'années après le big bang. Sommes-nous arrivés au bout ?

Pas encore : un nouveau recul d'une centaine de millions d'années vers les profondeurs du jeune cosmos et nous nous retrouvons face à ce qui, aujourd'hui, est considéré comme les toutes premières galaxies depuis la création de l'Univers. Des galaxies fabuleusement âgées, en fait les doyennes de notre Univers. Si les calculs sur la déviation de leur spectre lumineux vers le rouge sont exacts, elles seraient nées à peine 370 millions d'années après le big bang. 370 millions d'années après la naissance de l'Univers !

Ces très vieilles – ou très jeunes – galaxies semblent contenir des quasars, quantité de poussières et enfin des étoiles naines froides. La découverte d'objets aussi anciens (presque aussi vieux que l'Univers lui-même) nous montre donc que les galaxies, et par conséquent les étoiles, se sont formées bien plus tôt qu'on ne le croyait jusqu'ici. Et, nous allons le voir plus loin, dans leurs flancs naissants se cache le secret de l'origine de l'Univers lui-même.

Nous sommes donc arrivés au bout de notre fantastique voyage dans le monde des galaxies. Le temps est venu de franchir une nouvelle étape. Si nous observons ce qui s'est passé sur notre planète, nous voyons que l'Univers ne contient pas que de la matière inerte. Il contient aussi de la vie et de l'intelligence. Alors ? Est-ce que ce phénomène a eu – ou aura – une chance, même infime, de se reproduire ailleurs ? Au sein de notre Galaxie ou des milliards d'autres galaxies qui peuplent l'Univers immense ?

C'est ce que nous vous proposons d'explorer dans le chapitre qui suit.



**Ci-contre** Voici une image extraordinaire qui représente l'un des objets que Spitzer a observé aux confins de l'Univers : une population jusqu'alors invisible de galaxies incroyablement brillantes qui étaient masquées par la poussière cosmique. Cette vue d'artiste dévoile une de ces galaxies invisibles et qui devient très brillante lorsqu'on l'observe à l'infrarouge. Ces galaxies sont parmi les plus lumineuses de l'Univers. Elles se trouvent à la distance incroyable de 11 milliards d'années-lumière, ce qui signifie qu'elles sont apparues très peu de temps (environ 1,5 milliard d'années) après le big bang.

CHAPITRE 4

# LA VIE AILLEURS

Aussi loin que l'on observe le cosmos, les lois physiques sont partout identiques. La matière qui compose notre Terre est la même que celle que l'on trouve au cœur de la galaxie la plus lointaine. Alors, le miracle de la vie pourrait-il s'être produit ailleurs que sur la Terre ?
Pour en savoir un peu plus, commençons par partir en voyage dans le Système solaire, à la recherche de nouveaux indices.

## Sur Mercure et Vénus

Nous l'avons vu, la planète la plus proche du Soleil, Mercure, est un désert brûlant craquelé de crevasses et de cratères. Du lever au coucher du Soleil, une journée dure 176 jours terrestres : près de six mois ! Pas d'atmosphère. Pas la moindre goutte d'eau. Une chaleur infernale au soleil. Un froid glacial à l'ombre. Dans de telles conditions, la vie n'a pas la moindre chance d'apparaître.
À présent, Vénus, la deuxième planète. D'immenses couches nuageuses pèsent sur la surface et plongent le paysage dans une nuit perpétuelle. De terribles tempêtes de gaz carbonique ravagent les plateaux vénusiens à plus de 300 kilomètres heure. Des pluies d'acide sulfurique perforent le sol en fumant. Et dans cet enfer règne une chaleur de 500 °C.
Difficile d'imaginer que la vie ait pu se manifester dans une des torrides vallées vénusiennes.
Pourtant, des scientifiques comme Louis Irwin, astrophysicien à la NASA, affirment qu'une forme de vie exotique pourrait tout de même exister sur Vénus, à environ 60 kilomètres d'altitude. Des « créatures atmosphériques », comme les appelle Dirk Schulze-Makuch, de l'université du Texas. Le principal argument des tenants de cette hypothèse, c'est qu'en 2002 on a découvert sur la Terre des formes de vie microbienne flottant à plus de 10 000 mètres d'altitude dans des bancs nuageux. Dans certaines couches nuageuses de Vénus, la température pourrait être d'environ 25 °C et la pression comparable à celle qui règne sur la Terre. Et surtout, on y trouverait de l'eau en brume. Selon les experts, les « créatures vénusiennes » pourraient alors être des sortes de microbes primitifs aériens ressemblant à de petites membranes en forme de cloches translucides. Un peu comme de minuscules méduses flottant dans les courants, elles pourraient tirer leur énergie de la lumière ultraviolette du Soleil et se nourrir d'acide sulfurique.
Il faudra sans doute encore bien des années avant que cette vision audacieuse ne reçoive un début de vérification. Une première étape pourrait cependant être franchie avec le module d'exploration Venus Express, qui s'est placé sur l'orbite vénusienne le 11 avril 2006 (après seulement 5 mois de voyage pour 400 millions de kilomètres). Cette mission ne sera toutefois pas encore en mesure de déceler la présence – tout de même hypothétique – d'organismes qui pourraient vivre à haute altitude dans les nuages de cette planète.

## Sur la « planète rouge »

Avec la planète Mars, notre exploration à la recherche de la vie franchit une nouvelle étape. Vous entendez une brise légère, signe qu'il y a une atmosphère. Mais, com-



**Ci-contre** La vie pourrait-elle exister ailleurs, sur d'autres mondes, en dehors de la Terre ? Pendant longtemps, cette interrogation a porté sur les planètes du Système solaire. L'image ci-contre est un reflet poétique, déjà un peu ancien, de ce rêve d'ailleurs. Elle représente une vallée perdue de Titan sous l'éclat glacé des anneaux de Saturne.
À l'époque (dans les années 1950), on ne savait pas encore que Titan était le seul satellite du Système solaire à posséder une atmosphère dense.
On doit cette magnifique représentation à Chesley Bonestell, l'un des plus grands artistes spatiaux du XX^e siècle.

portant du gaz carbonique et seulement quelques traces d'oxygène, elle n'est pas respirable. De plus, comme la couche d'ozone n'a que quelques dizaines de mètres d'épaisseur, elle laisse passer les rayons nocifs du Soleil, les ultraviolets, dangereux pour tout être vivant. Enfin, il règne partout un froid polaire sur la planète rouge : – 75 °C en moyenne. La pression atmosphérique est très faible et le sol est saturé d'eau oxygénée, celle qu'on utilise pour tuer les microbes !

Apparemment, il n'existe là-bas aucune trace de quoi que ce soit de vivant. Aucun fossile, aucun micro-organisme, même rudimentaire, n'a encore été trouvé. Et pourtant, quelque chose a été observé lors des toutes dernières missions martiennes par les sondes Spirit et Opportunity, qui fouillent le sol martien à la recherche de cet élément fondamental indispensable à la vie : l'eau. Ce que l'on a découvert, ce sont des renfoncements dans le sol évoquant le lit d'anciens fleuves qui auraient coulé il y a peut-être 2 milliard d'années. De l'eau en quantité, qui se serait évaporée. Mais, comme vous allez le voir, nous sommes loin d'être au bout de nos surprises.

Nous voici à l'aube du Système solaire, il y a plus de 4 milliards d'années. À cette époque incroyablement lointaine et bien sûr très peu connue, les scientifiques pensent que la Terre et Mars étaient deux mondes très ressemblants. Selon les hypothèses les plus récentes, il n'est pas impossible que la vie soit apparue en même temps sur les deux planètes, où l'eau coulait probablement en abondance autrefois car certaines formations géologiques n'ont pu apparaître que par ruissellement. Par ailleurs, il y a de fortes chances pour que l'atmosphère ait un jour été plus importante et pour que les conditions climatiques aient été plus clémentes. La vie aurait donc très bien pu apparaître sur Mars il y a presque 4 milliards d'années, en même temps que sur la Terre.

Mais aujourd'hui Mars n'est plus qu'un désert morne et glacé. Les océans ont disparu. Pourquoi ? Parce que la gravité y est bien plus faible que sur la Terre. Résultat : l'eau de surface s'est évaporée très vite, trop vite pour qu'aucune forme de vie ait eu le temps d'évoluer.

De plus, et pour les mêmes raisons, une grande partie de l'atmosphère s'est également envolée dans l'espace. Pourtant, si – comme le pensent certains exobiologistes – la vie a bel et bien existé sur Mars, il devrait rester des indices, même ténus, de son éphémère passage.

L'histoire d'une planète est gravée au cœur de ses roches. Or, contrairement à la Terre, Mars s'est refroidie de façon très rapide, ce qui fait que la planète rouge a certainement mieux conservé son histoire que la Terre. Ainsi, les hauts plateaux de l'hémisphère Sud n'ont pratiquement subi aucun changement depuis l'époque où ils se sont formés, il y a plus de 4 milliards d'années. C'est là qu'il faut sans doute chercher en priorité les vestiges d'une éventuelle vie martienne. Jusqu'ici, toutefois, aucun fossile n'a encore été exhumé.

Malgré ce tableau peu encourageant, il n'est pas totalement exclu qu'il y ait tout de même quelque chose

À cette époque incroyablement lointaine et bien sûr très peu connue, les scientifiques pensent que **la Terre et Mars étaient deux mondes très ressemblants.**



**Ci-contre** Ce haut plateau martien, près du pôle, est en apparence un endroit tranquille. On y observe de la glace et de la neige qui rappellent notre monde. Mais en réalité, c'est un piège redoutable pour toute forme de vie.
Si une hypothétique créature martienne parvenait à ne pas être asphyxiée par le dioxyde carbone ou gelée à mort au cours de la nuit, par – 90 °C, il lui faudrait survivre le jour aux terribles rayons ultraviolets du Soleil, non filtrés par l'ozone. Presque toutes les créatures terrestres seraient rapidement détruites dans cette plaine. Cependant, à la lumière des découvertes récentes des sondes Spirit et Opportunity, nombreux sont les scientifiques qui estiment que des créatures primitives, forcément très rudimentaires, pourraient aujourd'hui survivre en profondeur dans le sous-sol de déserts tels que celui-ci. On a récemment découvert sur Terre des micro-organismes vivant dans des conditions de gel extrême, au cœur des glaces de l'Antarctique. L'espoir est donc de parvenir peut-être un jour à trouver des micro-organismes de type « polaire » sur la planète rouge. Jusqu'ici toutefois, les fouilles sont restées vaines.

« DANS LE TEMPS QUI A PRÉCÉDÉ LE COMMENCEMENT DU TEMPS, QUELQUE CHOSE A-T-IL EXISTÉ ? »

[ Guillaume d'Auvergne, XIIIe siècle ]

Toute la question est de savoir **si les étranges structures microscopiques** observées à la surface d'ALH 84001 **sont les restes d'organismes vivants extraterrestres.**

devivant sur la planète rouge. En 2004 en effet a eu lieu une fantastique découverte : il reste aujourd'hui de l'eau sur Mars ! De la glace, bien sûr, mais probablement aussi de l'eau liquide en profondeur.

D'ailleurs, le 23 février 2005, les agences du monde entier reçoivent cette étonnante information : à 5° au nord de l'équateur martien, la sonde européenne Mars Express vient de découvrir des blocs de glace de grande taille, qui pourraient être les vestiges d'une mer martienne dont la formation remonterait à environ 5 millions d'années. Selon les experts de l'Agence spatiale européenne, cette mer gelée, dont on distingue nettement les icebergs juste sous la surface du sol poussiéreux et volcanique de la planète, mesure environ 800 kilomètres de long sur 900 de large. Quant à sa profondeur, elle serait de 45 mètres.

## La météorite ALH 84001

Nombre d'exobiologistes en sont donc persuadés : il pourrait subsister une forme de vie rudimentaire aux alentours de cet « océan ». Par exemple dans des cavernes souterraines ou en profondeur, dans l'humidité des sous-sols. Peut-être des bactéries, semblables à celles qui peuplaient la Terre il y a environ 900 millions d'années.

À cet égard, plusieurs météorites en provenance de Mars sont activement étudiées dans les laboratoires. En particulier l'une d'elles, baptisée ALH 84001. Il y a 16 millions d'années, un météore a percuté le désert martien. Un fragment du sol a alors été précipité dans l'espace et a voyagé pendant 16 millions d'années avant de tomber chez nous, au pôle Nord, il y a 13 000 ans. Or, certains chercheurs de la NASA l'affirment : cette météorite martienne recèle plusieurs indices mystérieux et semble porter des traces de bactéries fossiles qui pourraient provenir de Mars.

Ces conclusions ont été contestées. Toute la question est en effet de savoir si les étranges structures microscopiques observées à la surface d'ALH 84001 sont les restes d'organismes vivants extraterrestres, ou bien s'il s'agit plus prosaïquement de traces d'un phénomène purement minéral ou, pis encore, d'une contamination par des micro-organismes d'origine terrestre.

La question n'est toujours pas tranchée. Mais, en attendant la prochaine mission de la NASA, les deux robots-sondes Spirit et Opportunity continuent de fouiller méthodiquement le sable martien à la recherche du moindre indice.

## Sur les planètes géantes

Rapprochons-nous maintenant des quatre planètes géantes de notre Système solaire : Jupiter, Saturne, Uranus et Neptune. Ce ne sont pas des mondes solides ; pour l'essentiel, seulement d'énormes boules de gaz renfermant probablement en leur centre, comme on le pense de plus en plus, un minuscule noyau solide à plusieurs dizaines de milliers de kilomètres de profondeur. Il est donc logique de penser que la vie a peu de chances d'apparaître sur de tels mondes.



**Ci-contre, en haut** Voici la météorite la plus mystérieuse connue à ce jour : ALH 84001. Elle vient de Mars. Ce qui surprend ici, c'est ce que les chercheurs de la NASA, en collaboration avec trois Universités, ont identifié au cœur de la roche de minuscules bâtonnets évoquant fortement des bactéries fossiles (bien qu'elles soient 100 fois plus petites que les bactéries terrestres). Toutefois, les chercheurs ne peuvent pas dire avec certitude si la structure que l'on observe ici renferme des traces de matière organique ou si, au contraire, elle est entièrement minérale. Pourtant, un groupe de recherche a annoncé, en 2001, la découverte d'étranges cristaux magnétiques au cœur d'ALH 84001. Des cristaux qui, sur Terre, sont fabriqués uniquement par des formes de vie microscopiques. En effet, seules certaines bactéries, qui assemblent les cristaux atome par atome, sont capables de produire des structures magnétiques chimiquement pures et sans défaut. Or, ce sont justement des cristaux de ce type, découverts enchassés dans ALH 84001, que l'on voit dans cette roche-ci.

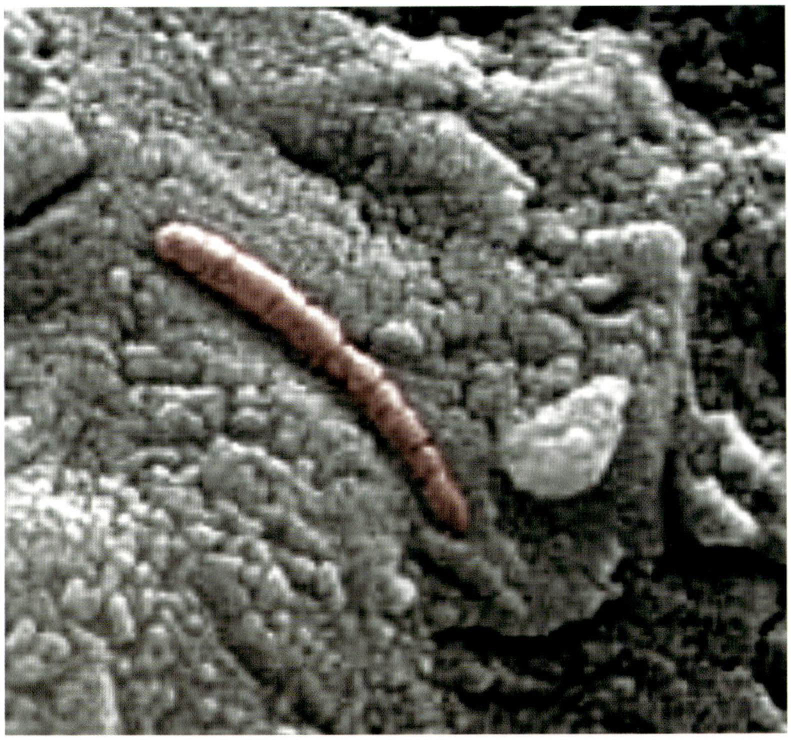

Mais, là encore, certains exobiologistes ont récemment imaginé l'existence sur ces mondes gazeux de « créatures atmosphériques » qui, un peu comme sur Vénus, pourraient flotter dans les nuages. En effet, entre l'espace glacial qui entoure ces planètes situées à plus de 1 milliard de kilomètres du Soleil et leur centre brûlant à plusieurs milliers de degrés, il y a place pour une zone tempérée. Une forme de vie atmosphérique pourrait alors y exister.

L'astrophysicien américain Carl Sagan a le premier émis l'hypothèse de la présence de telles créatures sur Jupiter. Tout d'abord des flotteurs, sortes de « bio-ballons » dérivant paisiblement dans les courants. Ces flotteurs pourraient respirer de l'hydrogène et se nourrir de matières organiques en suspension dans l'épaisse couche nuageuse, en particulier l'ammoniac et le méthane. Mais il pourrait aussi exister d'autres créatures, de redoutables prédateurs qui se nourriraient de flotteurs et que Carl Sagan appelle plongeurs. Effilés, ils pourraient plonger à toute vitesse dans les nuages pour chasser des flotteurs. Mais, un peu comme pour Vénus, ce scénario semble de moins en moins en accord avec les observations.

Finalement, en dehors de Mars et hypothétiquement des mondes gazeux, aucune des autres planètes ne semble propice au développement de la vie. Si la vie existe quelque part dans notre Système solaire, il faudra la chercher ailleurs, sur ces tout petits mondes qu'on appelle des satellites, des lunes gravitant autour des planètes géantes. Dans tout le Système solaire, il y en a deux dont les conditions naturelles sont suffisamment riches pour que peut-être, selon les biologistes, une forme de vie rudimentaire ait pu y apparaître.

## Europe

La première, c'est Europe, satellite de Jupiter. Un petit monde glacé (– 150 °C) perdu dans les ténèbres à 780 millions de kilomètres de la Terre. En 1999, la sonde Galileo a confirmé que son sol était une énorme couche de glace sous laquelle il pourrait y avoir de l'eau salée, un colossal océan. Et au fond de cet océan, il ne serait pas étonnant de rencontrer des cheminées volcaniques. Dès lors, une forme de vie constituée de bactéries pourrait se développer autour de ces oasis où la température est plus clémente, proche de celle que nous connaissons dans nos propres océans.



**Ci-dessus, en bas** Le deuxième monde sur lequel certains scientifiques espèrent trouver une forme de vie rudimentaire est Vénus. Dans cette vallée, l'atmosphère, irrespirable, écrasante, est si dense que vous pèseriez plus de 5 tonnes. Les tempêtes de gaz carbonique soufflent à 400 kilomètres heure et il y pleut de l'acide sulfurique. La chaleur est torride, près de 500 °C. Toutefois, à 60 kilomètres d'altitude, au cœur des nuages, la température tombe à 25 °C et la pression est à peu près celle qui règne à la surface de la Terre. Surtout, on y trouve de l'eau sous forme de brume. Nombre de chercheurs estiment donc, qu'à l'exemple de certaines bactéries terrestres, des micro-organismes atmosphériques pourraient vivre à très haute altitude. Un peu comme de minuscules méduses flottant dans les courants, ils pourraient tirer leur énergie de la lumière ultraviolette du Soleil et se nourrir d'acide sulfurique. Jusqu'ici, cette hypothèse n'a jamais été vérifiée.

Au lieu de respirer de l'oxygène, de telles créatures pourraient respirer de l'azote.
**Titan serait ainsi le berceau d'une forme de vie profondément autre,**
beaucoup plus instable et rudimentaire, **mais possible.**

Alors posons-nous la question : puisque, au fond des océans terrestres, près des sources chaudes, des organismes de grande taille se sont développés sans la lumière du Soleil, pourquoi ne serait-ce pas le cas sur Europe ? Un début de réponse viendra peut-être à partir de 2011, grâce à la mission Europa Orbiter.
Mais il n'y a pas qu'Europe… Le 25 décembre 2004 s'est produit un événement des plus importants dans l'histoire de la recherche de la vie en dehors de la Terre, en tout cas dans le Système solaire. Ce jour-là, une petite sonde baptisée Huygens s'est détachée du vaisseau Cassini, lancé par l'ESA et la NASA en octobre 1997, qui se trouvait en orbite autour de Saturne. Sept années d'un long voyage pour couvrir plus de 1 milliard de kilomètres en direction de Saturne. Son but : explorer Titan, le principal satellite de Saturne.

## TITAN

Titan n'est pas une lune comme les autres. Pourquoi ? Parce qu'elle est la seule de tout le Système solaire à posséder une atmosphère dense, composée selon les dernières données de Cassini de 98 % d'azote. Le 14 janvier 2005, pour la première fois, un engin spatial a donc traversé l'épaisse couche de nuages et s'est posée sur le sol. Là, elle a émis durant deux heures avant de s'éteindre pour toujours, à court de batteries. Mais, dans ce bref laps de temps, elle a dévoilé quelques-uns des secrets saisissants de ce petit monde.
Le ciel y est noir, bouché par de lourds nuages de nitrogène et de méthane. Dans les vents glacés, à – 200 °C, il pleut un mélange de méthane et d'hydrocarbone, un liquide brunâtre qui rappelle le pétrole. Des océans de ce liquide visqueux ont pu se former, creusés de vagues de plus de 20 mètres. Certains exobiologistes ont alors imaginé que des organismes basés sur la chimie du carbone ont pu émerger en remplaçant l'eau par le méthane ou l'ammoniac. Au lieu de respirer de l'oxygène, de telles créatures pourraient respirer de l'azote. Titan serait ainsi le berceau d'une forme de vie profondément autre, beaucoup plus instable et rudimentaire, mais possible.
Récapitulons : même si la vie a pu apparaître ici ou là, peut-être sous une forme très rudimentaire, à peine esquissée, sur Mars ou sur Titan, ce qui est sûr c'est qu'elle n'a pu évoluer nulle part en dehors de la Terre. Mais allons plus loin : que se passe-t-il au-delà du Système solaire ? Est-ce que là-bas dans le grand Univers, bien plus loin que Pluton, une forme de vie pourrait exister ?
C'est à ces questions que nous allons tenter de répondre maintenant. Pour cela, nous allons quitter notre Système solaire et plonger dans notre Galaxie à la recherche de ces autres mondes possibles. Depuis quelques années, ces nouveaux explorateurs que sont les chasseurs de planètes en ont déjà découvert plus de 200. Avec bien sûr ce rêve secret : trouver un jour un monde ressemblant à la Terre…



**Double page précédente** Presque aussi important que Ganymède, satellite de Jupiter, Titan est le plus gros satellite de Saturne (il est plus grand que Mercure). À sa surface, la pression est plus élevée que sur la Terre (1,6 bar) et l'atmosphère est essentiellement composée de nitrogène et d'hydrocarbones. Ces éléments représentent les « briques » nécessaires à la formation d'acides aminés et, par conséquent, à l'apparition de la vie. Les astronomes et exobiologistes considèrent que l'environnement de Titan est comparable à celui que connaissait la Terre primitive. Il règne sur ce monde une température de l'ordre de – 178 °C. Il pleut sans doute du méthane liquide qui pourrait donc former de petits lacs comme on le voit sur cette image.

**Ci-contre** Europe, ce satellite de Jupiter, est un monde glacé, perdu à 780 millions de kilomètres de la Terre. L'atmosphère, extrêment ténue (100 milliards de fois moins dense que sur la Terre), est composée de traces d'oxygène. Selon les observations de la sonde Galiléo, le sol bleuté serait formé d'une épaisse couche de glace qui pourrait atteindre par endroits plusieurs dizaines de kilomètres d'épaisseur. Mais tout au fond, en raison de la chaleur interne de cette lune, on pourrait trouver de l'eau. De plus, le fond de ces mers glacées pourrait être semé de cheminées volcaniques. Nombre d'exobiologistes en ont donc déduit que des formes de vie sous-marine pourraient exister autour de ces sources chaudes. Mais, là encore, il s'agit d'une pure hypothèse, encore invérifiable.

« UN MATHÉMATICIEN EST UN AVEUGLE QUI, DANS UNE PIÈCE SOMBRE, CHERCHE UN CHAT NOIR QUI N'Y EST PAS. »

[ Charles Darwin, biologiste ]

## Les exoplanètes

La quête d'une nouvelle planète Terre est lancée et pourrait bien donner des résultats d'ici peu, car l'observation de nos plus proches voisines a livré de précieuses informations. Ainsi, dans 11 systèmes solaires complets comme le nôtre, on a découvert plusieurs planètes solides comme la nôtre (et non pas des géantes gazeuses). Autre information : ce qui trahit la présence de planètes telluriques dans un système solaire, c'est ce disque de matière résiduelle tout à fait visible, beaucoup plus visible même que les planètes.
Donc, chercher des planètes, et même très probablement de petites planètes de la taille de la Terre, revient à chercher des étoiles entourées d'un disque de matière. Or ces étoiles-là, on les connaît. Elles représentent environ 25 % des étoiles qu'on a observées dans notre Galaxie, soit au moins 1 milliard de planètes de type terrestre !
Il y a encore quelques années, personne, aucun astronome, n'avait jamais observé une planète en dehors de celles du Système solaire, et il était donc impossible d'en évaluer le nombre. Mais tout a basculé en 1995. En effet, les astronomes Michel Mayor et Didier Queloz, de l'observatoire de Genève en Suisse, ont fait cette année-là une découverte fantastique à l'Observatoire de haute Provence : une exoplanète gazeuse. L'exploit était de taille, car cette étoile se trouve à 48 années-lumière de la Terre : 400 000 milliards de kilomètres, une distance colossale !
Le 2 février 2004 a eu lieu une nouvelle découverte extraordinaire : pour la première fois, grâce au télescope spatial Hubble, une équipe française dirigée par Alfred Vidal-Madjar a détecté la présence d'oxygène et de carbone dans l'atmosphère de la planète, qui a été baptisée Osiris. C'est une géante gazeuse située autour d'un soleil jaune : l'étoile HD 209 458, à 150 années-lumière de la Terre. La planète Osiris est toutefois beaucoup trop proche de son soleil : 7 millions de kilomètres à peine. Résultat : la température à sa surface dépasse les 1 000 °C et elle « fond » comme neige au soleil. On pense qu'elle perdra ainsi au cours de sa vie presque un dixième de sa masse.

## Une première planète « terrestre » ?

Une nouvelle étape a été franchie le 26 janvier 2006. Pour Michael Turner, directeur adjoint du département des sciences physiques et mathématiques de la National Science Foundation, il s'agit même

**Ci-dessus, en haut** Au delà de notre Système solaire ont été découvertes, depuis 1995, de nouvelles planètes. Environ 200 à ce jour. La plupart sont des géantes gazeuses. Notre exploration commence ici avec Beta Pictoris, un soleil géant jeune (environ 10 millions d'années) et bleu (donc beaucoup plus chaud que le nôtre) à 63 années-lumière de la Terre. On a observé autour de lui un immense disque de poussière et de gaz. Les caractéristiques de ce disque pourraient indiquer la présence d'une planète de type Jupiter. Voici à quoi elle pourrait ressembler vue de l'un de ses satellites. Les astrophysiciens l'ont provisoirement nommée Beta Pictoris B. Elle pourrait présenter de 2 à 8 fois la masse de Jupiter et posséder un anneau.

**Ci-dessus, en bas** Voici HD 69830, une naine orange, âgée d'environ 8 millions d'années, située à 41 années-lumière de la Terre. Ce soleil est plus petit et moins lumineux que le nôtre. En mai 2006, grâce au spectrographe HARPS, trois planètes de la masse de Neptune ont été découvertes au sein d'un nuage de poussière nettement visible ici et détecté un an plus tôt, en 2005, par le télescope spatial Spitzer. La planète que l'on observe ici, HD 69830d, occupe l'« orbite habitable », à environ 100 millions de kilomètres du Soleil. Elle représenterait environ 18 fois la masse terrestre et tourne autour du soleil en 197 jours. Son atmosphère doit toutefois être trop dense pour qu'on puisse trouver de l'eau liquide à sa surface.

**Ci-dessus** En revanche, tout comme la Terre, elle pourrait posséder un satellite. Un petit monde froid et noir, dépourvu d'atmosphère. Depuis sa surface rocailleuse révélant au loin la présence de cratères, l'on peut contempler le Soleil dont l'éclat orangé baigne en silence les vallées et les escarpements déserts.

« IL EST CERTAIN QU'UNE FORME DE VIE EXTRA-TERRESTRE SERA DÉCOUVERTE D'ICI 25 ANS. »

[Mike Kapan, expert à la NASA]

d'une avancée importante dans notre quête d'une réponse à la question « sommes-nous seuls ? ». En effet, a été découverte une planète (baptisée Ogle-2005-BLG-390Lb) qui, parmi toutes celles que l'on a observées depuis 1995, est la plus semblable à la Terre. Cette planète se trouve à 22 000 années-lumière, dans la constellation du Sagittaire, tout près du centre de notre Galaxie. Or, à la différence des planètes presque toujours gazeuses observées jusque-là, ce monde lointain évoque le nôtre, même si la ressemblance est encore très faible. Il tourne en une dizaine d'années autour de son soleil, à une distance trois fois supérieure à l'orbite terrestre. Mais, le plus important, c'est que sa masse est seulement cinq fois plus grande que celle de la Terre. Il s'agit bien d'une planète solide, dont le sol est sans doute composé de roches et de glace. Toutefois, aucun espoir d'y trouver des organismes vivants : sa température est absolument glaciale (– 220 °C).

Dès lors, le prochain objectif des découvreurs de planètes est clairement affiché : trouver de manière certaine une planète solide ayant la même masse – et peut-être la même nature – que la Terre. Ce fantastique objectif pourrait être atteint avant 2012.

Tout cela nous amène à la dernière question que vous vous posez sûrement, la plus importante. Si « ailleurs », sur un monde lointain, les conditions d'apparition de la vie sont réunies, quelles formes, familières ou étranges, cette vie pourrait-elle revêtir ?

## Des êtres vivants ailleurs ?

Jusqu'ici, nous avons beaucoup insisté sur la nécessaire présence de l'eau pour permettre à la vie d'apparaître et d'évoluer. Mais, sans eau, la vie pourrait-elle malgré tout émerger de la matière ? Peut-être. À condition qu'elle suive une voie différente de celle qu'elle a suivie sur la Terre. Et sans espoir d'aller très loin. Rappelons qu'il n'y a que deux chemins praticables pour la vie. Le premier, nous le connaissons : c'est le cycle du carbone, trait d'union entre tous les êtres vivants sur Terre.

Mais il existe une seconde voie possible : la chimie du silicium. De telles créatures, faites de silice, n'existent pas sur Terre. Toutefois, il n'est pas totalement impossible qu'elles aient pu apparaître sur un monde lointain. À quoi pourraient-elles alors ressembler ?

## La voie du silicium

Les créatures issues de la chimie du silicium supporteraient mal les températures terrestres. Elles ne pourraient prospérer qu'avec de très grandes chaleurs, de plusieurs centaines de degrés. Si nous nous posions sur une planète où la vie est fondée sur le silicium, nous pourrions d'abord découvrir de grandes plaines de quartz

Le prochain objectif des découvreurs de planètes est clairement affiché : **trouver une planète solide ayant la même masse** – et peut-être la même nature – **que la Terre.** Ce fantastique objectif pourrait être atteint avant 2012.



**Ci-contre** Les trois planètes hypothétiques que nous apercevons ci-contre sont très différentes les unes des autres. La première est éclairée par un soleil double (dont une naine rouge) d'où les deux ombres portées au sol. Mais elle n'a pas d'atmosphère et ne peut donc pas abriter la vie. La seconde est l'un de ces prodiges célestes que l'on n'a pas encore découvert : elle contient en surface de l'eau liquide. De surcroît, elle a pour satellite ce qui, visiblement, est une planète bleue. Ceci en fait un monde très différent du nôtre.
Enfin, le troisième ressemble beaucoup à la Terre, il y a 4 milliards d'années. Son atmosphère ne contient pas encore d'oxygène, mais du gaz carbonique et du méthane, d'où cette teinte brunâtre du ciel. Sur ces montagnes aux flancs nus, dont les sommets culminent à 6 ou 7 000 mètres, on ne décèle pas encore la moindre trace de vie. Mais celle-ci pourrait bien y apparaître, en suivant un chemin plus ou moins proche de ce qui s'est déroulé chez nous.

**Ci-dessus** Nous découvrons à présent une planète solide, située à 978 années-lumière de la Terre. Elle fait partie d'un système de trois planètes et deux d'entre elles sont les toutes premières exoplanètes qui aient jamais été découvertes, en 1991 et 1992. Mais le plus stupéfiant, c'est que PSR B1257+12, le soleil de ce système lointain est d'un genre plutôt inhabituel : c'est un pulsar. Par conséquent, la planète que l'on contemple ici, PSR B1257+12 A, a peut-être été autrefois une géante gazeuse, dont l'épaisse atmosphère se serait évaporée. Elle est deux fois plus grosse que notre Lune et orbite autour du pulsar en 25 jours. Elle recèle probablement des éléments lourds, elle serait en particulier riche en fer. Mais sur ce monde-là, il n'y a pas la moindre trace de vie.

« Deux possibilités existent :
soit nous sommes seuls dans l'Univers,
soit nous ne le sommes pas.
Les deux hypothèses sont tout aussi effrayantes. »

[ Arthur Charles Clarke, écrivain ]

**Ci-dessus** Ce qui frappe ici, c'est la présence de deux soleils extrêmement rapprochés. Cet étrange soleil binaire se nomme W ursae Majoris. La particularité est que les deux soleils sont pratiquement en contact l'un avec l'autre. À la surface désolée du monde gravitant autour de ces deux soleils, il n'y a rien : la vie n'y a jamais fait son apparition.

bordées par des montagnes de cristal jetant des éclats blanc-bleu dans l'air surchauffé.
Les créatures de ce monde étrange ne seraient sans doute pas plus conscientes de ce paysage que des étoiles de mer. N'ayant que de rares échanges avec leur environnement, elles mèneraient une existence statique, extrêmement lente, qui pourrait s'étaler sur des centaines de milliers d'années. Chaque « être » de silicium ressemblerait à une sorte d'éponge en cristal se nourrissant de substances minérales (à base de silice, bien sûr) puisées à même le sol. Il ne pourrait s'abreuver que de benzène. Très peu mobile, figé sur le sol à la manière d'un quartz, silencieux, il se déplacerait à peine et serait tout au plus capable de projeter un acide puissant sur sa nourriture pour la dissoudre. De telles conditions laisseraient bien peu de chances à la moindre évolution biologique.
Mais, quoi qu'il advienne, les créatures de silicium ne pourraient être que très rares dans l'Univers. Car, contrairement au silicium, les atomes de carbone peuvent se combiner avec une étonnante facilité.
Dernier indice en faveur du carbone : parmi les 110 molécules différentes identifiées dans les nuages interstellaires, 83 contiennent du carbone et 7 seulement du silicium. La chimie organique est donc universellement répandue. Bien sûr, on peut encore imaginer des formes de vie fondées sur le cycle du carbone mais qui pourraient se passer d'eau. Pour ces créatures, l'eau serait remplacée par l'ammoniac et elles respireraient de l'azote au lieu d'oxygène. Toutefois, l'eau est une molécule très abondante dans l'Univers et il est raisonnable de penser que la vie extraterrestre, si elle existe sous une forme évoluée, est bel et bien, elle aussi, fondée sur la chimie du carbone et sur l'eau liquide.

## Planètes et créatures

Revenons aux 3 milliards de planètes possibles que contient notre Galaxie. La plupart sont des géantes gazeuses. Il existerait alors au mieux, flottant dans leurs nuages, des créatures atmosphériques comparables à celles que l'on pourrait rencontrer dans le ciel de Saturne ou de Jupiter. Sur ces grosses planètes gazeuses, il y a bien peu de chances qu'une vie évoluée puisse apparaître.
À présent, intéressons-nous au cas des planètes solides ne contenant pas d'eau liquide. Elles n'en contiennent pas car elles sont soit trop petites et incapables de retenir quelque chose à leur surface, soit trop proches de leur soleil et donc trop chaudes, soit trop loin et donc trop froides. Ces dernières peuvent certes receler de la glace, mais seuls des organismes « extrêmophiles » pourraient s'y développer, comme sur Mars. Là encore, pas d'évolution possible vers l'intelligence.
Tournons-nous enfin vers les planètes bleues, celles qui, comme la Terre, contiennent de l'eau liquide. Selon les experts, seulement 2 % des planètes existant dans la Galaxie ont pu retenir de l'eau. Dans ce cas, il pourrait s'agir de planètes bleues assez semblables à notre monde. On suppose qu'il existe environ 100 millions de planètes bleues dans la Galaxie.



**Ci-contre** Sommes-nous ici sur des mondes hypothétiques lointains, foisonnant de formes de vies plus exotiques les unes que les autres ? En réalité, malgré les apparences, ces quatre images nous montrent des paysages absolument terrestres. Mais leur découverte nous indique que notre propre planète recèle, ici et là, des lieux si étranges, si peu familiers, que l'on peut parfois avoir l'impression d'être véritablement sur une autre planète. C'est le cas avec cette bouche volcanique qui, tout comme sur Vénus ou sur une exoplanète jeune, vomit ses entrailles incandescentes. Ou encore de ce plateau minéralisé, dont les collines de cristal nous plongent dans l'inconnu. Pourrions-nous croire, sur l'image en bas à gauche, que nous sommes dans une zone désertique australienne ? Et que la sorte de lichen vert vif qui envahit en quelques jours à peine une clairière comme celle-ci existe bel et bien chez nous ?

## 100 MILLIONS DE PLANÈTES BLEUES

La première possibilité, la plus élevée, est qu'il pourrait y avoir sur ces mondes une forme de vie primitive, soit végétale, soit animale. Mais à quoi pourraient ressembler les créatures sur de tels sites ? Même si les différences par rapport à la Terre sont petites (gravité, température, durée de révolution autour de leur soleil, etc.), elles pourraient engendrer des différences sensibles dans la faune et la flore.

Imaginons le cas de planètes plus petites que la Terre. La gravité y serait plus faible et, par conséquent, végétaux et créatures y seraient beaucoup plus grands. Par exemple, les arbres mesureraient plus de 100 mètres de haut tandis que l'équivalent de nos mammifères seraient des animaux élancés qui dépasserait aisément 3 mètres au garrot.

Toutefois, contrairement à ce que l'on pourrait croire, une gravité faible est un redoutable obstacle sur la route de l'intelligence. Pourquoi ? Tout d'abord parce que, dans la mesure où elles n'auraient pas à réagir rapidement aux effets de la pesanteur, les créatures seraient dotées de réflexes plus lents que sur la Terre. Par conséquent, l'évolution vers l'intelligence serait plus laborieuse.

Et, de toute façon, la vie n'aurait pas le temps d'évoluer. Car si la gravité était trop faible, l'atmosphère aurait tendance à se dissiper dans l'espace. Les nuits et les jours connaîtraient alors de grandes variations de température et le climat finirait par devenir très inhospitalier. Pis : comme sur Mars, l'eau finirait par s'évaporer en moins de 1 milliard d'années, condamnant à brève échéance toute forme de vie évoluée.

La situation serait-elle meilleure sur un monde bleu plus massif que la Terre ? Probablement pas. Écrasés par la gravité, les êtres vivants seraient comme tassés au ras du sol. Leurs mouvements seraient lents et ils se déplaceraient le moins possible, tout effort consommant beaucoup d'énergie. Leur peau serait sans doute écailleuse, peu réactive, et leur transpiration limitée afin de préserver les précieux liquides corporels et de prévenir la déshydratation. Résultat : ils évolueraient très peu, ce qui, une fois de plus, serait défavorable à la reproduction et à la sélection naturelle. Décidément, le chemin vers une vie évoluée est très étroit.

Prenons le cas, étudié par les astronomes, de 47 Ursae, un intéressant soleil découvert dans la constellation de la Grande Ourse. Rapprochons-nous de la principale lune de ce système lointain.

## DES MONDES GLACÉS OU BRÛLANTS

Une banquise recouvre la surface. Mais, à une grande profondeur, 10 kilomètres sous la glace, il pourrait y avoir un océan liquide et peut-être la vie. Les exobiologistes le savent bien : si elle existe, cette vie rudimentaire est condamnée à ne jamais évoluer. Bien sûr, on peut aussi imaginer des planètes glacées où des créatures cousines de nos manchots pourraient se maintenir en surface. Ne l'oublions pas, le manchot empereur, qui vit en

Les créatures seraient dotées de **réflexes plus lents que sur la Terre.**
Par conséquent, **l'évolution vers l'intelligence serait plus laborieuse.**



**Ci-contre** La vie sur Terre est fondée sur ce que l'on appelle le cycle du carbone. Mais il existe cependant un deuxième cycle possible, fondé sur le silicium. Voici à quoi pourrait ressembler un amas de « cellules » au silicium. Pour certains exobiologistes, de telles structures pourraient résulter de processus biochimiques différents de ceux caractérisant la vie terrestre, dans lesquels le carbone serait remplacé par des molécules de silicium. Dans ce cas, le rôle de l'eau, qui permet de réaliser si merveilleusement les échanges indispensables à la vie, pourrait être joué par l'ammoniac (dont les trois molécules d'hydrogène occuperaient une fonction analogue à celles de l'eau). À la place de l'azote (qui permet de fixer l'oxygène sur les globules rouges), l'on trouverait le phosphore. Contrairement au carbone, très fragile lorsque la chaleur augmente, le silicium résiste parfaitement à de très hautes températures. Certains exobiologistes suggèrent donc que des formes de vie très primitives, fondées sur le silicium et ressemblant à des formations de quartz, pourraient exister sur des mondes chauds, très proches de leur soleil. Toutefois, cette hypothèse reste très spéculative. Relativement rare (du moins dans le Système solaire), le silicium est loin d'avoir les extraordinaires propriétés de liaison avec d'autres atomes que possède le carbone. Malgré sa présence dans l'espace, seuls quatre types de molécules à base de silicium y ont été découvertes et elles sont bien trop élémentaires pour engendrer des structures aussi riches que celles issues de la chimie du carbone.

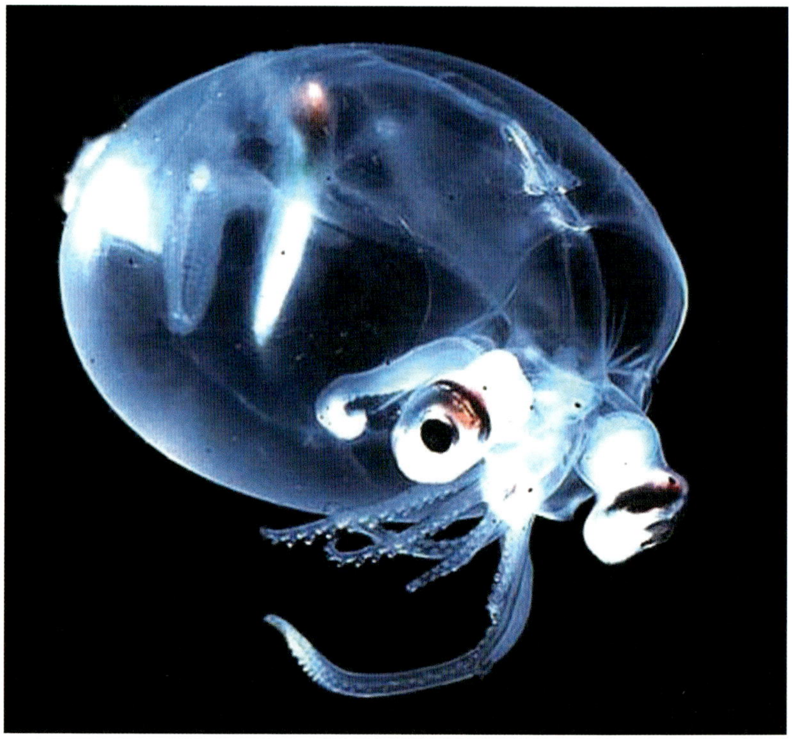

**Ci-dessus** De même qu'il existe des paysages très étranges sur Terre, on y trouve aussi des créatures tellement insolites qu'elles semblent dignes de figurer dans un bestiaire extra-terrestre. Telles, par exemple, ces fantastiques plantes carnivores (en haut à gauche et en bas à gauche), dont les bulbes digestifs se referment avec voracité sur les insectes qui ont le malheur de s'approcher d'elles. Certains laboratoires d'exobiologie de la NASA ont orienté leurs recherches vers ce type de plantes en étudiant leur adaptabilité à des milieux extrêmes. Autres créatures « extra-terrestres » : certains animaux marins, comme l'étonnant « dragon des mers » (en haut à droite). Celui-ci vit dans les mers australiennes. Il en existe deux espèces : le dragon commun mais aussi le dragon feuillu (que nous apercevons ici) et qui, dans certains cas, peut véritablement se déguiser en algue. En bas à droite, une sorte de calamar des grandes profondeurs. Rarement vu en surface, cet animal à l'allure invraisemblable navigue dans les ténèbres absolues, à plusieurs kilomètres au fond des gouffres liquides.

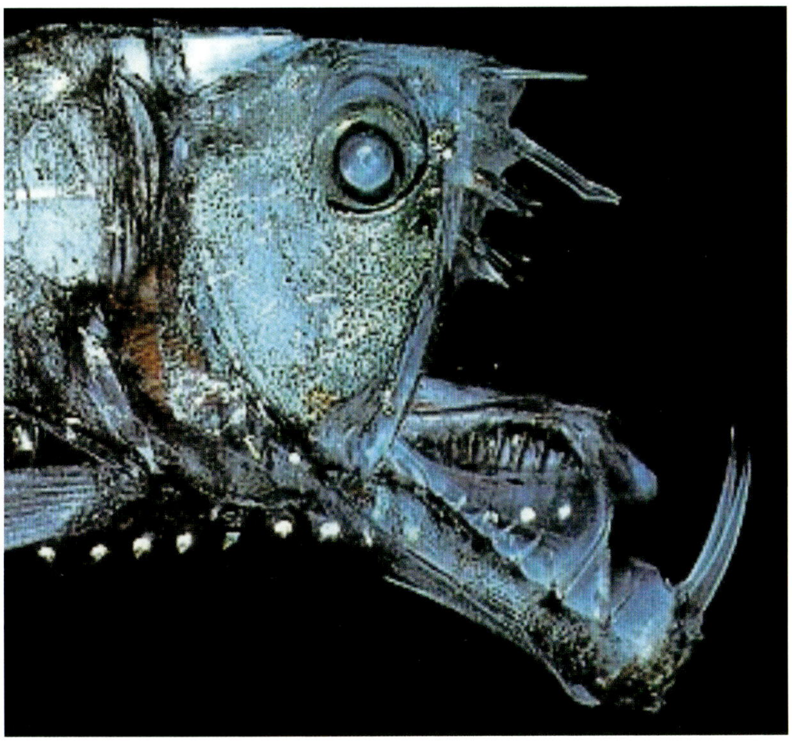

**Ci-dessus** Autre bête marine très inhabituelle : l'axolotl (en haut à gauche), un poisson qui a souvent inspiré les auteurs de science-fiction tant son apparence surprend, notamment par cet inexplicable sourire qu'il semble afficher en permanence. Beaucoup plus inquiétants sont les carnassiers des grands fonds (en haut à droite et en bas à gauche), réduits à de monstrueuses mâchoires flottantes munies de dents effilées comme des rasoirs. Les yeux atrophiés, guidés par des sortes de sonars organiques, ils rôdent dans les abysses, sous des pressions inimaginables, une tonne par cm$^2$ à 10 000 mètres de profondeur. On peut rappeler ici que Gyger s'est inspiré de ces épouvantables créatures marines pour concevoir le célèbre monstre d'*Alien*. Dernière apparition dans notre bestiaire : le protée (en bas à droite). Véritable fossile vivant, semblable aux créatures hybrides qui vivaient il y a 480 millions d'années, il est adapté à la vie souterraine et n'a pratiquement pas évolué depuis au moins 2 millions d'années. Il peut mesurer jusqu'à 35 centimètres de long. Incapable de marcher, aveugle, il se traîne sur les roches dans le noir jusqu'aux nappes d'eau. Il respire à l'aide de branchies, même s'il possède des poumons rudimentaires, trace avortée d'une tentative d'adaptation au milieu terrestre. Ses ancêtres directs vivaient dans les marécages du Crétacé, en compagnie des dinosaures.

Antarctique, dispose face au froid de ressources phénoménales : en plus de son épais plumage et de sa graisse, il est doté d'un étonnant système physiologique qui lui permet de conserver la chaleur et de survivre par – 62 °C durant plusieurs mois en ne mangeant que de la neige.

Mais là encore, l'évolution, soumise aux fortes contraintes des climats, serait réduite. La biodiversité serait alors dramatiquement restreinte, limitant du même coup de manière spectaculaire la sélection naturelle. Pour les mêmes raisons, sur des planètes trop chaudes, semblables à des déserts, la situation serait tout aussi précaire pour l'évolution de la vie. Les créatures ne pourraient très probablement pas dépasser un stade très rudimentaire.

## Le chemin de l'intelligence

Finalement, les lois physiques régissant la matière et les processus qui la font évoluer sont universelles. Les lois et les éléments chimiques qui sont à la base du vivant sont également universels et conduisent vers une forme de vie basée sur le carbone.

Pour être efficace, bien entendu, cette forme de vie doit être pluricellulaire, s'épanouir dans l'air (et non dans l'eau) et être dotée d'organes de perception. En outre, elle doit pouvoir se déplacer et agir sur son environnement. Or, selon les études et simulations effectuées, la meilleure formule est d'avoir deux jambes et deux bras. Le traitement des données implique bien sûr un cerveau situé au sommet du corps, les yeux étant nécessairement le plus près possible du cerveau, de même que le nez et les oreilles.

La créature intelligente que nous venons de décrire, sans être identique à l'homme, lui ressemblerait beaucoup. Bien entendu, des variations plus ou moins importantes pourraient apparaître (dans la taille et la corpulence, dans la nature et la couleur de la peau, etc.), mais la forme canonique de type humanoïde (deux jambes, deux bras dotés de mains et une tête au sommet du corps) paraît devoir s'imposer sur les planètes bleues de type terrestre.

Cela nous ramène à l'une des questions essentielles de cet ouvrage. Comment comprendre, à l'échelle de l'Univers, la notion d'évolution ? L'émergence de la vie d'abord, et de l'intelligence ensuite, serait-elle codée (comme le pensent certains biologistes) au cœur même de la matière ?

Pour trouver, peut-être, un début de réponse, nous allons maintenant entrer dans la seconde grande partie de notre ouvrage. Car, si cette réponse existe, c'est au tout début de l'Univers qu'il va nous falloir la chercher. Au moment du big bang et même *avant*.

L'émergence de la vie d'abord, et de l'intelligence ensuite,
serait-elle cryptée au cœur même de la matière ?



**Ci-contre** Une créature hypothétique imaginée par Carl Sagan : un immense « flotteur ». Dans les années 1970, l'astrophysicien américain pensait que cette forme de vie pouvait exister dans les couches nuageuses de Jupiter. Il est vrai qu'entre l'espace glacial qui entoure cette planète située à plus d'un milliard de kilomètres du Soleil et son centre brûlant à plusieurs milliers de degrés, il y existe une zone tempérée. À la suite de Carl Sagan, certains exobiologistes ont suggéré qu'une forme de vie atmosphérique pourrait y exister. Des créatures de grande taille, plus ou moins semblables, comme ici, à des raies flottantes ultra-légères. Celles-ci pourraient respirer de l'hydrogène et se nourrir des matières organiques en suspension dans l'épaisse couche nuageuse. Toutefois, les récentes observations de l'atmosphère jupitérienne ne semblent pas plaider en faveur d'un tel scénario.

« Les machines de la nature
ONT UN NOMBRE D'ORGANES VÉRITABLEMENT INFINI,
et sont si bien munies et à l'épreuve de tous les accidents
QU'IL N'EST PAS POSSIBLE DE LES DÉTRUIRE. »

[ Leibniz, philosophe ]

# PARTIE 2

# VOYAGE DANS LE TEMPS

CHAPITRE 1

# VOYAGE AU DÉBUT DE LA TERRE

Notre voyage mouvementé nous a donc conduits aux frontières extrêmes de l'espace-temps. Au fond de l'Univers. Nous savons maintenant un peu mieux à quoi il ressemble et les merveilles qu'il est possible d'y trouver.

Comment tout cela a-t-il commencé ? On sait d'après la théorie du big bang qu'il y a eu une toute première seconde dans la vie de notre Univers voici plus de 13 milliards d'années. Mais, ce qui est saisissant c'est que, en deçà de cette première seconde, plus on remonte tôt, plus les grandes symétries – c'est-à-dire l'ordre – qui caractérisent l'Univers sont élevées. Ce jusqu'à l'instant de Planck, $10^{-43}$ seconde après l'instant zéro, où tous les éléments constituant la matière et l'énergie du cosmos naissant sont unifiés et ordonnés en un état qualifié de « supersymétrique » par les physiciens. Ceux-ci ont montré que, à cette époque primordiale, l'entropie (c'est-à-dire le désordre) caractérisant globalement le cosmos est extrêmement faible. Mais d'où vient cet ordre primordial ? Y aurait-il avant le mur de Planck, avant le big bang, un ordre encore plus élevé ? Et la source de cet ordre primordial serait-elle ce que l'on appelle la « singularité initiale » marquant le point zéro de l'espace et du temps ?

Pour tenter de le découvrir, d'entrevoir quelque chose dans les brumes noires qui recouvrent l'Univers avant le mur de Planck, nous vous proposons à présent de partir en voyage dans le passé. Une fabuleuse traversée du temps qui va nous mener 5, 10, 13 milliards d'années en arrière, jusqu'à l'origine, jusqu'au début du big bang. Et même *avant* le big bang.

## AU-DELÀ DU NÉOLITHIQUE

Première étape de notre voyage dans le temps : la création de la Terre, il y a près de 5 milliards d'années.

Imaginez... Nous sommes à Paris, quelque part sur la place de l'Étoile. Et nous nous mettons en route vers le passé profond. Les décennies commencent à défiler, d'abord lentement, puis de plus en plus vite : les années 1950 et les voitures décapotables, la Belle Époque et les engins à vapeur crachant de la fumée, le XIXe siècle et les attelages à cheval... À mesure que nous remontons le temps, nous assistons à la transformation progressive du panorama : les immeubles rapetissent, l'Arc de triomphe disparaît, une colline boisée remplace la place de l'Étoile et Paris se réduit bientôt à une petite bourgade sur l'île de la Cité. Nous sommes à la fin de l'Antiquité et la population mondiale ne dépasse guère 100 millions de personnes.

Encore quelques instants et nous voici au début du néolithique, il y a 15 000 ans. Il fait très froid, même en été, et les glaciers recouvrent une grande partie du Bassin parisien. Des hardes de mammouths foulent le sol de ce qui, dans un futur presque irréel, deviendra la place de l'Étoile. Celle-ci est maintenant recouverte par une forêt profonde abritant une tribu d'hommes préhistoriques. La population mondiale est tombée à 1 million de personnes à peine. Autour des grottes, on rencontre déjà une créature étonnamment adaptée à la vie dans ces fourrés où rôdent d'imprévisibles dangers : *Canis familiaris,* le tout premier chien de la Création.



**Ci-contre** Dans le lointain passé de la Terre, il y a 4,5 milliards d'années, l'activité volcanique était tellement intense que le dégazage représentait alors la principale source de l'atmosphère primitive irrespirable qui envahissait alors le globe : du dioxyde carbone, mais aussi de l'hydrogène, de l'azote et de la vapeur d'eau. On y trouvait également, à l'état de traces, du méthane, de l'ammoniac et du dioxyde de soufre. On pense que 85 % de ces gaz primitifs auraient été dégagés au cours des premiers millions d'années de l'évolution terrestre.
En fait, les premiers organismes vivants, apparus il y a environ 3,6 milliards d'années, sous la forme d'algues océaniques unicellulaires, sont à l'origine de l'oxygène contenu dans l'air que nous respirons aujourd'hui. Dès son apparition au fond des océans, l'oxygène s'est combiné avec des éléments oxydables comme le fer et, après 1,5 milliard d'années d'oxydation, l'oxygène s'est échappé dans l'atmosphère et a permis à la vie de se développer en surface.

**Double page précédente** Du zéro à l'infini : une vue hypothétique de l'évolution de l'Univers.

L'homme préhistorique chasse en meute, comme lui, et sur les mêmes territoires. Au début, cette concurrence inévitable a sans doute donné lieu à des face-à-face sanglants. Mais peu à peu, une indéfectible alliance s'est dessinée entre lui et l'homme de Cro-Magnon.
Notre voyage vers le passé s'accélère : – 100 000 ans. Nous croisons les hommes de Neandertal et leur crâne énorme (au moins 1 600 $cm^3$), plus gros que le nôtre. La forme de leur cavité bucale ne leur permet pas de parler. Craintifs, une dizaine d'entre eux ont élu domicile dans une clairière où, 100 000 ans plus tard, sera bâti l'Arc de triomphe. Ils sont environ 80 000 à vivre sur la Terre, moins que les *Homo sapiens* (futurs hommes de Cro-Magnon). Le nombre total d'êtres humains ne dépasse sans doute pas 400 000 individus à cette époque.
Nouvelle halte à – 1 million d'années : la population mondiale tombe à 200 000 personnes. Il y a 10 millions d'années, le ramapithèque, le plus lointain ancêtre de l'homme (encore très proche du singe), fait ses premiers pas. L'humanité se réduit alors à une poignée de préhominiens, peut-être quelques milliers.
Puis, vers – 40 millions d'années, grand bouleversement : les eaux envahissent le site. La place de l'Étoile, de même que toute l'Île-de-France, est noyée sous une centaine de mètres de mer. C'est la mer Stampienne, une mer chaude, d'où émergera des dizaines de millions d'années plus tard la petite ville d'Étampes. Pour retrouver la terre ferme, il nous faut aller vers les Vosges. Nous rencontrons à présent des créatures de plus en plus étranges : l'archéoptéryx (lointain ancêtre de l'aigle), le cynodictis (sorte de chien très primitif) ou encore un échassier géant doté d'un puissant bec et de plumes rouge vif, inquiétant cousin de l'autruche.
Les millions d'années continuent de défiler. Jusqu'à ce que nous atteignions 65 millions d'années dans le passé. Et là, sous nos yeux, va se produire quelque chose de terrible, un cataclysme démesuré dont notre planète garde encore les traces.

## LA FIN TRAGIQUE DES DINOSAURES

Nous sommes au Crétacé, la période la plus chaude de l'histoire de la Terre : au-dessus de 20 °C en moyenne. Impossible de trouver quelque part de la neige ou de la glace. À cette époque d'été perpétuel, des palmiers et des arbres tropicaux fleurissent en Antarctique et jusqu'au pôle Nord. La mer s'est retirée. La future place de l'Étoile est maintenant envahie par une jungle vivace traversée par les cris de créatures inconnues.
Les dinosaures règnent sans partage depuis presque 200 millions d'années. Se déplaçant en bandes, ils peuvent se rendre à pied sec de France jusqu'en Amérique. Et voici le plus fameux de tous : le tyrannosaure. Il passe devant nous à grandes enjambées sans nous voir, occupé à chasser d'autres dinosaures pour nourrir ses 12 tonnes. Sa tête est gigantesque : plus de 2 mètres. Mais, à l'intérieur, il n'y a presque rien : perdu dans le vide, son cerveau est minuscule : à peine 10 $cm^3$. Ce monstre n'a pas d'émotions – pas de pitié, pas de regrets – et pour cause : tout juste 15 secondes de mémoire et 10 000 neurones, cent fois moins que l'abeille.
Soudain, un jour comme les autres, chaud et tranquille, l'incroyable se produit. Très haut dans le ciel, une boule de feu vient d'apparaître. Les animaux lèvent la tête, mais aucun n'est en mesure de réaliser l'horreur qui va suivre. Un énorme astéroïde de 10 kilomètres de diamètre, aussi grand que l'Everest, calcine autour de lui le bleu du ciel. Il atteint le poids effarant de 2 500 milliards de tonnes ! Dans un sifflement effroyable, à demi engloutie dans sa longue traînée noire, la montagne de roche et de métal en fusion chute en tournoyant sur elle-même à la vitesse folle de 25 kilomètres par seconde (près de 100 000 kilomètres heure).
En moins de 10 secondes, le sinistre bolide a traversé l'atmosphère en la volatilisant derrrière lui sur des centaines de kilomètres. Et il percute l'océan dans ce qui deviendra plus tard la presqu'île du Yucatán, à Chicxulub,



**Ci-contre** Notre voyage vers le passé commence quelque part en Afrique centrale. Ce chalicotère, ancêtre aujourd'hui disparu de nos girafes, broute tranquillement au milieu des singes et ignore encore tout de cette longue histoire future qui, pour lui, ne signifie rien. À droite, cet *Homo Habilis* manipule déjà les premiers outils. Il vit alors sur ce qui pourrait devenir, beaucoup plus tard, une grande ville africaine. Quant aux hommes de Néanderthal, (en bas à droite), on les trouve déjà sur le continent européen. Autour de ce petit groupe d'hommes, occupé à faire du feu, rien que la campagne sauvage. À cette époque lointaine, il y a 80 000 ans, la Terre tout entière n'est encore qu'une savane ouverte aux forces de la nature. Ces premiers hommes pourraient tout aussi bien se trouver sur ce qui deviendra peut-être, bien plus tard, la place des Invalides, à Paris. Ils chassent dans les immenses forêts giboyeuses qui s'étendent alentour et boivent l'eau d'un fleuve tout proche auquel sera donné, bien plus tard encore, le nom de « Seine ». Les premiers occupants de cet endroit, ce sont donc ces hommes et ces femmes d'avant l'Histoire.

« CETTE INTELLIGENCE DANS L'HOMME ET DANS LES ANIMAUX
EST-ELLE DISTINGUÉE DE LA MATIÈRE, OU N'EST-ELLE
QU'UNE PROPRIÉTÉ DÉPENDANTE DE L'ORGANISATION ? »

[ D'Alembert, philosophe et mathématicien ]

**Ci-dessus** Notre voyage dans le passé se poursuit au fil des millions d'années. Jusqu'à ce jour étrange où, il y a 65 millions d'années, un objet apparaît dans le ciel. C'est un astéroïde de 10 kilomètres de diamètre et il se dirige droit vers la Terre. À cette époque lointaine, notre globe est occupé depuis 160 millions d'années par les grands reptiles de l'ère secondaire. Ils règnent en maîtres absolus sur leur monde et sont alors indifférents à cette lueur qui grandit en silence parmi les étoiles. Et tout à coup, après une longue chute qui a laissé une traînée de feu éblouissante dans le ciel, l'objet percute le sol. Le choc est d'une violence inouïe. D'abord un gigantesque raz-de-marée. Une vague de cauchemar, haute de plusieurs kilomètres, s'élève au-dessus des montagnes avant de déferler et d'engloutir des continents entiers. En même temps, des vents furieux, dépassant les 500 kilomètres par heure, se déchaînent sur le monde, charriant des tonnes de poussières, de débris et de roches pulvérisées. Masqué par les immenses nuages de poussières, le Soleil ne parvient plus à éclairer le sol noyé dans une sorte de crépuscule. Bientôt, une nuit épaisse, lourde, sinistre et mortelle, s'étend sur le monde dévasté. Déracinés, les arbres meurent à leur tour. Un froid intense fige cet enfer et emporte alors les derniers survivants de la catastrophe.

**Ci-dessus** Au moment où l'astéroïde de 10 kilomètres de diamètre a heurté le globe terrestre, les millions de tonnes de débris ont été projetés dans les hauteurs du ciel. Privé de lumière, le globe terrestre a vu sa température chuter vers celle d'un hiver sans retour. Sans photosynthèse possible, les végétaux ont disparu tandis que les rares animaux survivants ont été emportés à leur tour par le froid et la famine. Soumis au formidable choc, le manteau terrestre s'est fissuré et, quantité de volcans se sont ouverts, vomissant d'énormes nuages d'oxyde de soufre à l'origine de pluies d'acide sulfurique. Une grande partie de la faune sous-marine allait être ainsi détruite à son tour. 65 millions d'années plus tard, on a découvert entre les matériaux calcaires de l'ère secondaire et ceux de l'ère tertiaire, une couche très fine d'un métal de couleur jaune très rare : l'iridium. Cette couche d'iridium correspond à la fin de l'ère secondaire. Dans la mesure où cet élément est introuvable à l'état naturel sur la Terre, cela signifie qu'il a été apporté depuis l'extérieur. Il s'agit tout simplement des « cendres » de la météorite géante qui a percuté le sol à la fin de l'ère secondaire. On a également remarqué la présence uniforme d'un dépôt de grès entre la couche de tectite et celle de l'iridium : ce grès n'a pu être déposé à ce niveau géologique que par un colossal raz-de-marée. Enfin, on a retrouvé la trace du cratère d'impact sur la péninsule du Yucatán. La datation des roches fondues dans le golfe du Mexique par un choc titanesque s'établit à 65 millions d'années dans le passé.

« LA SCIENCE ET LE TEMPS ONT DE L'IMAGINATION ;
LES HOMMES SONT DES RADOTEURS. »

[ Jacques Chardonne, écrivain ]

Une heure vient de s'écouler depuis le cataclysme.
Et déjà le visage de **la Terre est totalement bouleversé.**

au Mexique. Le choc est indescriptible. À cet instant, les dinosaures qui broutent tranquillement sur la côte n'ont encore rien entendu, mais tout à coup une secousse brutale éventre le sol sous leurs griffes. Au même moment, leurs yeux sont frappés par un éclair aveuglant, qui dégage une énergie équivalant à 5 milliards de bombes d'Hiroshima. Vingt secondes plus tard, la chute de ce bloc démesuré dans l'océan soulève une vague monstrueuse de plus de 5 kilomètres de haut. Quant au cratère, il se propage à ras de terre sur 200 kilomètres de diamètre et atteint instantanément 30 000 mètres de profondeur.

Sept minutes après la catastrophe, dans un grondement sourd qui fait vibrer les entrailles de la planète, la montagne d'eau s'abat en écumant sur les terres, écrasant d'un seul coup les dinosaures, les forêts et tous les êtres vivants.

Un quart d'heure après le cataclysme. Déjà le visage de la Terre est totalement bouleversé. Les continents ont été envahis par les eaux. Le choc titanesque a catapulté des centaines de milliards de tonnes de matière jusqu'à 80 kilomètres d'altitude, formant une gigantesque colonne de cendres et de cristaux de quartz qui se trouvaient enfouis 20 kilomètres sous terre. L'immense panache, noir comme de la suie, a enflé pour atteindre plus de 1 000 kilomètres de diamètre, recrachant des monceaux de lave et de matière en fusion à des vitesses comprises entre 10 000 et 40 000 kilomètres heure. Tels des millions d'étoiles filantes, les retombées de ces blocs en feu ont illuminé le ciel, portant soudain l'atmosphère à plus de 400 °C. Le méthane issu de la décomposition des plantes, enfoui dans les couches internes de la Terre, a été éjecté dans l'atmosphère et s'est enflammé. Des incendies gigantesques ont embrasé la planète. Les dinosaures qui n'ont pas été noyés ont péri dans les flammes.

De la première vague de la catastrophe, étalée sur quelques heures à peine, n'ont réchappé que quelques rares dinosaures et des petits animaux, en particulier des mammifères réfugiés dans des grottes ou au sommet des montagnes. Mais les choses n'en sont pas restées là. Comme ce drame s'est déroulé à l'équateur, un immense nuage de poussières s'est réparti sur les deux hémisphères, masquant le soleil et plongeant le monde dans de suffocantes ténèbres. L'air, saturé de vapeurs de soufre, d'acide sulfurique et d'oxyde de carbone, est devenu irrespirable. Le soleil a été progressivement masqué par le sinistre nuage noir et, en quelques jours, la température est tombée à – 20 °C.

Cette nuit glaciaire, qui a enveloppé notre monde pendant des dizaines d'années, a été suivie pendant plus d'un millénaire par un impitoyable effet de serre. Avec des conséquences si désastreuses que, dans les couches géologiques, des zones de plusieurs centaines de milliers d'années sont totalement dépourvues de faune et de flore. C'est durant cette longue nuit que les derniers dinosaures ont disparu à leur tour.

La preuve de ce désastre cosmique se trouve, semble-t-il, dans une couche sédimentaire anormalement riche en iridium, un métal très rare, qui n'existe pratiquement pas sur notre planète mais qu'on retrouve en abondance dans ce qui correspond à l'époque du choc. Les océans ont mis 5 000 siècles pour se remettre du cataclysme. En haut de la pyramide alimentaire se trouvaient les dinosaures. Or, il n'y a pas de place sur la Terre pour deux espèces dominantes. Tant que les dinosaures étaient là, l'homme ne pouvait apparaître. Ce cataclysme a donc bouleversé l'évolution, et a permis à l'homme de se frayer un chemin et d'évoluer. Étrangement, le chemin vers l'intelligence est donc passé par la route des étoiles.

## PURGATORIUS

Un nouveau bond en arrière nous amène aux environs de 80 millions d'années dans le passé. La catastrophe cosmique que nous venons d'évoquer n'aura lieu que dans



**Ci-contre** Remontons de quelque 165 millions d'années avant la chute catastrophique de l'astéroïde. Nous sommes au Trias, sur une Terre très différente de celle que nous connaissons aujourd'hui. Il fait beaucoup plus chaud. Le paysage est couvert de cycadales, de grands conifères et de fougères tapissant les sous-bois des immenses forêts qui s'étendent alors sur le monde. De grandes plaines humides, semées de bosquets de prêles, sont recouvertes de fougères plus petites qui forment une sorte de savane. Dans ce décor extraordinaire, entourés de plantes luxuriantes, les premiers dinosaures vont prospérer jusqu'à engendrer des centaines d'espèces différentes. Des millions d'années après leur disparition, ces monstres hantent encore notre imaginaire : depuis le terrible Tyrannosaure, terreur de ses congénères, ou le Tricératops cuirassé (en haut à droite) jusqu'aux immenses Brontosaures brouteurs d'herbes ou encore ces Vélociraptors (en bas à gauche), dont on pense qu'ils auraient pu devenir les maîtres du monde si l'astéroïde ne les avait pas décimés. Ils étaient en effet dotés d'un double cerveau, beaucoup plus volumineux que celui des autres espèces. Ils présentaient des facultés mentales étonnantes, communiquant entre eux par ultrasons, ce qui les rendait sociaux et capables de chasser en bande. En bref, au cours des millions d'années qui auraient suivi, les raptors seraient peut-être devenus intelligents et auraient alors occupé la place aujourd'hui dévolue à l'espèce humaine.

Bien avant la fin tragique des dinosaures, cette gigantesque extermination a rayé de la Terre 90 % des espèces.

15 millions d'années. Aussi, en ce temps-là, les sauriens géants sont-ils encore partout : dans les eaux chaudes des océans, dans les forêts humides et dans les airs.
Mais, si nous avons fait une halte à cette époque, c'est pour y rencontrer une créature chétive dissimulée à l'abri des feuillages. Insignifiante, très craintive, elle attire à peine l'attention des prédateurs. En fait, elle appartient à une autre espèce que celle des dinosaures : c'est un mammifère. Son nom ? *Purgatorius*. Haut de 20 centimètres, il ressemble à une sorte de lémurien. Mais cet animal présente une particularité qui le distingue de tous les autres : il peut opposer son pouce aux autres doigts. Ce petit rien va faire de *Purgatorius* l'ancêtre commun des singes et des hommes.

## Les insectes géants

Notre voyage dans le temps nous emmène maintenant 300 millions d'années dans le passé. La France comme le reste de l'Europe sont désormais soudés à l'Amérique, l'Afrique et l'Asie en une continent unique et gigantesque, la Pangée. Celle-ci est encerclée par Téthys, un immense océan dont les vagues font le tour de la Terre sans jamais rencontrer d'obstacle. Dans l'épaisse forêt du Carbonifère où nous nous retrouvons, il n'y a aucun cri d'oiseau, aucun grognement d'animal. Ceux-ci n'existent pas encore. À la place, dans le ciel surchauffé, on entend un bourdonnement perpétuel : ce sont des millions d'insectes, les tout premiers maîtres du monde. Des monstres effrayants, 30 fois plus gros que ceux d'aujourd'hui.
Nous nous frayons un chemin dans un dédale de fougères, de lianes et de bambous effondrés sur des marais brumeux. Le danger est partout : dans ce scorpion de plus de 1 mètre qui vient de surgir de fourrés épineux ou dans cette araignée démesurée, une créature de cauchemar aussi grosse qu'un poulpe ! L'instant d'après, chassé par un essaim de frelons géants, un monstrueux mille-pattes, long comme un crocodile, rampe devant nous en crissant.
Nous allons assister à une nouvelle extinction de masse, sans doute la plus dramatique que notre monde ait jamais connue. Elle a eu lieu il y a 251 millions d'années, à une époque qu'on appelle le Trias. Bien avant la fin tragique des dinosaures au Crétacé, cette gigantesque extermination de masse a rayé de la Terre 90 % des espèces. En particulier les insectes géants. Selon les découvertes les plus récentes, celle-ci serait due, comme pour les dinosaures, à la chute d'un énorme astéroïde. Trois fois plus gros que le Mont-Blanc, le bolide a probablement heurté notre planète dans ce qui est aujourd'hui au nord de l'Australie. Les entrailles de la Terre ont sans doute été éventrées sous le choc effroyable, ce qui a pu déclencher des éruptions volcaniques monstrueuses et détruit 90 % des espèces. Dans un article publié dans la revue *Science*, des chercheurs de l'université de Rochester et de l'université de Californie précisent qu'ils ont mis en évidence l'existence d'un gigantesque cratère de 193 kilomètres de diamètre. Peut-être la trace de l'épouvantable cataclysme qui a ravagé notre monde il y a 250 millions d'années, provoquant un fantastique redéploiement de la vie.

## La planète des poissons

Déplaçons-nous 200 millions d'années plus tôt. Les poissons ont entamé la conquête de la planète. Et de façon incroyable, bien avant d'engendrer les dinosaures, ils ont donné naissance aux insectes. Tout récemment, l'on vient de découvrir les traces de pas les plus anciennes du monde : elles datent de 490 millions d'années.
Elles ont été creusées par une mystérieuse créature qui avait huit pattes et une queue dont la trace est nettement visible. Fabuleusement ancien, c'est sans doute lui l'ancêtre archaïque de tous les insectes. À la même époque, nous rencontrons bien d'autres animaux primitifs plus étranges les uns que les autres, comme ce poisson qui défie les lois de l'évolution et dont le fossile a été retrouvé dans les schistes de Burgess, au



**Ci-contre** En remontant l'immense fleuve du temps vers un passé de plus en plus lointain, nous découvrons un monde de plus en plus différent de celui que nous connaissons. Nous voici à présent dans la jungle du Carbonifère, il y a 330 millions d'années. À cette époque, sur des terres qui formeront bien plus tard le continent européen, une chaîne de montagnes très élevée s'étend de la future Bretagne jusqu'à la Bohème. Des arbres gigantesques montent très haut dans le ciel, tandis que les fougères à graine et les ginkgos prospèrent dans l'ombre épaisse des sous-bois où grouillent des amphibiens. Ici pas un seul cri d'oiseau : ils n'existent pas encore. Ni les singes, ni les lions, ni même les dinosaures, qui n'apparaîtront que 50 millions d'années plus tard. Pourtant, dans l'air chaud, on entend un bourdonnement perpétuel : ce sont les insectes, premiers habitants du monde. Prospérant dans une atmosphère beaucoup plus riche en oxygène, les insectes étaient entre 10 et 50 fois plus gros que ceux qui nous entourent de nos jours. Certaines scolopendres pouvaient atteindre 3 mètres de long tandis que les libellules de cette époque avaient des dimensions impressionnantes : plus d'un mètre d'un bout à l'autre de leurs ailes transparentes.

Dans le ciel surchauffé, on entend un bourdonnement perpétuel :

ce sont des millions d'insectes géants,
les tout premiers maîtres du monde.

Canada : il ne possède pas moins de cinq yeux ! À présent, nous allons faire un saut gigantesque, jusqu'aux origines mêmes de la vie terrestre.

## Il y a 4 milliards d'années

C'est le matin du monde. En cet âge lointain, le paysage terrestre est bien différent de celui que nous connaissons aujourd'hui. D'abord la Lune est au moins six fois plus proche que de nos jours et les marées sont beaucoup plus puissantes. Une pleine journée ne dure qu'une dizaine d'heures à peine. Autour de nous, sur les roches volcaniques, dans les vallées semées de cailloux ou sur les flancs montagneux, il n'y a rien. Pas le moindre lichen. Pas le plus petit brin d'herbe. La vie n'a pas encore fait son apparition.

Au-dessus de nos têtes, le ciel est presque noir, bouché par de lourds nuages brunâtres zébrés d'éclairs géants. Ils sont poussés vers l'horizon désert par des vents déchaînés, une tempête indescriptible, qui dure depuis 100 millions d'années.

Il pleut. Un déluge torrentiel qui déverse des cataractes d'eau sur la Terre. Le premier océan du monde est en train de se former, creusé de vagues de plusieurs dizaines de mètres. Progressivement, il va recouvrir la plus grande partie du globe. L'air est irrespirable : du gaz carbonique, du méthane, de l'ammoniac. Et il fait très chaud, plus de 50 °C la nuit.

Presque toutes les heures, une énorme météorite s'abat dans l'océan en projetant des vagues immenses vers les nuages couleur de soufre.

On a bien du mal à imaginer que la vie ait pu se développer dans un tel enfer, un monde dont les conditions, très proches de celles qui règnent aujourd'hui sur Vénus, sont extrêmement hostiles. Et pourtant, à cette époque, il se passe « quelque chose ». La matière inanimée se transforme en matière vivante. Comment ? Par quel miracle ?

Première hypothèse, la vie aurait fait son apparition dans l'atmosphère à la suite du bombardement intense de notre planète par le rayonnement solaire et les orages monstrueux de l'époque. Les premiers acides aminés, c'est-à-dire les premières molécules de la vie, auraient ainsi émergé dans l'atmosphère des premiers âges

Deuxième hypothèse : la vie serait peut-être née en même temps au fond des océans, près de sources chaudes auxquelles on donne aujourd'hui le nom de « fumeurs noirs ».

## Les fumeurs noirs

Il y a 3,8 milliards d'années, les fonds sous-marins deviennent le théâtre d'une activité volcanique intense. Le milieu aquatique, encore en formation, était parcouru de quantité de failles. Et l'eau de mer s'engouffrait dans ces crevasses pour pénétrer en profondeur dans la croûte océanique. Lorsqu'elle entrait en contact avec le magma très chaud, elle se réchauffait brusquement pour se charger en éléments chimiques au contact des roches en fusion. Par effet de thermosiphon, l'eau chauffée était violemment expulsée vers la surface. Le mélange du dioxyde de carbone avec l'eau de mer plus froide

Incroyablement, bien avant d'engendrer les dinosaures,
**les poissons ont d'abord donné naissance aux insectes.**



**Ci-contre** Après avoir laissé derrière nous l'ère du Carbonifère et ses insectes géants, nous remontons à nouveau le temps vers des époques de plus en plus reculées. Nous sommes à présent 3,5 milliards d'années dans le passé, sur la planète Mars. Devant nous, une vaste étendue d'eau éclairée par un volcan, très loin à l'horizon. Des nuages roses glissent dans un ciel aux reflets gris vert. Comme l'ont confirmé des études récentes, des réseaux ramifiés au cœur du grand canyon martien, Valles Marineris, témoignent de l'existence d'une période géologique bien plus chaude (période hespérienne) qui a permis à l'eau d'exister sous une forme liquide à la surface de cette planète. Dès lors, on s'accorde à penser que les mêmes conditions devaient régner sur la Terre et sur la planète Mars. Beaucoup plus épaisse qu'aujourd'hui, l'atmosphère de ce monde était comparable à celle qui entourait la Terre primitive : du gaz carbonique, de l'azote et de la vapeur d'eau hydrogénée. Dans le passé lointain de Mars, la température était élevée et l'eau coulait en abondance. On s'accorde donc généralement à penser qu'il y a environ 3,8 milliards d'années, la vie a sûrement dû apparaître en même temps sur la Terre et sur Mars.

**Ci-dessus** Notre fantastique voyage vers un passé de plus en plus insondable nous permet de découvrir ici le visage mystérieux de la Terre, il y a 3,8 milliards d'années. La vie est déjà là, sous la forme de micro-organismes à peine visibles dans l'eau. Le ciel de cette époque contenait encore peu d'oxygène. Dans la haute atmosphère, brassées par le rayonnement du jeune Soleil, des réactions chimiques incessantes se nouent entre les molécules de gaz carbonique, d'ammoniac et d'eau, permettant à la couche d'ozone de s'étendre autour du globe terrestre et de protéger le sol du bombardement ultraviolet. Dans ce monde encore vide où règne un étrange silence, une foule de questions viennent alors à l'esprit : Comment la vie est-elle apparue ? Comment est-on passé de la matière inerte à la matière vivante ? Les acides aminés, principaux constituants des protéines, viennent d'apparaître, mais comment se sont-ils combinés jusqu'à produire des êtres vivants ? Ici, plusieurs hypothèses se côtoient. Selon certains biologistes, la vie serait apparue il y a 3,8 milliards d'années, à la surface de certains minéraux plongés dans l'atmosphère primitive de la Terre des premiers âges. Pour d'autres, elle aurait trouvé son origine près des sources sous-marines, là où l'eau des océans, brassant de nombreux minéraux, était à la température de 350 °C. Pour d'autres encore, elle aurait été apportée sur la Terre par des météorites : des bactéries venues de l'espace. Mais peut-être que la mystérieuse naissance de la vie sur Terre résulte, en fin de compte, d'une rencontre nécessaire entre ces trois origines.

**Ci-dessus** Un nouveau bond de 200 millions d'années et nous voici 4 milliards d'années dans le passé, juste avant l'apparition de la vie. Cette fois il n'y a rien. Pas un bruit, un silence angoissant. Sauf lorsqu'une comète ou un astéroïde traverse le ciel avant de percuter le sol. Au-dessus de l'horizon vague, un Soleil très chaud vient de se lever. Sa lumière, couleur de soufre est noyée dans l'atmosphère irrespirable de cette époque, essentiellement composée de gaz carbonique, de méthane, d'azote et de vapeur d'eau hydrogénée. Les roches qui viennent de se former sont encore vides de tout organisme vivant. Mais déjà, quelque chose se prépare. Pas seulement en raison des réactions chimiques qui se déroulent sans cesse dans l'atmosphère ou au fond des premiers océans, près des fumeurs noirs, mais aussi à la faveur des nombreux objets qui tombent du ciel à chaque instant. Ainsi, les météorites sont de fantastiques archives de l'Univers, comme par exemple, le fragment tombé en 1969 à Murchison contenant des fossiles de cyanobactéries.
Ce phénomène est d'autant plus étonnant que le fragment de Murchison est âgé de 4,2 milliards d'années : il est contemporain des tout premiers âges de notre Système solaire. Cela veut dire que les matériaux prébiotiques étaient présents dans le Système solaire dès le début. Comprendre le mystère que recèlent les météorites, c'est comprendre notre propre histoire et, en profondeur, la raison d'être de l'Univers lui-même.

« RIEN N'EST INDIFFÉRENT, RIEN N'EST IMPUISSANT DANS L'UNIVERS ;
UN ATOME PEUT TOUT DISSOUDRE,
UN ATOME PEUT TOUT SAUVER ! »

[ Gérard de Nerval, écrivain ]

provoquait alors la précipitation des éléments chimiques sous la forme d'acides aminés, premières briques de la vie. Cela a été confirmé par la découverte de sources hydrothermales à plus de 3 000 mètres de profondeur, qui rejettent du dioxyde de carbone dans l'eau à 350 °C. La vie s'y développe dans des conditions invraisemblables. Et dès lors, ce qui se passe aujourd'hui, sous nos yeux, a très bien pu se produire dans le lointain passé : les premières molécules organiques ont peut-être ensemencé les océans primitifs à partir des premières sources sous-marines où elles ont été fabriquées.

## La source spatiale

Reste la troisième hypothèse, celle que les scientifiques appellent la « panspermie ». Selon cette théorie, les premiers organismes vivant sur la Terre se seraient peut-être formés à partir de molécules organiques provenant de nuages interstellaires.
Si tel est le cas, comment ces molécules seraient-elles parvenues jusque sur notre monde ? Aujourd'hui, les exobiologistes pensent qu'elles auraient pu effectuer leur long voyage grâce à des comètes. Il y a 4 milliards d'années, une énorme quantité de ces voyageurs célestes (dont la taille variait entre 5 et 500 kilomètres) s'est abattue sur la Terre. Les molécules qu'elles contenaient se seraient alors dissoutes dans l'eau puis auraient réagi chimiquement en donnant des composés de plus en plus complexes, parmi lesquels, peut-être, les briques de la vie.
En plus des comètes, il y aurait également eu à cette époque turbulente des pluies continues de petites météorites. Minuscules, quelques centaines de microns seulement, ces météorites ont sans doute représenté un apport considérable. Aujourd'hui encore, on estime que plusieurs tonnes de ces grains interplanétaires, contenant du carbone, du phosphore, des acides aminés indispensables à la vie, tombent chaque jour sur la Terre.
Et, si ces molécules sont bien tombées du ciel et des immenses nuages interstellaires qui peuplent les galaxies, rien n'interdit de penser que ce qui s'est produit sur la Terre il y a près de 4 milliards d'années s'inscrit dans un scénario bien plus vaste et que la même aventure a pu avoir lieu ailleurs, sur une multitude d'autres mondes.
Un nouveau saut de 400 millions d'années, et nous voici 4,4 milliards d'années dans le passé. La Terre vient tout juste de naître, presque en même temps que le Soleil. Le sol est encore tiède et la lave jaillit parfois de crevasses qui se creusent soudainement. D'immenses colonnes de fumée noirâtre recrachées par les volcans montent en panaches vers les hauteurs béantes.
Tout a beaucoup changé dans l'Univers de cette époque, car il est deux fois plus petit qu'aujourd'hui. Mais impossible de reconnaître les constellations qui nous sont familières. Par exemple, comme si elle s'était écrasée sur elle-même, la Grande Ourse ne ressemble plus tout à fait à un chariot. Quant à la Voie lactée, elle est nettement plus brillante.

## La naissance de la Lune

Mais ce qui nous frappe le plus, c'est que le jour (comme la nuit) est incroyablement court : à peine 2 heures.

Rien n'interdit de penser que **ce qui s'est produit sur la Terre** il y a près de 4 milliards d'années **s'inscrit dans un scénario bien plus vaste.**



**Ci-contre** Encore 300 millions d'années vers l'origine et nous voici au moment où la Terre vient à peine d'apparaître. C'était il y a 4,5 milliards d'années. Au début de son histoire, la jeune planète Terre, entourée d'une épaisse atmosphère de gaz carbonique, était plongée dans une obscurité perpétuelle. À cette époque lointaine où la matière n'est pas encore solidifiée, à toute heure du jour et de la nuit, des corps errants se fracassent sur le sol ou plongent dans les océans déchaînés. Or, ces collisions de grande ampleur ont eu des conséquences extrêmement favorables quant à l'équilibre et au développement de la vie telle que nous la connaissons sur notre globe. Les scientifiques viennent d'émettre une étonnante hypothèse : la majeure partie de l'eau existant sur Terre, en particulier dans les océans, proviendrait des comètes et des astéroïdes. En effet, les comètes sont essentiellement constituées d'eau gelée et d'un peu de roches. Par exemple, la comète de Halley, dont le noyau atteint 10 kilomètres de diamètre, éjecte environ 30 tonnes d'eau par seconde lorsqu'elle passe près de la Terre ; 2,5 millions de tonnes chaque jour. Et la comète géante Hale-Bopp (découverte en 1994) produit sans doute plus de 300 tonnes d'eau par seconde, 25 millions de tonnes par jour. Des chiffres tellement impressionnants que, selon certains chercheurs, plus des deux tiers de l'eau du premier océan terrestre pourraient provenir de l'eau et de l'hydrogène apportés par les milliers d'astéroïdes et comètes qui, environ 100 millions d'années après la naissance du Système solaire, s'abattaient sans cesse sur notre planète.

Pourquoi ? À cause d'un phénomène très déconcertant : la Lune, notre satellite si précieux, n'existe pas. Du moins pas encore. On croit qu'elle a toujours brillé là-haut, qu'elle est née en même temps que la Terre. En tout cas, c'est ce que pensait l'astronome George Darwin, fils du célèbre naturaliste, en 1880. Selon Darwin, la Terre tournait tellement vite sur elle-même qu'un gigantesque morceau s'en serait tout à coup détaché et aurait donné naissance à la Lune, qui serait donc, en quelque sorte, la « fille » de la Terre. Pendant longtemps, on a même cru que l'océan Pacifique et son gigantesque cratère résultaient de cet arrachement de matière. Or, on le sait aujourd'hui, cette théorie n'est pas la bonne.

En effet, l'analyse des roches lunaires recueillies par les astronautes américains a montré que la composition chimique du sol lunaire est très différente de celle du sol terrestre, en particulier en ce qui concerne la proportion de fer, qui est rare sur notre satellite.

C'est pourquoi les scientifiques pensent aujourd'hui que notre splendide satellite aurait été engendré par une collision titanesque entre la Terre primitive et un astre de très grande taille (un de plus !). Le choc aurait eu lieu il y a environ 4,3 milliards d'années. Selon les calculs, l'astéroïde devait être énorme, peut-être le quart de la masse terrestre. Observez : première étape, l'astéroïde géant se rue vers notre monde avec un bruit terrifiant, bouche le ciel d'un bout à l'autre de l'horizon, plonge une partie de la planète dans les ténèbres avant de la percuter. Le choc est indescriptible. Le noyau ferreux de l'astéroïde géant plonge en hurlant vers les entrailles de la Terre, s'enfonce à des centaines de kilomètres et traverse le manteau en fusion pour atteindre enfin le noyau.

À la surface, sous le choc, une partie du globe est instantanément arrachée et satellisée autour de la Terre. Plus exactement, la formidable collision aurait ainsi projeté en quelques minutes à des dizaines de milliers de kilomètres dans l'espace un mélange brûlant de roches, de magma et de vapeur. Ces matières provenaient aussi bien de la croûte terrestre que de l'astéroïde. Puis, en quelques heures à peine, une journée tout au plus, ces débris et ces poussières auraient formé un immense nuage en forme d'anneau qui se serait mis à tourner lentement autour de la Terre. Quelques mois plus tard, cet anneau se serait aplati pour prendre la forme d'un disque. Enfin, en quelques années, en se rassemblant dans une région unique de l'orbite, les débris se seraient peu à peu condensés pour créer la Lune. Notre satellite serait né en moins d'une dizaine d'années .

En 1975, le Pr Cameron, de l'université Harvard, a émis la théorie suivante : la Lune se serait formée très près de la Terre, à moins de 30 000 kilomètres d'altitude. À cette époque, elle devait donc paraître 15 fois plus grande qu'aujourd'hui. Grâce à ce satellite, la rotation du globe terrestre a été fortement ralentie, ce qui a permis une alternance jour/nuit compatible avec le développement de la vie. De plus, la Lune ayant une masse importante, cette masse a engendré une force gravitationnelle qui a stabilisé la direction de l'axe de rotation de la Terre. Autrement dit, si la Lune n'avait pas existé, la direction de cet axe aurait varié constamment de façon imprévisible et débridée sous l'influence du Soleil et des planètes géantes. D'un jour à l'autre, l'équateur se serait retrouvé au pôle, ce qui aurait certainement empêché l'eau liquide apportée par les comètes de se maintenir. Et, nous l'avons dit plus haut, sans eau, pas de possibilité de vie.

Dernière étape de notre voyage : 5 milliards d'années dans le passé. Cette fois, ni la Terre ni les autres planètes du système solaire n'existent encore. Qu'y avait-il à leur place ? Des « choses » toujours plus déconcertantes, toujours plus étranges, que nous allons découvrir lors de notre prochaine exploration.



**Ci-contre** Notre voyage vers les ères primordiales se poursuit jusqu'à cet événement extraordinaire sans lequel, peut-être, la vie ne serait pas apparue sur la Terre : la création de la Lune. Nous sommes à environ 4,5 millions d'années dans le passé. Un objet de la taille de Mars frappe soudain la Terre âgée d'à peine 42 millions d'années. En quelques instants, des milliards de tonnes de débris sont projetés dans l'espace. Au fil des millions d'années, ces débris vont progressivement se rassembler jusqu'à former le visage actuel de la Lune. Ce scénario est conforté par les échantillons de roches lunaires des différentes missions Apollo qui confirment qu'il y a environ 4,5 milliards d'années, un objet de la taille de Mars serait entré en collision avec la Terre. Son noyau ferreux se serait incorporé à celle-ci en grande partie, alors que des fragments du manteau terrestre arrachés par la collision se seraient mélangés aux débris de cette planète. Ceci expliquerait les parentés de composition anormales entre les roches du manteau terrestre et celles de la Lune. Par ailleurs, si notre satellite n'avait pas existé, l'axe de rotation terrestre aurait présenté des instabilités qui auraient perturbé les climats et rendu impossible l'apparition de la matière vivante. De plus, sans notre satellite,
la durée de l'alternance entre le jour et la nuit aurait été très différente et, là, encore, la vie aurait eu beaucoup de mal à se développer sans périodes régulières et assez longues d'ensoleillement, indispensables à la photosynthèse et, par conséquent, à la dynamique du vivant.

# VOYAGE EN L'AN 380 000

Nous voici prêts à repartir vers les brumes qui entourent l'origine, toujours plus loin dans le passé. L'horloge cosmique marque – 7 milliards d'années. Dans le ciel, nous voyons des étoiles. Mais ce ne sont pas celles que nous connaissons aujourd'hui. Éparpillées dans des gouffres d'espace noir et glacé, elles paraissent scintiller d'un feu plus vif, d'une lumière étrangère. Il en est de même des galaxies, dont certaines à présent sont visibles la nuit comme des nuages phosphorescents. La voûte céleste est d'ailleurs éclairée non seulement par les milliards de diamants stellaires mais aussi par des nuées de gaz et de poussières qui forment des bandes luminescentes dans la Voie lactée. Des mesures précises indiquent que la température globale s'est réchauffée de plusieurs degrés.

## Naissance du Soleil

À cette époque lointaine, ni la Terre, ni Mars, ni Jupiter, aucune de ces planètes n'existe encore. Pas plus que notre Soleil. À partir de là, ce qui a pu se passer est encore mal connu. Mais de plus en plus nombreux sont les astrophysiciens qui pensent que notre système solaire a pu naître de l'explosion d'une supernova, il y a au moins 5 milliards d'années. Voyons tout cela de plus près. À la place de notre Soleil, dans un vide qui n'a plus rien de familier, il y a peut-être une étoile énorme et inquiétante. Son éclat, beaucoup plus blanc, métallique, nous indique qu'il s'agit d'un soleil solitaire de première génération. Il est des centaines de fois plus gros que le nôtre.

Mais sa découverte dans l'infini glacé va nous permettre d'assister à un événement prodigieux : la naissance de notre Système solaire. En effet, l'astre géant achève sa courte vie de quelques dizaines de millions d'années. Inexorablement, il commence à s'affaisser sur lui-même. Soudain, il explose avec une violence inouïe, projetant autour de lui les éléments lourds qui formeront plus tard la Terre et toutes les planètes de notre système. Quant aux résidus gazeux de la catastrophe, il s'agit essentiellement d'hydrogène, formant une nébuleuse multicolore. Lentement, celle-ci s'est condensée jusqu'à atteindre une telle température qu'une réaction nucléaire s'est allumée en son centre, projetant un fabuleux rayonnement sur des dizaines de millions de kilomètres. Ce brasier cosmique va donner naissance à notre Soleil, des millions d'années plus tard.

Autour du Soleil naissant s'est progressivement formé ce que l'on appelle le disque d'accrétion, contenant des gaz, des poussières, des fragments de matière. Au fil des millénaires, ces fragments se sont rapprochés, entrechoqués, agrégés jusqu'à fabriquer des blocs de plus en plus gros, des astéroïdes et, enfin, des planètes. En fait, les planétoïdes les plus proches du Soleil en formation ont sans doute attiré en priorité la matière éjectée par l'étoile de première génération, donnant progressivement naissance aux quatre planètes solides de notre système (Mercure, Vénus, la Terre et Mars). Au contraire, les gaz rejetés plus loin ont vraisemblablement engendré les planètes gazeuses, comme Jupiter.

Restent Pluton la rocheuse et son mystère : il s'agit peut-être d'un ancien satellite de Neptune (hypothèse aujourd'hui en recul) ou encore d'une petite planète vagabonde, qui se serait échappée de ce fantastique réservoir d'astéroïdes qu'on appelle la ceinture de Kuiper. D'où son nouveau statut de « planète naine ».



**Ci-contre** Nous venons de parcourir une énorme distance de plusieurs milliards d'années dans le passé. Et notre fantastique voyage dans le temps nous entraîne de plus en plus près de l'origine de l'Univers que nous commençons à entrevoir. Nous voici donc 13,4 milliards d'années en arrière.Nous découvrons alors le spectacle grandiose des premiers amas d'étoiles apparues très tôt, dans l'histoire de notre galaxie et, au-delà, celle de notre Univers tout entier. Or, grâce au spectromètre UVES du VLT (*Very Large Telescope*), il a été possible d'analyser très précisément le spectre stellaire de ces étoiles et de montrer qu'elles sont bel et bien âgées de 13,4 milliards d'années. Autrement dit, elles se sont formées à peine 300 millions d'années après le big bang. Il est même possible que certaines étoiles soient apparues seulement 100 millions d'années après le big bang. L'image qui nous parvient donc aujourd'hui de ces lointains survivants témoigne, de manière étonnante, des tout premiers âges de l'Univers.

« L'Univers, dans cette hypothèse, n'aurait ni débris ni ruines ;
il deviendrait ce qu'il était avant le temps,
un grain de métal aplati,
un atome dans le vide, bien moins encore, un néant. »

[ Joseph Joubert, écrivain ]

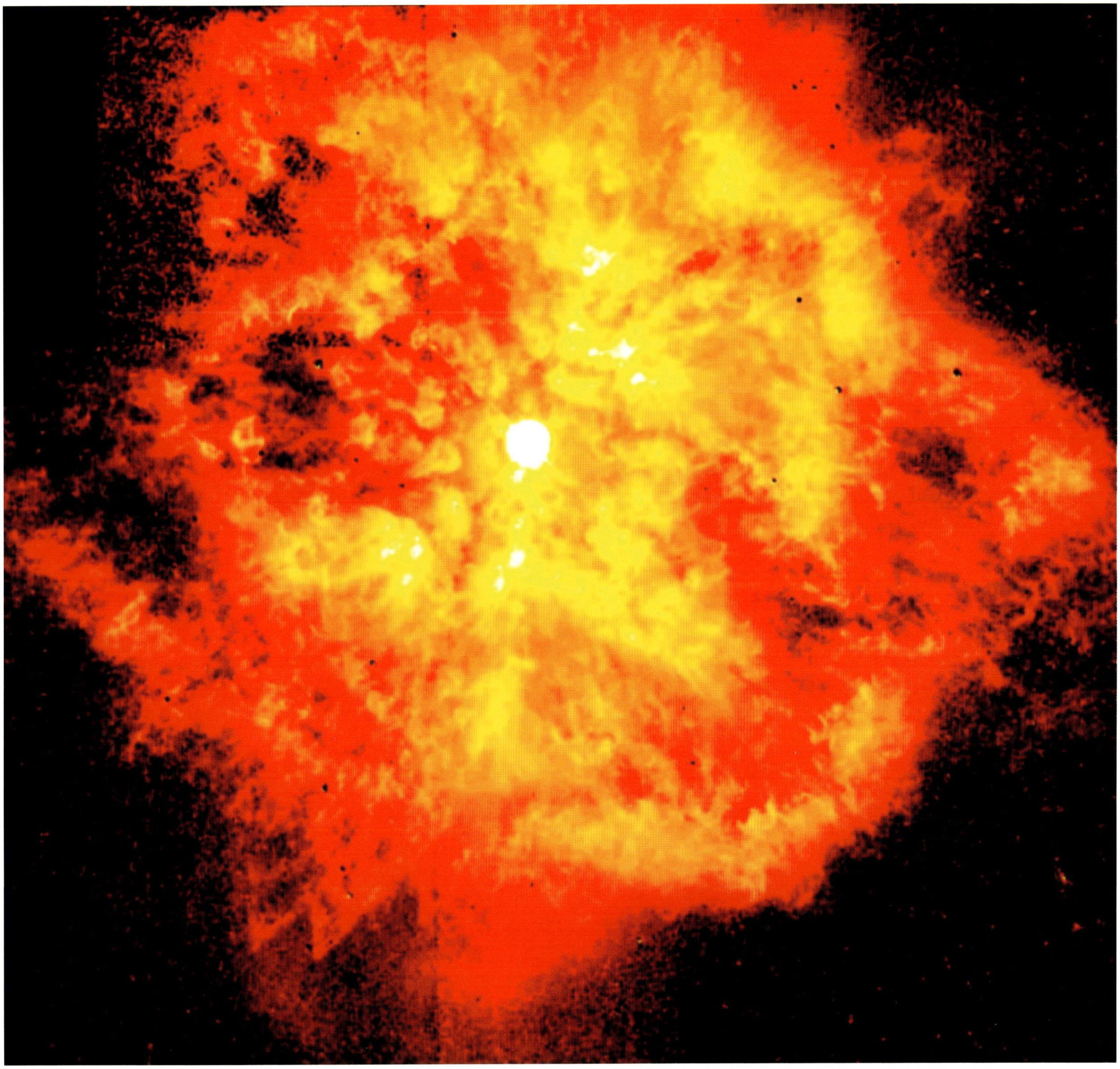

**Ci-contre** 13 milliards 500 millions d'années dans le passé : une nouvelle halte dans notre fantastique voyage vers l'origine. L'Univers est très différent de celui que nous connaissons aujourd'hui. Il ne comporte que des soleils dits de « première génération », de très grosses étoiles très pauvres en éléments lourds. À cette époque, en effet, l'Univers ne contient que de l'hydrogène et de l'hélium (avec quelques traces de béryllium et de lithium) et les éléments lourds n'ont pas encore été synthétisés : les premières étoiles, qui viennent d'apparaître à partir de la nébuleuse d'hydrogène primitive, entre 100 et 200 millions d'années après le big bang, n'ont pas encore eu le temps d'exploser et de projeter dans l'espace ces fameux éléments lourds à partir desquels d'autres soleils, et surtout des planètes, vont se constituer à leur tour. Dès lors, cette planète en formation (en haut à gauche) et ce futur système solaire, lui aussi en formation (en haut à droite et en bas) n'apparaîtront que des milliards d'années plus tard, avec les étoiles dites de « population 1 » (étoiles de seconde génération), riches en éléments lourds indispensables à la création de corps planétaires solides.

**Ci-dessus** Toujours plus tôt dans l'histoire de l'Univers, voici la modélisation d'une étoile massive de première génération au moment précis où elle explose. À la périphérie de l'étoile, en rouge, on trouve les éléments les plus légers. Les éléments lourds se trouvent dans les régions centrales et seront éjectés très loin dans l'espace au moment de l'explosion.

Les quasars ne sont rien d'autre que ces fontaines de lumière
qui jaillissent magnifiquement dans les parages du trou noir.

## Les premiers chocs cosmiques

Mais retournons à l'échelle des galaxies. Dès cette époque, elles se déplacent les unes par rapport aux autres. Et leur nombre est tel qu'elles entrent parfois en collision. Leurs étoiles sont bien trop distantes les unes des autres pour que ces accidents cosmiques puissent provoquer des chocs frontaux entre elles. En revanche, les gaz et poussières des deux galaxies vont s'interpénétrer avec une relative brutalité, ce qui va finir par amorcer l'effondrement et le fractionnement des immenses nuages de gaz galactique. Ainsi s'allume dans la nuit éternelle une flambée d'étoiles nouvelles.

Continuons notre voyage dans le temps. Nous sommes maintenant 10 milliards d'années dans le passé. Le soleil qui a précédé le nôtre n'existe pas encore. À cette époque qui s'estompe de plus en plus dans les brumes sombres du passé, les galaxies sont nettement plus proches les unes des autres. La bande argentée de la Voie lactée nous apparaît plus large et plus scintillante que jamais. Pourtant, il y a moins d'étoiles que de nos jours, mais elles brillent d'un éclat très vif. Nombre d'entre elles sont vertes ou même bleues, ce qui signifie qu'elles sont très jeunes et bien plus chaudes que notre Soleil.

## Les premiers quasars

Notre voyage en arrière se poursuit. À – 11 milliards d'années, on trouve déjà, au centre de certaines des galaxies qui viennent de se former, des trous noirs géants. Leur masse gigantesque peut atteindre 1 milliard de fois celle de notre Soleil. Et ils vont décimer impitoyablement les populations d'étoiles naissantes. On l'a vu, avant que la matière stellaire ne soit engloutie par le gouffre béant, les molécules qui la composent s'entrechoquent et s'échauffent jusqu'à produire des jets incandescents de lumière et des rayonnements de toute sorte. Ces geysers lumineux sont d'une puissance inconcevable : plus de 1 000 milliards de fois l'éclat de notre Soleil. Et, finalement, les quasars ne sont rien d'autre que ces fontaines de lumière qui jaillissent magnifiquement dans les parages du trou noir. Le jeune cosmos est alors éclairé par des millions de quasars (à la différence d'aujourd'hui, où il en subsiste très peu). Mais, on le sait, les trous noirs qui les alimentent sont incroyablement voraces : pour que l'éclat du quasar ne faiblisse pas, cet effroyable ogre cosmique qu'est le trou noir doit dévorer chaque année environ 1 000 étoiles aussi grosses que le Soleil : 100 000 étoiles par siècle !

## Les premières galaxies

Il y a 12 milliards d'années, notre Galaxie n'existe pas. Les galaxies du Groupe local, comme le Nuage de Magellan ou la galaxie d'Andromède, non plus. À leur place, il n'y a encore que des nébuleuses en formation. À quoi ressemblent-elles au juste ? Pour le savoir, faisons un nouveau saut de 500 millions d'années. L'horloge universelle vient de sonner le premier milliard d'années. L'architecte général de l'Univers, désormais, c'est la gravitation. C'est elle qui, dès cette époque, a façonné les grandes structures que nous voyons aujourd'hui.

Mais qu'y a-t-il en ce temps-là à la place de la Voie lactée ? Rien de très spectaculaire : des pelotes filamenteuses faites de matière ordinaire mais aussi, sans doute, de matière noire, qui pourrait représenter 90 % du total. Là où ces filaments se croisent, on observe que la matière se condense et se réchauffe sous l'action de la gravitation. Comme ces masses sont en rotation, elles engendrent progressivement une sorte de disque entouré lui-même d'un halo contenant peut-être de la matière sombre exotique. Ainsi est née la Voie lactée, au fil des millions d'années. En ce temps-là, elle contient encore très peu d'étoiles.

Encore 500 millions d'années plus tôt, il y a donc 13 milliards d'années, le cosmos visible, jusqu'à son horizon, est 100 fois plus petit qu'aujourd'hui. C'est une période que les astronomes appellent « les âges sombres ». Pourquoi ? Parce qu'il n'y a guère que quelques soleils nouveau-nés, pas encore de nébuleuses ni de galaxies



**Ci-contre** Avec cette étonnante photographie de la nébuleuse galactique géante NGC 3603, le télescope Hubble a réussi à saisir, en une seule image, tous les cycles de l'évolution des étoiles, depuis leur naissance jusqu'aux derniers stades qui précèdent leur explosion finale. Partant de l'immense nuage de gaz rouge sombre, sur la droite, où l'on devine la présence d'embryons d'étoiles, on découvre ensuite les disques circumstellaires, qui entourent les jeunes étoiles, avant de distinguer un groupe d'étoiles massives bien plus anciennes au cœur d'un amas stellaire (au centre de l'image). La supergéante bleue avec son anneau et son flot bipolaire (au centre, légèrement sur la gauche) représente la fin du cycle de la vie d'une étoile, juste avant son explosion.

**Ci-dessus, en haut à gauche** Cette image (en haut à gauche) de l'amas de galaxies de la Quintette de Stephan montre l'une des ondes de chocs les plus gigantesques jamais produites par la collision de galaxies lancées l'une vers l'autre à plusieurs millions de kilomètres par heure. Quatre des cinq galaxies visibles ici sont impliquées dans une collision et l'influence gravitationnelle mutuelle a déjà arraché une large part du gaz d'hydrogène dans chaque galaxie. Les centres des galaxies apparaissent sous la forme d'une sorte de « nœud » jaune-rose brillant, à l'intérieur d'une brume d'étoiles. La galaxie à l'origine de cet événement dramatique, NGC 7318b, est à gauche de deux petites régions brillantes, à droite du centre de l'image. L'une des galaxies, la grande spirale en haut à gauche, se trouve en réalité au premier plan et n'est pas associée à l'amas. Cette onde de choc titanesque, plus grande que notre Galaxie, a été détectée en lumière visible par des télescopes au sol. Elle est composée d'un gaz d'hydrogène chaud. À mesure que NGC 7318b entre en collision avec le gaz diffus de l'amas, celui-ci s'échauffe par friction et compression, émettant alors une lueur verte. Les astronomes ont été surpris non seulement par la turbulence du gaz mais aussi par l'intensité incroyable du rayonnement produit. La raison d'une émission aussi puissante du gaz moléculaire d'hydrogène n'est pas encore très bien comprise. La Quintette de Stephan est localisée à environ 300 millions d'années-lumière, dans la constellation de Pégase.

réellement formées. Donc pas d'éléments lourds comme le carbone ou le fer. Et aucune planète.

## Les premières étoiles

Nous allons maintenant être lestémoins d'un spectacle unique : la naissance des toutes premières étoiles. Partout dans le ciel, on aperçoit des colonnes de gaz de toutes couleurs qui ruissellent en panaches dans le cosmos. Ce sont les premiers feux de l'Univers, nuées brûlant en spirales bleues et vertes dans les ténèbres. On l'a vu, les étoiles primitives, celles de la première génération, apparaissent dès cette époque, il y a environ 13,5 milliards d'années. Car, en devenant plus denses, les nuages de poussière et de gaz disséminés çà et là dans les galaxies en formation finissent par atteindre les 10 millions de degrés : les premiers soleils peuvent donc s'allumer.
Le spectacle qui s'offre à nous est alors bouleversant : partout un noir d'encre avec, çà et là, des feux éblouissants qui brillent, isolés dans les ténèbres. Ces étoiles-là, premiers soleils du cosmos, sont très différentes de celles d'aujourd'hui : environ 20 à 30 fois plus grosses que le Soleil, elles sont de 100 à 1 000 fois plus massives. Surtout, elles sont des millions de fois plus lumineuses (jusqu'à 30 millions de fois). Mais elles n'ont vécu que quelques millions d'années : un rien face aux 4,5 milliards d'années de notre bon vieux Soleil.
Encore un bond en arrière et voilà que l'Univers en contraction compresse soudain les nébuleuses naissantes : la température est d'un seul coup plus élevée. Et, à mesure que les dizaines de millions d'années défilent, les nébuleuses en formation se désintègrent les unes après les autres en un plasma brûlant de particules élémentaires. Bientôt, l'Univers a l'aspect d'une soupe épaisse de photons, de protons et d'électrons. On trouve également dans cette étrange soupe primordiale des noyaux de deutérium, d'hélium (celui dont on se sert pour gonfler les ballons) et d'hydrogène.
Nous sommes 13,7 milliards d'années dans le passé.

## Les premières formes de matière

Mais nous ne sommes pas encore parvenus à notre étape du jour, l'an 380 000. Nos repères se font toutefois plus rares : étoiles, nébuleuses, galaxies, tout a disparu. Il ne subsiste plus que de la matière élémentaire, sous forme gazeuse. Le fond du ciel, loin d'être noir, est désormais rempli d'un bout à l'autre par une brume laiteuse. Un plasma de gaz très chaud (3 000 °C environ), fait de particules chargées électriquement qui absorbent la lumière.
À mesure que les années basculent en arrière, cette vapeur gazeuse se contracte, devient de plus en plus petite, de plus en plus dense, de plus en plus chaude. De toutes parts autour de nous, du haut, du bas, de droite et de gauche, jaillissent des torrents de lumière qui semblent mettre le feu à l'espace, jetant des feux inouïs jusqu'aux confins du visible. Cette débauche de rayonnements, véritable feu d'artifice au cœur du vide, indique que nous allons bientôt atteindre l'an 380 000 après le big bang. Un âge absolument capital dans l'histoire cosmique. Il ne nous reste plus que 380 000 ans à couvrir jusqu'aux origines, jusqu'au feu primordial du big bang. Le cosmos est alors 1 000 fois plus chaud et 1 milliard de fois plus dense qu'aujourd'hui.

## L'an 380 000

Pourquoi l'an 380 000 est-il si important ? Pourquoi en avons-nous fait une étape dans notre excursion temporelle ? Parce qu'il marque le moment, unique entre tous, où naît la matière ordinaire, celle que nous connaissons. En effet, nous sommes à cet instant précis qu'on appelle « recombinaison » (on devrait d'ailleurs plutôt dire « combinaison » puisque c'est la première fois que des particules de matière vont se lier les unes aux autres). Plus précisément, électrons et noyaux, qui jusqu'alors tourbillonnaient dans le vide sans jamais se lier, vont enfin se souder les uns aux autres pour former les tout premiers atomes d'hydrogène et d'hélium : la matière telle qu'on la connaît vient de naître.



**Ci-contre, en haut à droite** Une vue d'artiste de collision galactique.

**Ci-contre, en bas à gauche** L'image montre un ciel primordial : des géants solitaires glissant dans un Univers vide de planètes et de vie. Ils naissaient (en haut), vivaient (au milieu) et mouraient (en bas) dans une solitude absolue. Cependant ils ont contribué à ensemencer l'Univers avec des éléments comme le carbone ou l'oxygène.

**Ci-contre, en bas à droite** Scrutant toujours plus loin vers le passé, au moment où l'Univers était encore au stade de sa formation, Hubble a saisi ces images étonnantes d'un très ancien amas de galaxies. Il montre un nombre impressionnant de galaxies rassemblées dans un amas très massif qui existait déjà lorsque l'Univers était âgé de moins de 5 milliards d'années. Cet amas, identifié sous le nom RDCS 1252.9-2927, regroupe des milliers de galaxies et représente l'amas le plus vaste jamais identifié à ce jour.

D'un seul coup, les photons sont dégagés de l'emprise des particules de matière et peuvent enfin commencer à mener une existence indépendante. La lumière est libérée dans une gigantesque gerbe incandescente. Et, instantanément, elle commence son immense voyage – des milliards d'années-lumière – sans être plus jamais réabsorbée par ces constituants primaires que sont les protons et les électrons. Le ciel brille d'un éclat très vif, comme un diamant. C'est pourquoi le rayonnement cosmologique que nous observons aujourd'hui est fait de photons émis juste durant cette phase de combinaison primordiale, 380 000 ans après le big bang.

## Les photos du bébé Univers

Cet instant si particulier vient d'être photographié par le satellite WMAP, lancé par la NASA. C'est ce que l'on appelle la « surface de dernière diffusion ». Des photos époustouflantes : elles nous montrent les toutes premières images du bébé Univers, bien avant la formation des galaxies et des étoiles.

Ce qui frappe sur cette image de l'Univers nouveau-né, c'est la présence de différentes taches de couleurs : des rouges, des jaunes, des vertes. Qu'est-ce qu'elles indiquent ? Tout simplement de petites différences de température dans la soupe primordiale. Seulement voilà : ces différences (qui, nous le verrons plus loin, proviennent de variations de densité dans la matière primitive) sont infimes : pas plus de 0,00001 % d'écart entre les creux et les bosses selon la direction d'observation.

Cette fantastique petitesse des écarts est à rapprocher de l'extraordinaire « réglage » qui semble caractériser les grandes constantes universelles, celles qui sont à la base de toute la physique. En effet, il existe une quinzaine de constantes fondamentales, dont certaines vous sont sûrement familières : la vitesse de la lumière, le zéro absolu, la constante de gravitation, etc. Ces grandeurs n'ont a priori pas varié depuis des milliards d'années et sont aujourd'hui connues avec une extrême précision, correspondant à des dizaines de chiffres après la virgule.

Et voici l'incroyable : si une seule de ces constantes avait été un tant soit peu différente – par exemple un 2 à la place d'un 3 à la sixième décimale, un 5 au lieu d'un 7 à la quinzième –, non seulement la vie ne serait jamais apparue sur la Terre mais, au-delà, l'Univers lui-même

**Ci-dessus (haut et bas), et ci-contre**
Lorsque l'Univers était âgé de 380 000 ans (ci-dessus, en bas), il est entré dans une phase de transition : de plasma incandescent qui contenait la chaleur du big bang, il allait devenir un espace rempli de matière sombre, d'énergie et de gaz neutres. Hubble a mis en évidence que les toutes premières étoiles sont peut-être apparues encore plus tôt et ont été beaucoup plus actives qu'on ne l'imaginait. L'observation de certaines galaxies primordiales suggère que les objets visibles les plus lointains ne sont que le « sommet de l'immense iceberg » formé par une période d'effervescence stellaire inouïe. Jusqu'ici, environ 90 % de la lumière provenant de l'Univers naissant, émise dans l'ultraviolet, était inaccessible à l'observation. Or, de nouvelles analyses du fond ultra-lointain ont montré que les objets les plus distants se présentent de manière inattendue comme des nœuds très brillants bleus et blancs, des nuages irisés, des « bébés étoiles » très chaudes et très actives, encore enfouies dans les profondeurs d'une nébuleuse protogalactique aux couleurs particulièrement intenses. L'objet de l'image du bas, est situé à 11 milliards d'années-lumière de la Terre, et est en pleine effervescence stellaire. Ainsi, les astronomes semblent de plus en plus convaincus que l'Univers s'est littéralement embrasé des feux torrentiels des premières étoiles, à peine quelques centaines de millions d'années après le big bang. Bien que certaines étoiles continuent de se former aujourd'hui dans les galaxies, le rythme actuel des naissances d'étoiles est négligeable eu égard à ce qui s'est produit durant les premiers âges de notre Univers.

**À la toute première seconde après le big bang,**
si le taux d'expansion avait divergé du seuil critique,
**la matière se serait dispersée sans jamais se former.**

ne se serait jamais développé. Par exemple, à la toute première seconde après le big bang, si le taux d'expansion avait divergé du seuil critique d'une valeur de $10^{-15}$ en plus ou en moins, la matière se serait dispersée sans jamais se former ou, au contraire, se serait effondrée sur elle-même. Autrement dit, l'Univers entier et son évolution semblent reposer sur l'ajustement phénoménal de ces constantes de couplage, à tel point que certains chercheurs finissent par se demander quelle est la source de cette fantastique précision. Revenons à l'une des traces particulièrement troublantes de ce réglage : les fluctuations dans la température du rayonnement primordial. Celles-ci existent, mais elles sont fantastiquement petites. Autrement dit, l'Univers, en cet an 380 000, est incroyablement restreint dans ses mouvements : il ne peut pas s'écarter de plus de 0,00001 % de son équilibre de départ. Or, selon le modèle généralement accepté aujourd'hui, il semblerait que ces variations minimes soient bel et bien à l'origine des contrastes de matière qui, à leur tour et bien plus tard (quelques centaines de millions d'années plus tard), donneront naissance aux premières galaxies. Une fois de plus, ce qu'il nous faut retenir, c'est ce fantastique « réglage », à 0,00001 % près, autour de l'équilibre primordial. Car finalement, ce que l'on a observé grâce à des satellites comme COBE en 1972 ou WMAP en 2003, c'est que l'Univers est né dans un état d'équilibre presque parfait. Presque mais… pas tout à fait. C'est justement la finesse, l'extrême précision de ce rapport entre ordre et désordre, entre immobilité et mouvement, qui est à couper le souffle.

## L'ÉQUILIBRE KMS

Plus on remonte vers l'origine, plus l'équilibre général – on dira aussi la symétrie– des constituants de la matière semble croître. Jusqu'à ce que l'on atteigne cette fameuse barrière imposée au monde physique et à nos connaissances : le mur de Planck. Que se passe-t-il sur cette frontière ? L'hypothèse que nous proposons, c'est qu'à l'échelle de Planck l'Univers n'est pas, comme on aurait pu le croire, dans un état d'équilibre parfait. Au contraire, il pourrait être, selon nous, dans un état très particulier, très mystérieux, que l'on appelle l'« état KMS » (du nom de trois physiciens, Kubo, Martin et Schwinger). Nous le verrons plus loin, il s'agit bien d'un état d'équilibre, mais un équilibre tout à fait spécial, qui mélange en quelque sorte la nature statique et la nature dynamique de l'Univers, l'immobilité et le mouvement. Un état en tout cas qui pourrait expliquer les fluctuations de température que l'on observe aujourd'hui. Nous y reviendrons bien sûr en détail.

Mais le 0,00001 % d'écart observé par le satellite WMAP pourrait bien, selon nous, provenir de cet extraordinaire équilibre KMS qui caractérisait peut-être l'Univers à l'âge de Planck. Si notre hypothèse devait être confirmée par des observations futures (en particulier celles du satellite Planck Surveyor à partir de 2007), il pourrait en résulter d'autres révélations étonnantes concernant l'origine de notre Univers. Par-dessus tout, cela nous inciterait à penser que l'apparition des grandes structures de l'Univers, telles que les galaxies et les amas de galaxies, est peut-être « codée » très tôt dans l'histoire de l'Univers comme le suggèrent les pasionnants résultats obtenus en 2005 par le groupe de recherche Virgo à l'Institut Max Planck. Peut-être même que cette contrainte est inscrite dans l'infiniment petit, dès l'échelle de Planck.

Quoi qu'il advienne, ces photos viennent confirmer la formidable découverte faite par hasard en 1964 par Penzias et Wilson et qui leur vaudra le prix Nobel. Alors qu'ils travaillent sur un nouveau modèle d'antenne de téléphone, ils captent un bruit de fond partout dans l'Univers. Ce bruit de fond, vous le connaissez : 1 % environ des photons matérialisant la « neige » de votre téléviseur provient de ce rayonnement cosmologique. Il s'agit ni plus ni moins que de l'écho lointain, aujourd'hui refroidi, du big bang. Un rayonnement fossile, glacé (à peine plus de 3 °C au-dessus du zéro absolu), qui porte la trace de ce moment inouï où la lumière a été libérée. Tout cela se passait à l'aube des temps, vers l'an 380 000 de notre Univers.



**Ci-contre** Nous voici donc 13,7 milliards d'années dans le passé. À la fin de notre voyage. L'Univers observable tout entier est à l'intérieur de cette sphère qui mesure 13,7 milliards d'années-lumière de rayon. Le plus difficile à comprendre est que nous sommes au centre de cette sphère et que nous la voyons de l'intérieur. Car à l'extérieur de celle-ci, l'espace se poursuit. Mais ce mur opaque que nous voyons, fait de plasma d'hydrogène, nous interdit de voir plus loin. Cette infranchissable barrière est particulièrement frustrante, car si nous avions la possibilité de voir seulement 380 000 années-lumière au-delà de ce plasma, nous pourrions alors assister à l'origine même de l'Univers. Pourrions-nous pour autant mieux comprendre comment l'Univers a pu passer de la Singularité Initiale à ce nuage d'hydrogène primordial (en haut à droite) et, plus tard encore (en haut à gauche), donner naissance à ces premières étoiles ?

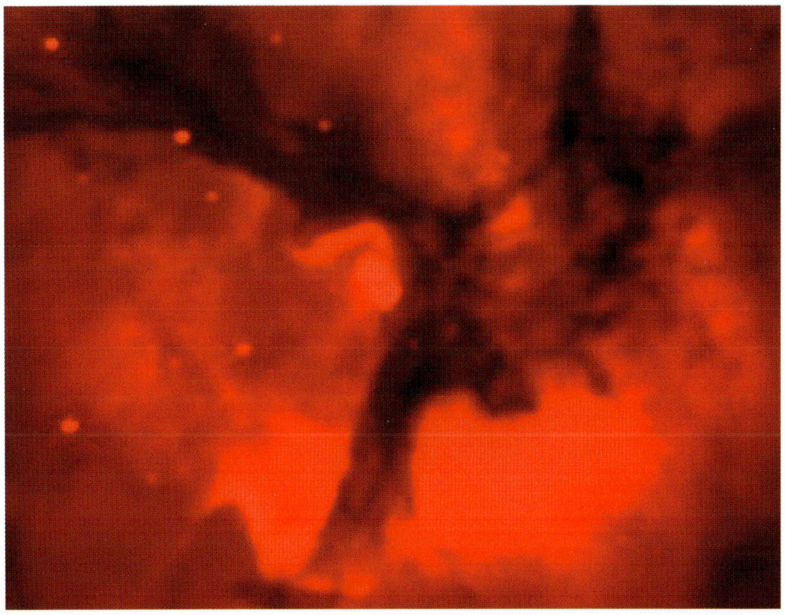

« SI VOUS ÊTES CROYANT, C'EST COMME REGARDER DIEU. »

[ George Smoot, astrophysicien, prix Nobel de Physique 2006 ]

CHAPITRE 3

# VERS LA PREMIÈRE SECONDE

Reprenons notre voyage vers le big bang et plongeons maintenant sous la surface lumineuse de l'Univers. Notre objectif : atteindre la toute première seconde après le big bang. Là encore, un moment décisif puisqu'il marque le début de la formation des briques fondamentales de la matière : les premiers noyaux atomiques. Cette ère, que les physiciens appellent « nucléosynthèse », va durer de la première seconde jusqu'à la troisième minute.

Mais surtout, nous allons vivre un phénomène très déconcertant : l'Univers observable va devenir de plus en plus petit, à tel point que sa taille pourra nous paraître parfois irréelle. Comme étalon de mesure, nous allons prendre la distance qu'a pu parcourir la lumière à chaque époque ou à chaque instant depuis le big bang. Nous parlerons donc toujours de la taille de l'Univers observable, délimité par l'horizon depuis l'origine. En ne perdant jamais de vue qu'en réalité l'espace-temps « continue » au-delà de l'horizon, de sorte que son rayon est beaucoup plus grand que ce que nous pouvons observer et que nous décrivons dans le voyage qui va suivre.

## LA LUMIÈRE NOIRE

Nous voilà repartis. D'un seul coup, il fait totalement noir. Imaginons alors que nous ayons des lunettes spéciales. Et là, regardez : ces petits points brillants, ce sont des grains de lumière, des photons. Tant bien que mal, ils tentent de se frayer un chemin dans la forêt de plus en plus dense des autres particules, mais en vain. Ils sont constamment bousculés, freinés dans leur mouvement par les « grains » de matière rencontrés en chemin : les électrons et les noyaux atomiques. Désormais incapables de s'échapper de ce véritable marécage de particules, ils ne peuvent plus assurer leur mission, éclairer l'Univers naissant. Résultat : celui-ci est plongé dans un brouillard opaque où l'on ne peut plus rien voir. La lumière existe encore, mais c'est une sorte de « lumière noire ».

## LE RÈGNE DES PHOTONS

10 000 ans après le big bang : la température est passée de 3 000 °C à 12 000 °C, et la densité d'énergie due à la lumière dépasse maintenant de très loin celle qui provient de la matière. Qu'est-ce que cela signifie ? Tout simplement qu'à cette époque les photons sont devenus les maîtres de l'Univers. Bien avant les hommes. Avant les insectes. Avant les dinosaures. Écrasant par leur nombre toutes les autres particules, ils empêchent désormais sans pitié toute liaison entre les noyaux de matière et les électrons. Autrement dit, les atomes ordinaires les plus simples (ceux d'hydrogène et d'hélium) ne peuvent plus exister à de telles températures.

C'en est donc fini de la belle unité que l'on rencontrait dans l'Univers après l'an 380 000. De façon soudaine, derrière le mur de la lumière, les atomes proprement dits – notamment les plus abondants, ceux d'hydrogène et d'hélium – n'existent plus. À la place, nous ne rencontrons plus que les pièces dont ils sont faits : les noyaux de ces atomes ainsi que des électrons couplés aux photons. C'est de cela qu'est alors constitué l'Univers.

Mais d'où vient ce fleuve de particules élémentaires ? Comment tout cela est-il apparu ? Pour le savoir, poursuivons notre voyage à contre-courant vers la source, vers le big bang.



**Ci-contre** La grande aventure de l'Univers a commencé dans un nuage primitif d'hydrogène, symbolisé par cette image. Il s'agit de l'élément à la fois le plus ancien (avec l'hélium et le deutérium) et, malgré le fait qu'il s'agisse au sens strict d'un métal, surtout du plus léger et du plus simple de tous les éléments chimiques. C'est également le plus abondant : 90 % des atomes existant dans l'Univers sont des atomes d'hydrogène. Mieux encore : selon les conclusions les plus récentes des astrophysiciens, l'hydrogène visible (c'est-à-dire sous sa forme neutre) ne représenterait en réalité qu'une petite partie de la totalité de l'hydrogène existant dans l'Univers. Selon cette nouvelle approche, la majorité de l'hydrogène serait ionisée, donc invisible. C'est cet « hydrogène noir » que l'on pourrait retrouver dans l'espace intergalactique. En tout cas, c'est lui, l'atome d'hydrogène, que nous rencontrons au tout début de l'histoire cosmique. Comme nous allons le voir, il était présent dès la troisième minute après le Big Bang, et son noyau est apparu dès la première seconde.

**Lorsque vous buvez un verre d'eau,**
vous avalez des noyaux d'hydrogènes fabriqués
**durant les trois premières minutes de l'Univers.**

## Vers le premier quart d'heure

1 000 ans après le big bang : l'horizon de l'Univers observable continue de « rétrécir » et ne mesure plus que 10 millions de milliards de kilomètres. Sa composition n'a pas sensiblement changé : toujours une soupe d'électrons et de noyaux d'hélium, de deutérium et bien sûr d'hydrogène (en fait, de simples protons solitaires, en abondance dans l'Univers naissant).

Un siècle après le big bang : l'Univers observable est trois fois plus petit que la distance de la Terre à l'étoile Polaire. La soupe de protomatière est toujours là. En revanche, il n'y a pratiquement plus d'électrons « libres » : tous sont en permanence capturés et recapturés par les photons.

Un an après le big bang : l'Univers observable mesure environ 9 000 milliards de kilomètres : la distance parcourue par la lumière en une année.

Un jour après le big bang : l'horizon de l'Univers observable tombe à 25 milliards de kilomètres. La soupe de protomatière est de plus en plus compressée.

Une heure après le big bang : la sphère cosmique ne dépasse pas 1 milliard de kilomètres, un peu plus qu'entre ici et Jupiter. Les noyaux d'hélium et de deutérium s'entrechoquent de plus en plus rapidement. Mais les photons ne sont pas encore assez énergétiques pour les briser.

Une demi-heure après le big bang : l'Univers observable ne mesure plus que 500 millions de kilomètres. La température atteint les 300 millions de kelvins (K).

Un quart d'heure après le big bang : l'Univers observable s'étend sur moins de 250 millions de kilomètres. La température est montée à 500 millions de kelvins. Les noyaux de matière (hélium, deutérium et lithium) résistent encore à l'agitation thermique croissante. Mais un neutron solitaire, dont la durée de vie n'est que d'un quart heure (contre des milliards de milliards d'années pour le proton !), n'est pas une particule stable. Autrement dit, les neutrons qui sont apparus à cette époque ont à peine un quart d'heure pour fusionner avec des protons et former des noyaux, sous peine de se désintégrer avant d'avoir pu y parvenir.

## Les trois premières minutes

Trois minutes après le big bang : le cosmos tout entier, du moins, rappelons-le, le cosmos visible, ne dépasse pas 60 millions de kilomètres (moins que la distance de la Terre à Mars). La température est de 1 milliard de kelvins. Une fournaise telle que, cette fois, les noyaux de matière (en réalité d'hélium et d'hydrogène essentiellement) commencent à se désagréger en protons et en neutrons : la base même de la matière devient instable.

Mais ne l'oublions pas, si nous changeons notre voyage de direction et que nous orientons la flèche du temps du passé vers le futur, c'est au cours de cette phase (les trois premières minutes) que sont produits les noyaux des atomes les plus abondants de l'Univers, noyaux d'hydrogène (un simple proton solitaire), de deutérium ou hydrogène lourd (un proton, un neutron) et d'hélium (deux protons et deux neutrons). Lorsque, aujourd'hui, vous buvez un verre d'eau, vous avalez des noyaux d'hydrogène qui ont été fabriqués durant cette époque inimaginable : les trois premières minutes de vie de l'Univers ! Plus tard, ces noyaux fabriqués durant les trois premières minutes formeront près de 99 % de la matière visible (la matière ordinaire) de l'Univers. Mais, pour l'instant, poursuivons notre remontée vers la première seconde.

Une minute après le big bang : l'horizon cosmique n'occupe plus que 20 millions de kilomètres, soit à peine 15 fois la taille de notre Soleil. Les photons, dont l'agitation devient décidément intenable, commencent à exercer des effets de plus en plus destructeurs sur les noyaux de matière. Ceux-ci apparaissent encore çà et là, mais sont aussitôt brisés. Car nos turbulents photons se couplent (et se découplent) en permanence aux particules de matière, protons et électrons. L'Univers, en dessous de cette première minute, se transforme de plus en plus en un « gaz » de photons, d'électrons, de protons et de neutrons (avec une écrasante majorité pour les photons : on en compte alors 1 milliard pour un seul proton). Surtout, il existe sept fois plus de protons que de neutrons, ce qui va permettre



**Ci-contre** Pour mieux comprendre notre voyage, nous allons en figurer les grandes étapes le long d'un cône de lumière dont l'origine hypothétique se trouverait sur le point zéro de l'espace-temps. Comme ce cône englobe, par construction, tous les événements survenus depuis l'instant zéro, nous l'appellerons « cône de lumière cosmologique ». Nous allons donc plonger à l'intérieur de celui-ci et nous laisser aspirer par ses profondeurs, jusqu'à ce que nous atteignions la première seconde de vie de notre Univers, puis le mur de Planck, et enfin l'instant zéro.

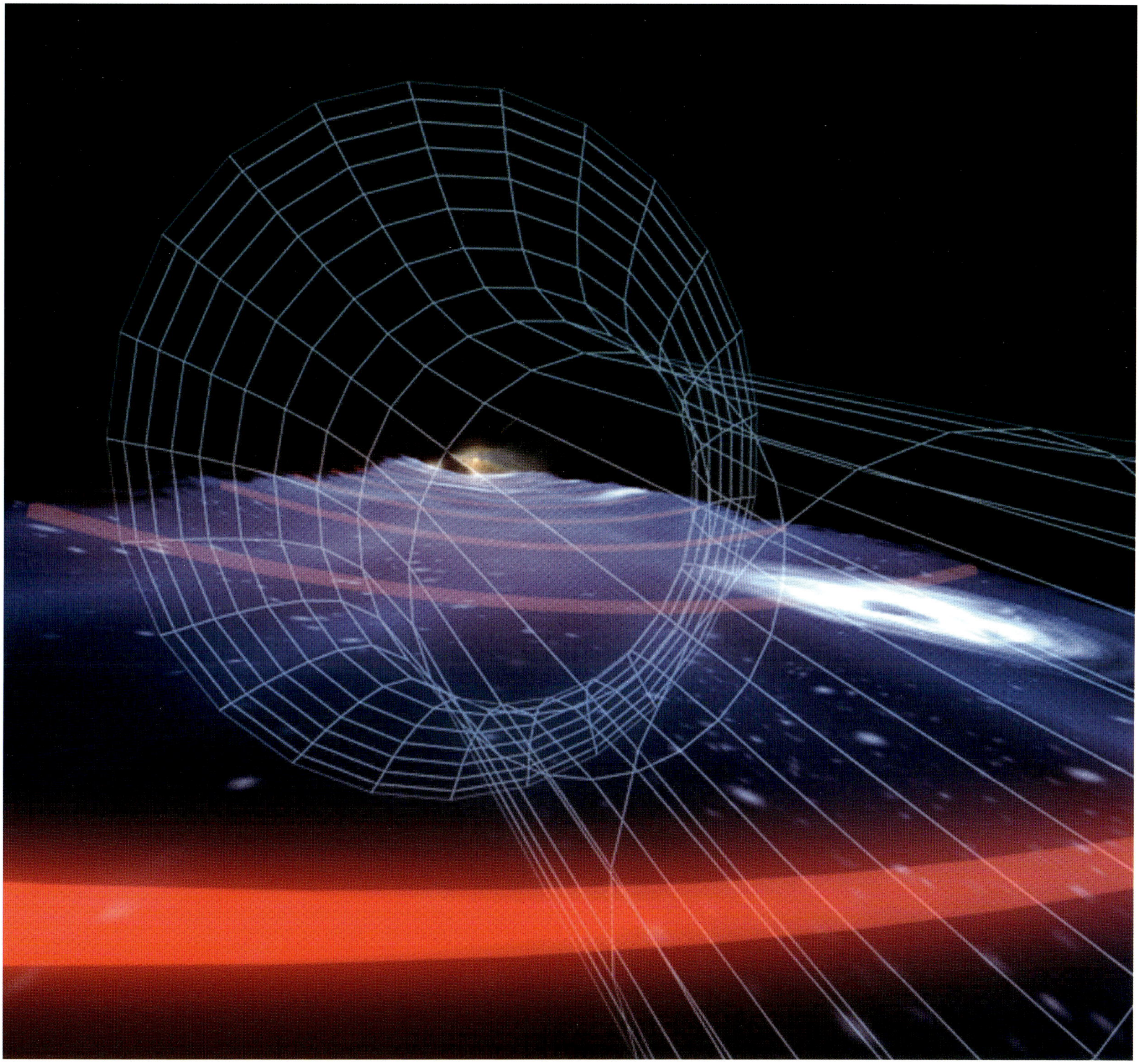

« ON MESURE L'INTELLIGENCE D'UN INDIVIDU À
LA QUANTITÉ D'INCERTITUDES
QU'IL EST CAPABLE DE SUPPORTER. »

[ Emmanuel Kant, philosophe ]

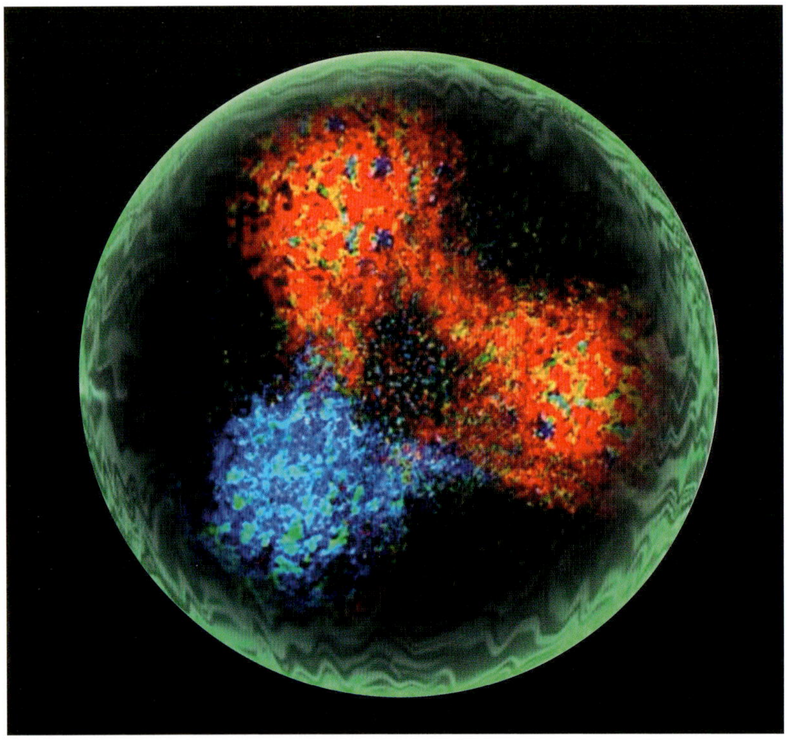

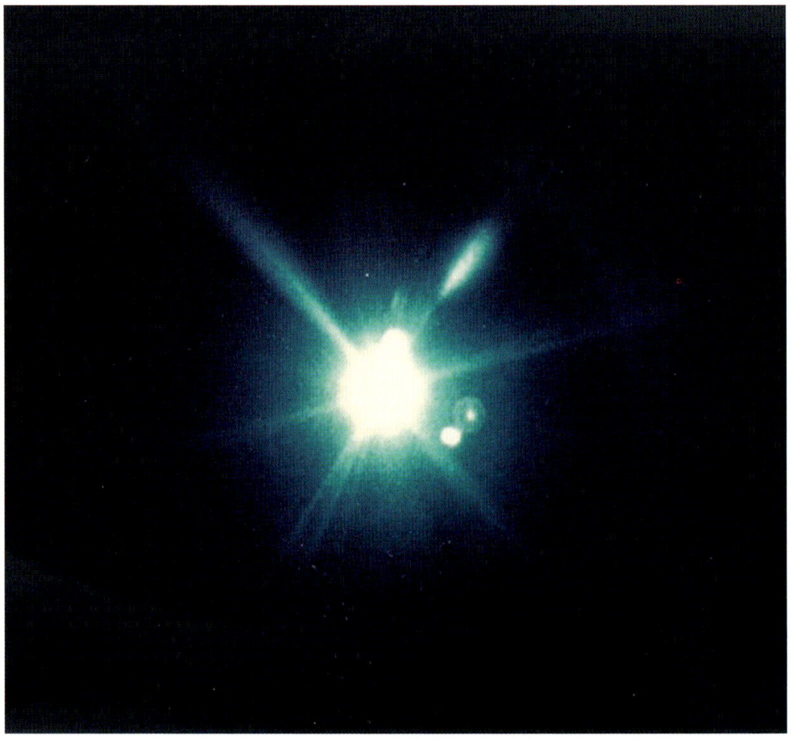

Dix secondes après le big bang : **l'Univers visible ne cesse de rétrécir. La température est montée à 5 milliards de kelvins.**

plus tard à l'hydrogène – dont le noyau est un unique proton – de devenir l'élément le plus abondant de l'Univers (75 % de toute la matière).

Dix secondes après le big bang : l'Univers visible ne cesse de rétrécir, jusqu'à 3 millions de kilomètres. La température est montée à 5 milliards de kelvins. Les réactions s'emballent et les premiers noyaux de matière se forment et se désintègrent sans cesse, à un rythme de plus en plus frénétique. Mais c'est ici qu'intervient un événement capital : l'annihilation des paires d'électrons et de positrons. Un positron n'est autre que l'antiparticule (de charge positive) associée à l'électron (de charge négative). Autrement dit, il s'agit d'une particule d'antimatière.

Entre la première et la dixième seconde de l'Univers, on assiste en effet à la deuxième annihilation (suivant l'ordre des événements) de matière et d'antimatière, dans un formidable déferlement de lumière et d'énergie. Toutefois, un électron sur 1 milliard échappe à la destruction. Dans le cosmos nouveau-né, à l'issue de la colossale explosion matière-antimatière, on trouve un infime excédent de matière. L'Univers tel que nous le connaissons résulte de ce petit rien de matière en plus, une particule sur 1 milliard ! Mais, à l'époque, il n'y a presque plus que de la lumière (des photons) dans l'Univers.

## La première seconde

Une seconde après le big bang : d'un bout à l'autre de l'Univers visible, il n'y a plus que 300 000 kilomètres (la distance de la Terre à la Lune). La température dépasse à présent les 10 milliards de kelvins. À ce stade critique, les ultimes noyaux d'hélium et de deutérium qui résistaient encore disparaissent, brisés par les photons. C'est aussi l'instant dit de « découplage faible », où les neutrinos cessent définitivement d'interagir avec la matière et s'en séparent. Cette première seconde cosmique est donc tout à fait capitale. Car en ce temps-là, unique dans notre histoire, le cosmos n'est plus qu'un gaz d'électrons, de protons et de neutrons agités par des photons et des neutrinos. Quant à la densité, elle est de plus en plus grande : un litre de la « soupe-Univers » pèse 400 000 kilos. Or, ce qui est stupéfiant, c'est que cette soupe primordiale est en équilibre thermodynamique. Et pourrait donc se trouver dans l'étrange état KMS dont nous parlerons plus loin.

Une quantité énorme de photons rend le rayonnement incroyablement intense. Dans cet Univers de la première seconde, tout n'est encore que pure lumière. Mais une lumière invisible, prisonnière de la matière primordiale. Et, si cette première seconde est si décisive, c'est qu'à partir de là, comme nous l'avons vu plus haut, en allant vers l'avenir va commencer ce qu'on appelle la « nucléosynthèse », c'est-à-dire la fabrication des premiers noyaux atomiques de matière. C'est le tout début de la création de la matière, une phase extraordinairement brève puisqu'elle ne dure en tout et pour tout que trois minutes.

Ce qui nous amène à cette stupéfiante conclusion : la folle succession d'événements qui vont se produire entre la première seconde et la troisième minute de l'Univers apparaît, en quelque sorte, entièrement « programmée » dès la première seconde. Pourquoi ? Parce que, à cette fameuse première seconde, l'Univers se trouve dans un équilibre thermique *presque* parfait. Tout est dans le presque car, si la soupe primordiale est bien en équilibre, il existe une particule (une seule) qui est déjà en dehors : le neutrino. Or, c'est précisément ce découplage précoce du neutrino qui a permis aux bases de la matière de se constituer durant les trois premières minutes. En effet, une fois découplé, le neutrino n'a plus été en mesure d'interagir avec les nucléons, laissant le terrain libre pour la formation des noyaux au cours des trois minutes suivantes.

Reste une dernière question : d'où viennent les électrons, les protons et neutrons que nous avons découverts ? D'où viennent ces grains de lumière qui ont dominé l'Univers depuis la première seconde jusqu'en l'an 380 000 ?

Pour en savoir plus, il va nous falloir remonter encore plus tôt dans le passé de notre Univers. Avant la première seconde.



**Ci-contre** Nous voici dans le royaume des particules élémentaires. Il semble qu'il n'y ait que trois particules vraiment fondamentales : les protons, les neutrons et les électrons. Ce sont les plus connues et c'est à partir d'elles que sont construits tous les atomes de l'Univers. En haut à gauche, un quark, le constituant fondamental du noyau atomique. Il possède une charge électrique qui est une fraction de la charge élémentaire de l'électron. Les quarks s'associent deux par deux (au sein de ce que l'on appelle les mésons) ou trois par trois (au sein des protons) pour former les noyaux atomiques. Ils sont liés au sein du noyau par la force nucléaire forte, l'une des quatre forces de l'Univers. Environ 10 microsecondes après la naissance de l'Univers, la matière existait dans un état très différent de celui que l'on observe aujourd'hui. Récemment, des physiciens du CERN ont recréé, pendant un temps très bref, la mystérieuse « soupe de quarks » originelle. En haut à droite : le photon, « grain » de la lumière et véhicule de la force électromagnétique. Il appartient à la famille des bosons. En effet, la théorie quantique nous indique que les forces entre particules sont portées par d'autres particules fondamentales appelées bosons de jauge. En bas à gauche, une particule d'antimatière : un positron (antiparticule de l'électron) de charge électrique positive. En bas à droite : l'électron, de charge négative. Il se trouve à l'intérieur d'un ensemble de particules plus familières que l'on nomme leptons et qui sont aussi fondamentales que les quarks.

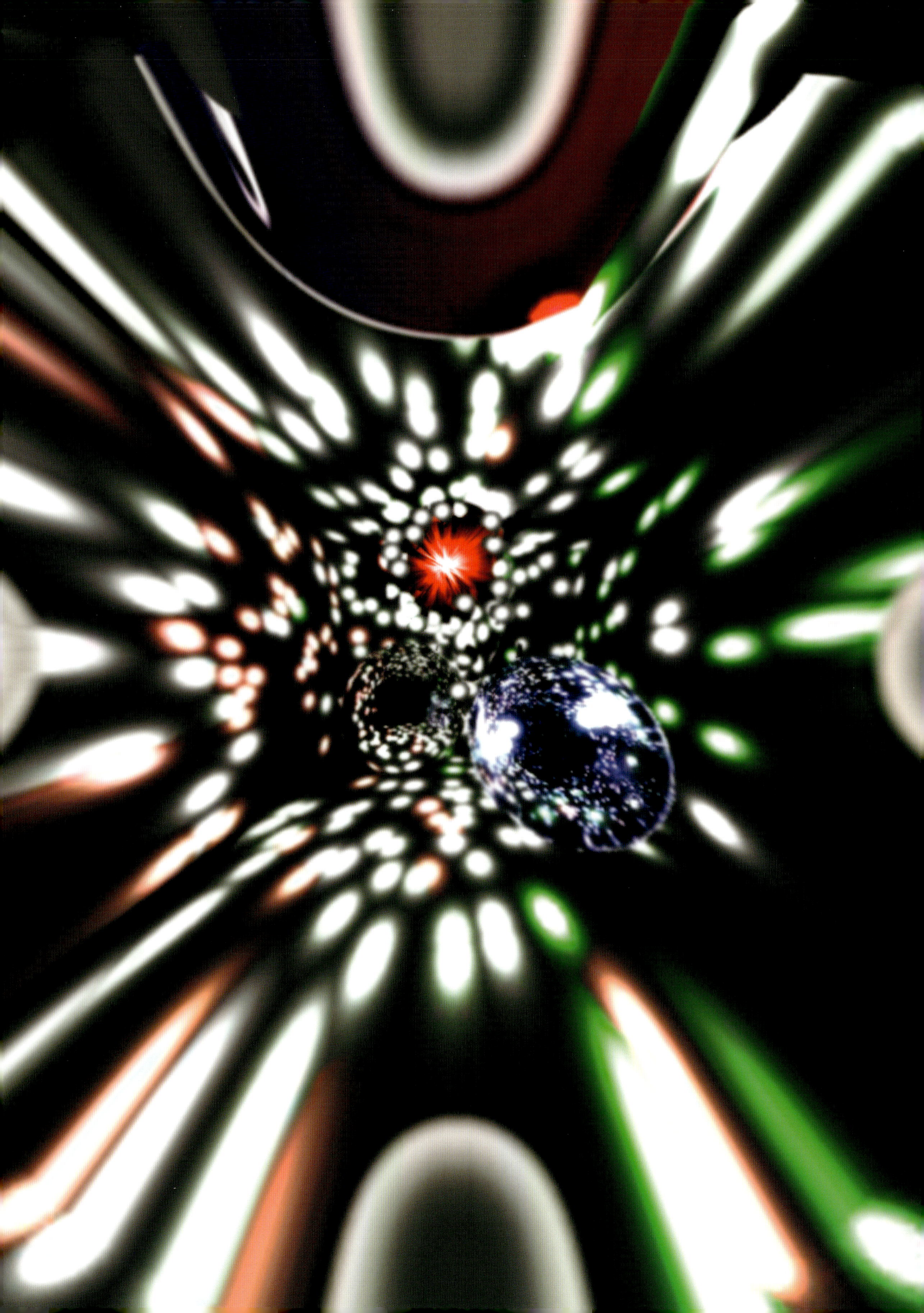

# VERS LE MUR DE PLANCK

À partir de maintenant, notre voyage vers l'origine va prendre un tour de plus en plus stupéfiant. En passant sous le mur de la première seconde, nous allons véritablement plonger dans l'infiniment petit. Dans un Univers dont l'horizon va rétrécir dans des proportions hallucinantes, chuter vers des échelles de plus en plus minuscules, de l'ordre du mètre, puis du centimètre, puis du millimètre, et enfin de fractions de micron.

Toutefois, à la différence des étapes précédentes, à partir de maintenant, les contours de notre voyage vont devenir de plus en plus flous, de plus en plus incertains. En effet, l'histoire de cette toute première seconde après le big bang ne peut être convenablement décrite que si nous faisons appel à la physique des particules. Seulement voilà : celle-ci se heurte rapidement à ses propres limites, imposées par les grands accélérateurs de particules, qui ne peuvent pas tester les différentes hypothèses au-delà d'une énergie correspondant à une centaine de gigaélectronvolts. C'est déjà énorme : l'équivalent d'une température inimaginable d'un million de milliards de degrés. Mais c'est encore trop peu comparé aux énergies mises en jeu dans l'Univers en deçà de la première seconde. Il en résulte donc une grande part d'incertitude. L'histoire qui va suivre (avec toutes les étapes que nous allons découvrir) ne peut donc plus être considérée comme aussi solidement établie que tout ce que nous avons vu.

Pourtant, l'Univers, lui, a bien traversé ces étapes. Il y a bien eu une première seconde dans son histoire. Nous allons donc tenter de l'explorer, prudemment. Mais jusqu'où va nous entraîner cette descente dans l'infiniment petit ? Qu'allons-nous trouver au terme de notre étrange voyage ?

## Premier millionième de seconde

Un dixième de seconde après le big bang : l'horizon de l'Univers s'est incroyablement rapproché et sa courbure a augmenté dans des proportions vertigineuses. Si nous pouvions effectuer une mesure jusqu'à cet horizon délimité par la vitesse de la lumière, nous verrions qu'il ne dépasse pas 30 000 kilomètres. Sa température est de 30 milliards de kelvins. Il ne contient plus aucun noyau de matière. Seules des particules élémentaires qui s'entrechoquent furieusement : photons, électrons, antiélectrons, neutrinos et autant de protons que de neutrons. Pour un bref instant, l'Univers est en équilibre (lequel est cependant très vite brisé par l'expansion).

Un centième de seconde après le big bang : la température est de 100 milliards de kelvins. L'Univers visible ne mesure plus que 3 000 kilomètres. Sa densité totale atteint 4 milliards de fois celle de l'eau : un « litre d'espace » pèse alors 4 millions de tonnes.

Un dix millième de seconde après le big bang : la température franchit le seuil inconcevable des 1 000 milliards de kelvins. C'est ce qu'on appelle l'ère leptonique. Ceci veut simplement dire que le cosmos à cette époque est dominé par les particules légères (ou « leptons »). Il est empli en majorité de photons, d'électrons et de neutrinos.

Un cent millième de seconde après le big bang : la sphère à trois dimensions représentant l'Univers visible ne mesure plus que 3 kilomètres.

Un millionième de seconde après le big bang : le rayon de l'Univers visible n'est plus que de 300 mètres ! Sa température est montée à 10 000 milliards de kelvins. Soudain, un fantastique événement : la première annihilation entre



**Ci-contre** Voici le point de départ de notre plongée vers le mur de Planck. Cette image nous invite à nous représenter symboliquement ce à quoi pourrait ressembler l'Univers à la première seconde de son histoire. En ce temps-là, il se réduisait à un gaz d'électrons, de protons et de neutrons agités par des photons et des neutrinos. Cette soupe primitive est très chaude : 10 milliards de degrés (soit 1 mégaélectronvolt par particule). Sa courbure et sa densité, elles aussi, sont énormes : un litre de la « soupe Univers » pèserait 400 000 kg. Ce que nous observons ici est le moment où les neutrinos (représentés par des taches blanches) se découplent pour toujours de la matière. Traversant tout ce qui peut exister sans jamais être freinés, ils ont couvert en 13,7 milliards d'années la distance qui nous sépare de cette première seconde. Le « rayonnement » de neutrinos que l'on voit sur cette image devrait donc former aujourd'hui un deuxième fond cosmologique diffus à la température de 1,9 °K, c'est-à-dire légèrement plus froid que le rayonnement à 2,7 °K mesuré par Penzias et Wilson en 1965. Encore indétectables, ce sont pourtant eux, infatigables messagers de l'instant originel, qui, aujourd'hui, nous traversent par dizaines de millions à chaque seconde.

**À mesure que nous remontons dans le passé,**
**l'Univers cesse d'être régi par les lois que nous connaissons.**

matière et antimatière. En effet, à des époques plus proches du big bang, les paires protons et antiprotons, neutrons et antineutrons, étaient sans cesse créées et détruites à partir du rayonnement primordial. Mais, à cet instant, presque tous les protons, les neutrons et leurs antiparticules s'annihilent par milliards de milliards, sauf un infime excédent – une particule sur 1 milliard, comme pour les électrons. C'est la première victoire de la matière sur l'antimatière. À mesure que nous remontons le temps, nous quittons ce qu'on appelle l'ère hadronique, où s'étaient stabilisées, vers 2 000 milliards de degrés, les particules lourdes que l'on rencontre dans le noyau des atomes : protons et neutrons. Or, sous la chaleur, les briques elles-mêmes de ces particules nucléaires se séparent pour former un plasma de quarks et de gluons libres. Les noyaux atomiques ont définitivement disparu.

### Vers la « grande unification »

Une fraction de seconde plus tôt, l'Univers visible a la taille d'une colline. Puis celle d'une maison. Quelques milliardièmes de seconde après le big bang, il n'est pas plus grand que votre chambre à coucher.

Un millionième de millionième de seconde après le big bang : la température atteint 1 million de milliards de kelvins. Or, en remontant son histoire, on voit que l'Univers devient à ce stade plus symétrique (plus « ordonné »). En effet, c'est ici que deux des quatre forces universelles, la force électromagnétique et la force faible (une force atomique), s'unifient. Les photons, qui ont toujours été là jusqu'à cet instant, disparaissent à leur tour à mesure que nous remontons dans le passé. Désormais, l'Univers cesse d'être régi par les lois que nous connaissons. À ce stade, les particules élémentaires composant les noyaux (protons et neutrons) sont devenues extrêmement instables et se désintègrent en quarks et antiquarks.

Nous nous enfonçons toujours plus loin dans le passé. Tandis que les milliardièmes de milliardième de seconde défilent, les contours de l'espace-temps, autant que les hypothèses qui tentent de le décrire, deviennent flous, incertains. Nous faisons néanmoins une halte à une époque hypothétique : $10^{-32}$ seconde. L'Univers pourrait alors avoir la taille d'une orange, une dizaine de centimètres de rayon. Il a peut-être été dilaté au cours d'une phase d'expansion vertigineuse, que les physiciens appellent « inflation ». Celle-ci aurait commencé une fraction de seconde plus tôt, $10^{-35}$ seconde après le big bang. C'est là que se seraient formés les tout premiers quarks.

L'Univers observable aurait alors été bien plus petit qu'une particule élémentaire. Selon le modèle standard, sa température pourrait atteindre 1 milliard de milliards de milliards de kelvins. À cette température inconcevable, les quarks qui, plus tard, donneront naissance aux particules nucléaires, sont soumis à des réactions d'annihilation et de recréation perpétuelles avec les antiquarks. Cette soupe élémentaire étrange et hautement instable, faite de quarks et de gluons, a peut-être empli l'Univers naissant jusqu'aux environs du premier millionième de millionième de seconde.

Mais il y a peut-être plus. Toujours selon le modèle standard, à ce niveau d'énergie colossal, l'espace-temps gagne une nouvelle symétrie : la force nucléaire forte (celle qui assure la cohésion des particules élémentaires au sein du noyau atomique) et la force électrofaible s'unifient. C'est ce que, dans le langage des physiciens, on appelle la « grande unification ». Et quelle unification ! Ces deux forces appartiennent en effet à des « mondes » totalement différents : celui de la force électromagnétique est l'infiniment grand, alors que celui de la force nucléaire forte est l'infiniment petit. Or, ces forces deviennent ici équivalentes, ce qui, entre autres choses, assure l'équilibre thermique dont nous avons parlé plus haut.

Lorsqu'on reprend le fil du temps du passé vers l'avenir, cette phase correspond à une nouvelle brisure de symétrie, dominée par le découplage, c'est-à-dire la séparation, de la force forte. Selon une autre approche évoquée plus haut, ce même instant marquerait aussi le début de cette



**Ci-contre** Nous avons entamé notre voyage vers le big bang dont voici une image très parlante : celle d'un déferlement d'énergie engendrant le temps et l'espace. En fait, nous nous plaçons à distance de l'événement originel, comme si, par un quelconque stratagème, nous pouvions l'observer « de l'extérieur ». Nous assistons, au cœur de cette gerbe lumineuse qui se déploie en face de nous, au tout début de l'expansion. L'espace-temps qui est en train de naître est encore fantastiquement courbé, mais il s'étend à toute allure sous nos yeux. Sous quelle forme se trouve la matière ? Juste avant la première seconde, la température est de 10 milliards de degrés Kelvin. Nous distinguons des électrons, des protons, des neutrons, ainsi que des photons et des neutrinos. Mais à mesure que nous nous rapprochons de l'origine, les choses changent. La courbure et la densité augmentent et, selon la théorie, les particules de matière et les forces de l'Univers s'unifient les unes aux autres. Bientôt, protons, neutrons et même photons disparaissent : il ne reste plus qu'un plasma brûlant de quarks et de gluons. Jusqu'à cette limite ultime où, au tout début du big bang, la gravitation s'unifie enfin aux trois autres interactions : les quatre forces de l'Univers se trouvent « fondues » en une superforce unique. C'est de cette source fabuleuse que provient le déferlement d'énergie, d'espace et de temps que l'on observe ici.

Tout au fond, cet éclair que nous apercevons dans le noir,
**c'est le flash intense du big bang.**
**La naissance de l'Univers.**

phase énigmatique et très brève, la fameuse « inflation », durant laquelle l'espace-temps naissant aurait connu une expansion d'une inimaginable brutalité.

### Dernières étapes

Notre voyage en arrière touche à sa fin : tout au fond, cet éclair que nous apercevons dans le noir, c'est le flash intense du big bang. La naissance de l'Univers. Et plus on se rapproche de cet éclair, plus les événements s'accélèrent. Tout au fond de l'entonnoir gravitationnel qui nous aspire maintenant de plus en plus vite, il y a le mur de Planck.
90 % de la vitesse de la lumière : la courbure de l'espace-temps devient colossale. 98 % de la vitesse de la lumière, $10^{-42}$ seconde après le big bang : nous entrons à présent au cœur d'un inimaginable torrent d'énergie. 100 % de la vitesse de la lumière, $10^{-43}$ seconde après l'instant zéro. Nous y voilà enfin : c'est le big bang. Les quatre forces de l'Univers (forces forte, faible, électromagnétique et gravitationnelle) sont enfin unifiées. C'est l'état de supersymétrie décrit par la physique. Les cordes remplacent les particules. À partir de cet instant, le cosmos va entamer sa prodigieuse expansion. Mais, au temps de Planck, le cosmos est des milliards de milliards de fois plus petit qu'un grain de poussière. Il mesure $10^{-33}$ centimètre. Cette longueur ultime, on l'appelle la longueur de Planck, du nom du prix Nobel de physique Max Planck, qui l'a découverte en 1900. Aujourd'hui, tous les physiciens sont d'accord : c'est là que commence le big bang, à ce « mur de Planck » qui marque la frontière de notre monde physique. Impossible de trouver quoi que ce soit de plus petit. Alors imaginons que nous puissions nous promener sur ce « mur ». Quels paysages étonnants découvririons-nous ?

### Le mur de Planck

En cet instant où commence le big bang, sur l'horloge cosmique, il n'est pas marqué zéro mais le temps de Planck, c'est-à-dire $10^{-43}$ seconde. Un intervalle de temps inconcevablement petit. Pour être précis, il s'agit, selon les physiciens, du temps que met un photon pour parcourir dans le vide une distance égale à la longueur de Planck : $10^{-33}$ centimètre. Cette longueur ultime est elle-même le plus petit intervalle d'espace qui puisse exister. Comme la lumière est la chose la plus rapide de l'Univers, il en découle logiquement que le temps de Planck est la plus infime unité de temps physique que l'on puisse concevoir et mesurer. Un instant incompressible, en deçà duquel il est impossible d'évaluer quelque durée que ce soit.
Mais voici quelque chose d'assez troublant : le temps tel que nous le connaissons, celui qui est indiqué par nos montres et dans lequel nous vivons, commence non pas à l'instant zéro mais au temps de Planck. Et bien sûr, il en va de même pour le big bang : celui-ci commence non pas à l'instant zéro (du moins pas ce que nous appelons le big bang chaud) mais au temps de Planck. À cette époque extrêmement mystérieuse, nos intuitions fondamentales perdent pied. Le temps est comme ralenti, « piégé » par l'immense gravitation. Chaque fraction de seconde – par exemple la durée pourtant très brève d'un simple flash photographique – nous semblerait durer des milliards d'années de « notre » temps. Car il existe « là-bas » de fabuleux écarts d'échelles temporelles : le temps de Planck est 1 milliard de milliards de milliards de fois plus petit par rapport à une seule seconde que ne l'est la durée d'un éclair dans toute l'histoire de l'Univers.
À présent, voyons ce qu'il en est de la notion d'espace. L'Univers tout entier n'est pas de longueur nulle mais, comme nous venons de le voir, il mesure $10^{-33}$ centimètre. Pour donner une idée de la petitesse d'une telle longueur, prenons un grain de poussière : on le sait, même s'il est à peine visible à l'aide d'une loupe, il est des milliards de milliards de fois plus gros que le noyau d'un atome d'hydrogène. Or, le mur de Planck est lui-même



**Ci-contre** Nous observons sur cette image une représentation symbolique de l'Univers entier au moment même où il naît, à l'instant de Planck : une sphère à trois dimensions. À la différence d'un ballon ordinaire, dont la surface n'a que deux dimensions, la surface de la « sphère Univers » comporterait trois dimensions, son rayon étant bien sûr la longueur de Planck ($10^{-33}$ centimètre). Supposons que cette sphère de Planck ait une chance d'exister. Dans ce cas, sa température est titanesque : $10^{32}$ °K, soit 100 000 milliards de milliards de milliards de degrés ! En revanche, comme elle n'est pratiquement constituée que d'énergie, elle ne « pèse » presque rien : 22 microgrammes (ou encore 0,02 milligramme) ! Le poids d'un grain de poussière. Autre étrangeté : la sphère de Planck serait d'une inimaginable « solidité » (si ce concept a ici un sens). En fait, sa résistance est équivalente à ce qu'on appelle la force de Planck, soit $10^{40}$ tonnes. On pourrait placer sur cette minuscule sphère le poids effarant de 10 000 milliards de milliards de milliards de milliards de tonnes sans qu'elle soit déformée ou écrasée. Sur cette membrane translucide, nous distinguons des filaments de différentes couleurs. Ces contrastes pourraient traduire les incertitudes quantiques et les fluctuations qui altèrent en permanence, non seulement la courbure de la sphère, mais plus profondément, le temps et l'espace eux-mêmes. La « bulle Univers » ondule et se déforme donc perpétuellement sous nos yeux.

**Ci-dessus et ci-contre** Nous nous rapprochons ici d'une vision hypothétique du mur de Planck. Que découvrons-nous ? Une sorte de frontière mouvante, dont les contours sont mal définis. L'énergie, symbolisée par ces jaillissements lumineux, y est fabuleusement élevée : $10^{19}$ gigaélectronvolts. Les quatre forces de l'Univers y sont unifiées. Selon le modèle standard, la matière naissante à la température de Planck se trouve en équilibre thermodynamique. Il en résulte que l'espace-temps tout entier pourrait être considéré comme se trouvant dans cet état très spécial, déjà évoqué, et nommé par les physiciens « état KMS ». Selon cette théorie, l'état KMS pourrait rassembler et combiner de manière unique l'équilibre (c'est-à-dire l'aspect statique) et l'énergie (c'est-à-dire la nature dynamique) de l'Univers. Si cette approche se révèle exacte, le temps ne pourrait plus être considéré comme réel à l'échelle de Planck, mais devrait plutôt être vu comme complexe. Ce phénomène pourrait alors conduire aux fameuses fluctuations de la métrique et de sa « signature » (qui décrit la distinction entre le temps et l'espace). De telles fluctuations, omniprésentes à l'échelle de Planck, pourraient se traduire, beaucoup plus tard, par les contrastes de couleur que l'on observe sur les photos prises par le satellite WMAP.

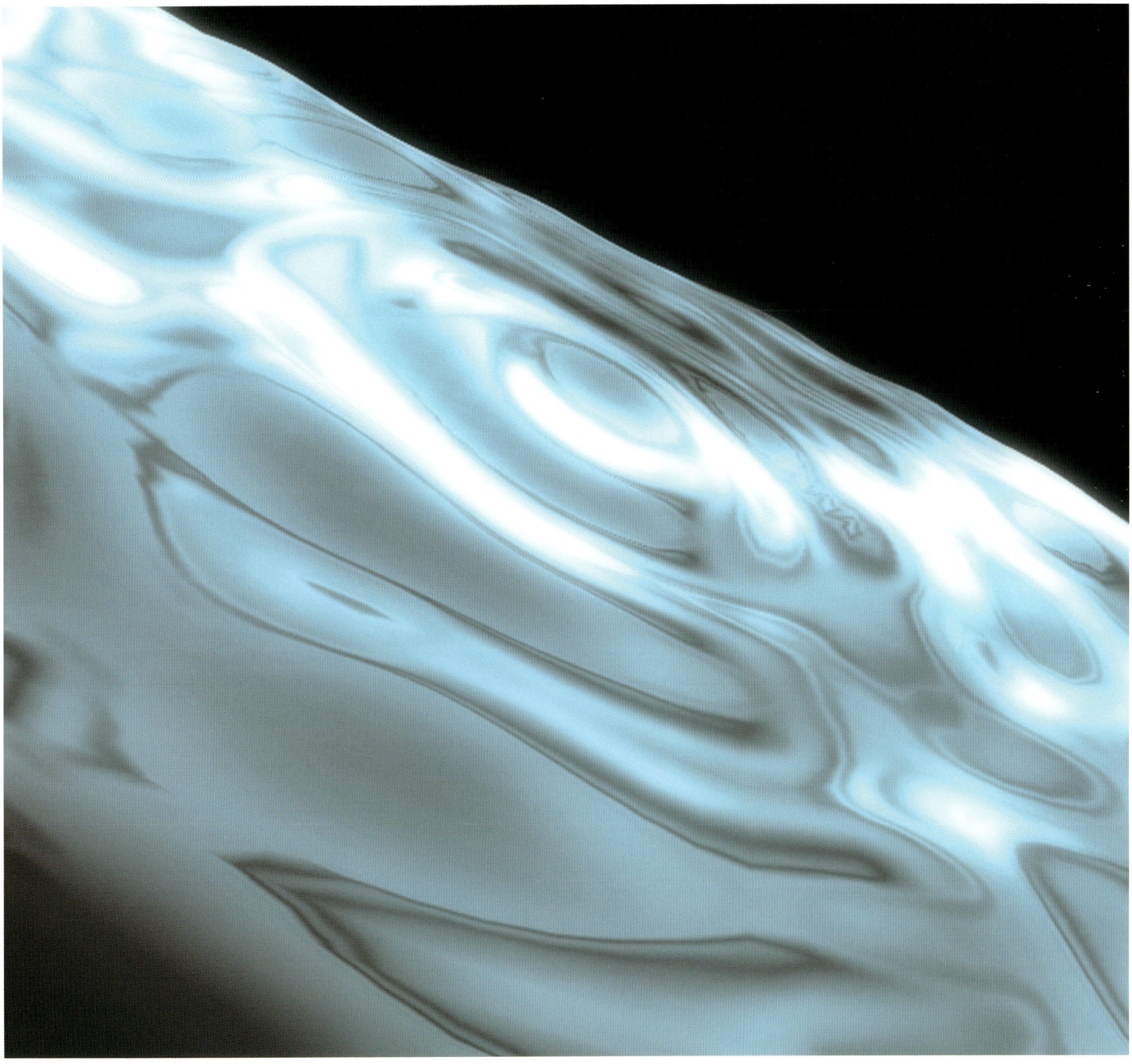

« Le monde a été fait NON DANS LE TEMPS,
MAIS AVEC LE TEMPS. »

[ Saint Augustin ]

Dans les profondeurs de cet océan d'énergie,
**une infinité de cordes vibrent de part en part.**

des milliards de milliards de fois plus petit que notre noyau d'hydrogène. Une autre comparaison : le mur de Planck est au noyau d'un atome d'hydrogène ce qu'un noyau de cerise est à notre Galaxie tout entière. Et, si ce même noyau d'hydrogène devenait aussi grand que le cosmos tout entier, notre mur de Planck atteindrait péniblement une hauteur de 3 mètres...

## L'Univers plus petit qu'un atome

Ici commence l'incroyable : comme l'admettent aujourd'hui la plupart des physiciens, la maison que vous occupez, la ville dans laquelle vous vivez, votre pays, la Terre tout entière, le Soleil, toutes les planètes, toutes les étoiles et galaxies de l'Univers, tout cela se trouve tassé, compressé, comprimé dans cette sphère des milliards de fois plus petite qu'un atome. Et pourtant, elle ne pèse presque plus rien. Son poids ? À peine 20 microgrammes, celui d'une bulle de savon. Pourquoi ? Parce que sa masse, selon la relativité, est presque entièrement convertie en énergie. Une énergie tellement colossale qu'elle n'a plus de sens : c'est celle de l'Univers tout entier, $10^{19}$ gigaélectronvolts. Cette énergie monstrueuse courbe l'Univers sur lui-même de manière telle qu'il atteint la densité affolante de $10^{94}$ fois celle de l'eau. Une « gouttelette » de l'Univers naissant qui convertirait son énergie en masse pèserait ainsi des milliards de milliards de milliards de milliards, etc., de tonnes ! Et puis, il y a la chaleur terrifiante : $10^{32}$ degrés, des milliards de milliards de fois plus élevée que dans le Soleil.

Imaginons à présent que nous puissions explorer ce paysage : que verrions-nous ? Tout d'abord, plus rien de solide. Mais l'Univers a peut-être déjà une forme : il pourrait ressembler à une sorte de membrane sphérique à trois dimensions. Or, à mesure que l'on s'approche, on voit que la surface de cette sphère est comme un océan d'énergie. Selon la plus importante des théories physiques actuelles, la théorie des cordes, dans les profondeurs de cet océan une infinité de cordes vibrent de part en part, comme des cordes de piano. Bien entendu, il n'y a plus de haut ni de bas, plus de gauche ni de droite : des filaments de toutes tailles apparaissent, se croisent et disparaissent, les mesures sont devenues impossibles. Le litre, le mètre, la seconde, tout cela n'existe plus. Les distances se déforment, s'allongent ou raccourcissent, le temps ralentit, s'arrête, reprend, part à l'envers, saute d'un instant à l'autre, se déforme. Pourquoi ?

## Incertitude sur l'espace-temps

Ici, nous allons peut-être faire notre plus précieuse découverte : si l'Univers tel que nous le connaissons cesse d'exister à l'échelle de Planck, c'est que peut-être, tout comme la matière et l'énergie, lorsqu'on atteint l'infiniment petit (dans le domaine quantique, donc), l'espace et le temps eux-mêmes finissent par être soumis à l'implacable principe d'incertitude découvert au cours des années 1930 par le physicien allemand Werner Heisenberg.

Selon ce principe, il est impossible, dans l'infiniment petit, de dire en même temps où se trouve exactement une particule et à quelle vitesse précise elle se déplace. Il existe donc, autour de tout phénomène quantique, une sorte de « flou » irréductible. Et ce phénomène a des conséquences fascinantes : lorsqu'on atteint le mur de Planck, l'espace et le temps eux-mêmes, ultimes remparts de la réalité, pourraient être à leur tour entraînés dans un prodigieux cycle de fluctuations. À cette échelle, selon le grand physicien John Wheeler, l'Univers natif prend la forme d'un « océan bouillonnant » perpétuellement traversé par des turbulences aléatoires, des pics et des distorsions tels que les notions habituelles de haut et de bas, de droite et de gauche, d'avant et d'après perdent toute signification.

Récapitulons : nous nous sommes arrêtés au pied du mur de Planck, fascinés par les déformations aléatoires de l'espace et du temps. Face à nous se dresse comme une brume noire, mouvante, impénétrable. Mais qu'y a-t-il au-delà ? Quel Univers prodigieux allons-nous trouver ? Finirons-nous par enfin toucher ce fameux point zéro, but ultime de notre quête ?



**Ci-contre** De quoi pourrait être fait le mur de Planck ? Voici une possible représentation, même si celle-ci reste hypothétique. La théorie des supercordes considère que la « substance » de l'Univers à l'échelle de Planck sont les supercordes, dont les vibrations reproduisent, aux différentes fréquences possibles, le spectre de toutes les particules élémentaires. Le mur de Planck pourrait alors être constitué de cordes, visibles sur cette image. Mais allons plus loin : notre espace physique possède 4 dimensions. Cependant, pour être cohérente, la théorie des cordes exige des dimensions supplémentaires (10 dimensions dans les approches les plus récentes). Or, les développements actuels s'orientent de plus en plus vers des modèles en 5 dimensions. Un bon exemple est la théorie proposée par Juan Maldacena, de l'université de Harvard. Dans cette nouvelle approche, l'Univers est considéré comme « holographique ». Qu'est-ce que cela veut dire ? En physique du laser, un objet tridimensionnel est projeté sur un plan bidimensionnel. De la même manière, l'espace-temps à 4 dimensions peut être vu comme la projection holographique d'un espace à 5 dimensions. Ce point de vue semble particulièrement prometteur, en particulier en ce qu'il fournit un cadre qui pourrait permettre de comprendre la possible fluctuation de la signature de la métrique à l'échelle de Planck (qui, elle aussi, implique l'existence d'un pré-espace-temps à 5 dimensions).

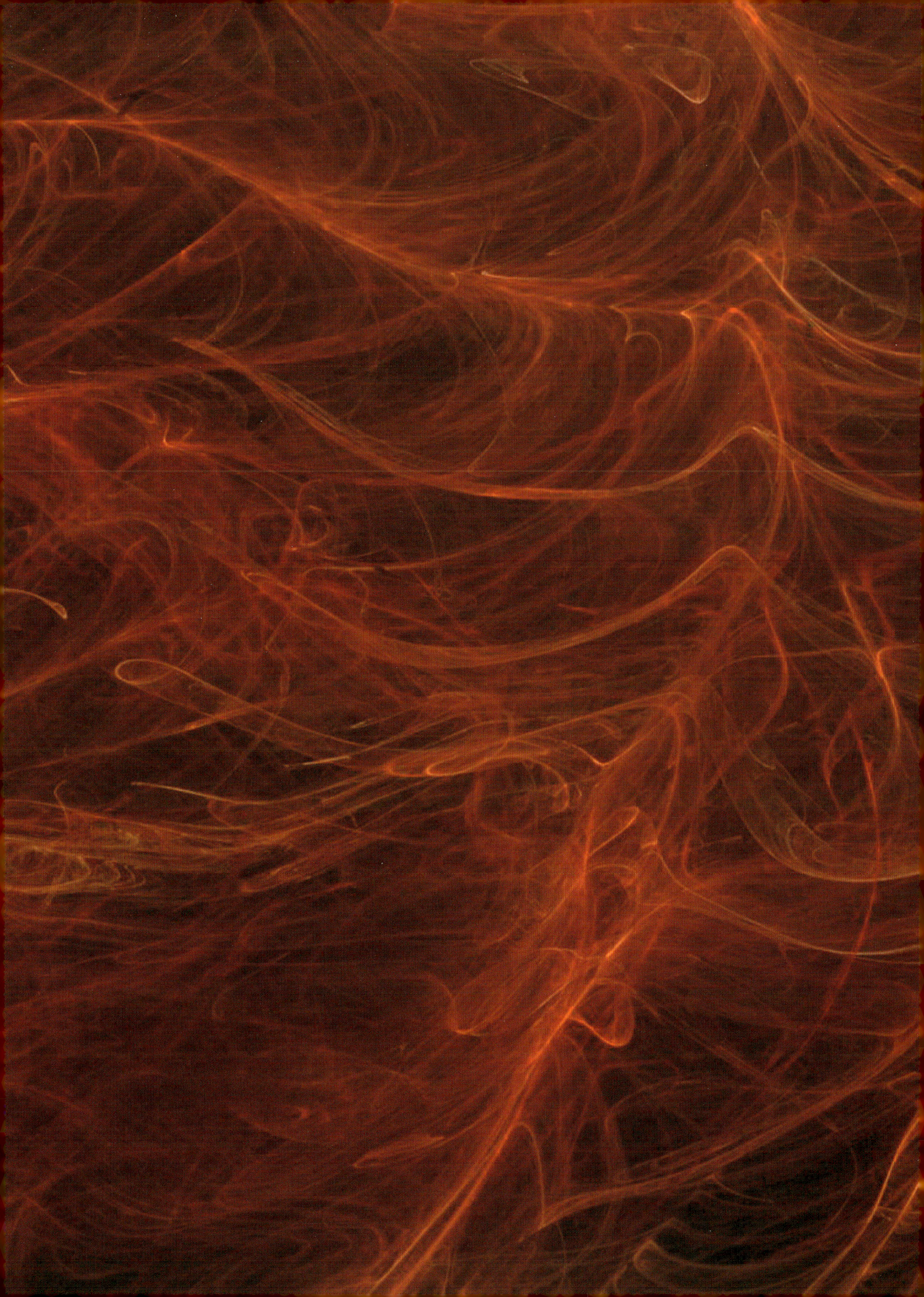

CHAPITRE 5

# VERS L'INSTANT ZÉRO

Nous voici donc parvenus à la toute dernière étape de notre voyage. Devant nous se dresse le mur de Planck, redoutable barrière physique jusqu'ici considérée comme infranchissable par la plupart des physiciens. C'est là que débute, avec le big bang, l'expansion de l'Univers. Nous allons tenter d'explorer ce monde inconnu, où bien peu se sont aventurés. Comme nous l'avons annoncé dans le chapitre précédent, au cœur de ce monde infiniment petit d'avant le big bang notre réalité n'a plus cours. Plus rien de ce que nous connaissons n'y est mesurable, le mètre s'allonge ou se rétrécit, une seconde peut durer un siècle ou une éternité. En bref : au-delà du mur de Planck, l'espace et le temps perdent toute signification. Qu'y a-t-il au fond de cet au-delà ? Allons-nous enfin y trouver la « singularité initiale », ce point zéro qui hantait le physicien mathématicien Alexander Friedmann et qui marquerait l'origine absolue de notre Univers ? Pour cette étape encore moins que pour la précédente, il n'existe de certitude. Mais une fois encore, remettons-nous en route. Au bout du voyage nous entreverrons peut-être le plus formidable mystère qui ait jamais traversé la science.

## Derrière le mur de Planck

Un peu comme si nous franchissions l'horizon d'un trou noir, nous nous enfonçons à présent dans l'épaiseur opaque du mur de Planck. Première découverte : là-bas, tout est soumis au principe d'Incertitude et se dissout dans le flou. L'espace y devient, selon la belle idée du physicien théoricien John Wheeler (l'inventeur de l'expression trou noir, en 1967), une sorte d'« écume quantique » en déformation perpétuelle ; il n'y a plus aucune mesure, aucune estimation possible des distances. Nous devons réaliser que nous sommes non pas « quelque part » derrière le mur de Planck mais partout et nulle part à la fois, étalés (au sens quantique du terme) dans tout l'Univers à cette échelle. Impossible en fait de savoir d'où nous venons ni où nous allons. Mais l'espace n'est pas seul à se déformer. Car, avant le big bang, le temps n'existe plus sous sa forme habituelle. Comme nous l'avons vu, il se déforme, s'allonge, rétrécit, devient discontinu, en un mot il est désormais fluctuant. Entre quoi et quoi ? Ici, notre hypothèse est qu'il pourrait bien osciller entre le temps réel (celui que nous connaissons) et une nouvelle forme, totalement inconnue dans notre monde, que l'on appelle en physique le « temps imaginaire ».

De quoi s'agit-il ? La meilleure image nous en est donnée par Stephen Hawking, ardent partisan du temps imaginaire : si le temps réel est une droite, alors le temps imaginaire est aussi une droite, mais perpendiculaire à celle du temps réel. Un tel basculement de la quatrième dimension pourrait survenir lorsque la courbure est fantastiquement élevée, à l'échelle de Planck.

Autre différence : le temps imaginaire n'est pas mesuré avec des nombres réels (comme le temps ordinaire) mais, tout simplement, avec des nombres imaginaires (dont le carré est toujours négatif). D'où cette conséquence logique : tout comme la somme d'un nombre réel et d'un nombre imaginaire donne ce que l'on appelle en mathématique un nombre complexe, le mélange entre le temps réel et le temps imaginaire débouche sur un nouveau temps, inconnu chez nous mais qui existe bel et bien dans les théories physiques : le temps complexe.



**Ci-contre** Nous venons là de franchir le mur de Planck. Ne l'oublions pas, pour tout ce qui va suivre, nous n'avons plus ni carte ni boussole. Notre exploration se fait à tâtons, au bord de gouffres d'ignorance et d'incertitudes. Le monde physique vient de disparaître. Devant nous commence en fait le premier big bang, celui qui aurait précédé le big bang chaud du modèle standard : il s'agit de ce que nous proposons d'appeler le « big bang froid ». Sur cette image, nous observons un fantastique effet de fuite avec, tout au fond, une origine : le point zéro de l'espace et du temps. Le big bang froid conduirait donc le pré-Univers de l'instant zéro à l'instant de Planck. Nous allons donc poursuivre notre voyage en remontant à rebours, du big bang froid vers l'instant zéro.

## Temps réel, imaginaire, complexe

Allons un tout petit peu plus loin pour bien distinguer les unes des autres ces trois formes du temps. Le temps ordinaire, c'est celui de notre Univers. Ce dernier repose sur une métrique (l'objet qui permet de mesurer les distances entre deux points de l'espace-temps). Pour distinguer l'espace du temps, on peut faire comme le physicien mathématicien Hermann Minkowski (professeur de mathématiques d'Einstein à l'École polytechnique de Zurich) : mettre trois signes + devant les trois coordonnées d'espace et un signe – devant la coordonnée temporelle. En langage de physicien, on dit que la signature de l'espace-temps ordinaire est « lorentzienne » (du nom du physicien Lorentz), c'est-à-dire de forme +++–.

Le temps imaginaire, lui, va se traduire par la présence (comme pour l'espace) d'un signe qui n'est pas – mais +. Dans ce cas, la signature est dite « euclidienne » et prend la forme ++++. Et nous voyons à présent que le temps complexe peut être décrit par un mélange, plus exactement par une « superposition » entre le signe + et le signe –. On peut alors noter la signature de l'espace-temps complexe avec superposition sous la forme +++±.

## Le modèle du sablier

Pour mieux comprendre intuitivement à quoi correspond cet étrange temps imaginaire, prenons un exemple simple. Vous savez tous qu'un sablier mesure le temps. Le sable qui s'écoule du haut vers le bas, c'est le temps qui passe. En haut du sablier, c'est le passé. Au milieu, c'est le présent et, en bas, l'avenir. La quantité de sable au bas du sablier permet de mesurer ce que l'on appelle le temps réel. Maintenant, faisons pivoter notre sablier à angle droit, jusqu'à l'horizontale : le sable cesse bien sûr de s'écouler. Cela veut dire qu'on ne peut plus évaluer l'écoulement du temps. Passé, présent et avenir sont sur le même plan, totalement indistincts. La seule chose que l'on puisse encore mesurer, c'est la distance qui sépare les grains de sable les uns des autres, c'est-à-dire de l'espace.

Et maintenant, si nous faisons tourner le sablier sur lui-même à toute vitesse ? Le sable ne peut plus s'écouler que par saccades, il descend, s'immobilise à l'horizontale puis, lorsque le sablier passe à l'envers, rebrousse chemin : le temps n'est plus ni réel ni imaginaire, il est devenu complexe. Autrement dit, pour reprendre l'expression de tout à l'heure, il fluctue. Notre hypothèse est alors qu'à l'échelle de Planck, juste au moment du big bang, il existait un mystérieux mélange entre le temps réel et le temps imaginaire, une oscillation aléatoire et imprévisible entre les deux formes de temps.

Afin d'avancer encore dans notre comparaison des choses avant et après le big bang, de part et d'autre du mur de Planck, imaginez une machine à sous dans un casino. Elle va nous aider à comprendre une autre opposition entre l'énergie et l'information. Tant que les rouleaux de cette machine sont en mouvement, il existe une énergie, celle qui les fait tourner, mais on ne peut pas les lire, c'est-à-dire qu'on ne peut accéder à aucune information.

À l'inverse, quand les rouleaux s'arrêtent, il n'y a plus d'énergie, uniquement de l'information pure. Ceci pourrait être l'état extrême de l'Univers avant le big bang, au moment où il naît, à l'instant zéro. Mais nous y reviendrons…

## La tempête quantique

Nous nous enfonçons maintenant toujours davantage dans les brumes tourmentées de l'Univers de Planck. Dans le langage des physiciens, il s'agit de ce que l'on appelle l'Univers quantique, c'est-à-dire notre Univers soumis aux lois de la mécanique quantique, celles qui règnent sur l'infiniment petit. Nous nous frayons un chemin dans un milieu de plus en plus agité, traversé par une sorte de tempête déchaînée qui souffle à l'aube des temps, déformant et brisant les fondements mêmes de la réalité.

Cette « tempête quantique » s'acharne sans relâche sur l'espace-temps lui-même, le distord et finit par le fragmenter en cette écume quantique décrite par John Wheeler. Pour ce physicien, il existe « quelque chose »



**Ci-contre** Notre voyage vers le point zéro peut être visualisé sur le cône en haut à gauche. L'espace-temps se trouve en haut du cône. La limite lumineuse que nous observons en bas correspond au mur de Planck. Au-dessous commence un autre monde. Lequel ? Pour le savoir, plongeons sous le mur. Il n'existe alors plus aucun contour défini, aucune forme tangible. Ceci parce que le temps et l'espace, désormais soumis au principe d'Incertitude, se déforment. Toutefois, cette déformation, si elle existe, n'est pas aléatoire. Elle pourrait obéir aux contraintes imposées par la condition KMS. Si cela est vrai, alors le temps peut y être vu comme complexe, c'est-à-dire comme fluctuant entre sa composante réelle et sa composante imaginaire. C'est ce phénomène hypothétique que nous proposons d'appeler « fluctuation de la signature de la métrique » (image en bas à gauche). Mais comment se représenter un espace dont le temps est imaginaire ? La réponse, toujours hypothétique, nous est cependant suggérée par la dernière image, en bas à droite. Il s'agit de boules à 4 dimensions. En physique mathématique, la boule peut servir à modéliser ce que nous avons appelé des « instantons », c'est-à-dire des configurations dites euclidiennes de la métrique. Autrement dit, les boules que nous apercevons sur cette image pourraient représenter ces domaines de l'espace-temps (ces espaces métriques) où la signature devient euclidienne, et le temps imaginaire.

« LE TEMPS EST L'IMAGE MOBILE DE L'ÉTERNITÉ IMMOBILE. »

[ Platon, philosophe ]

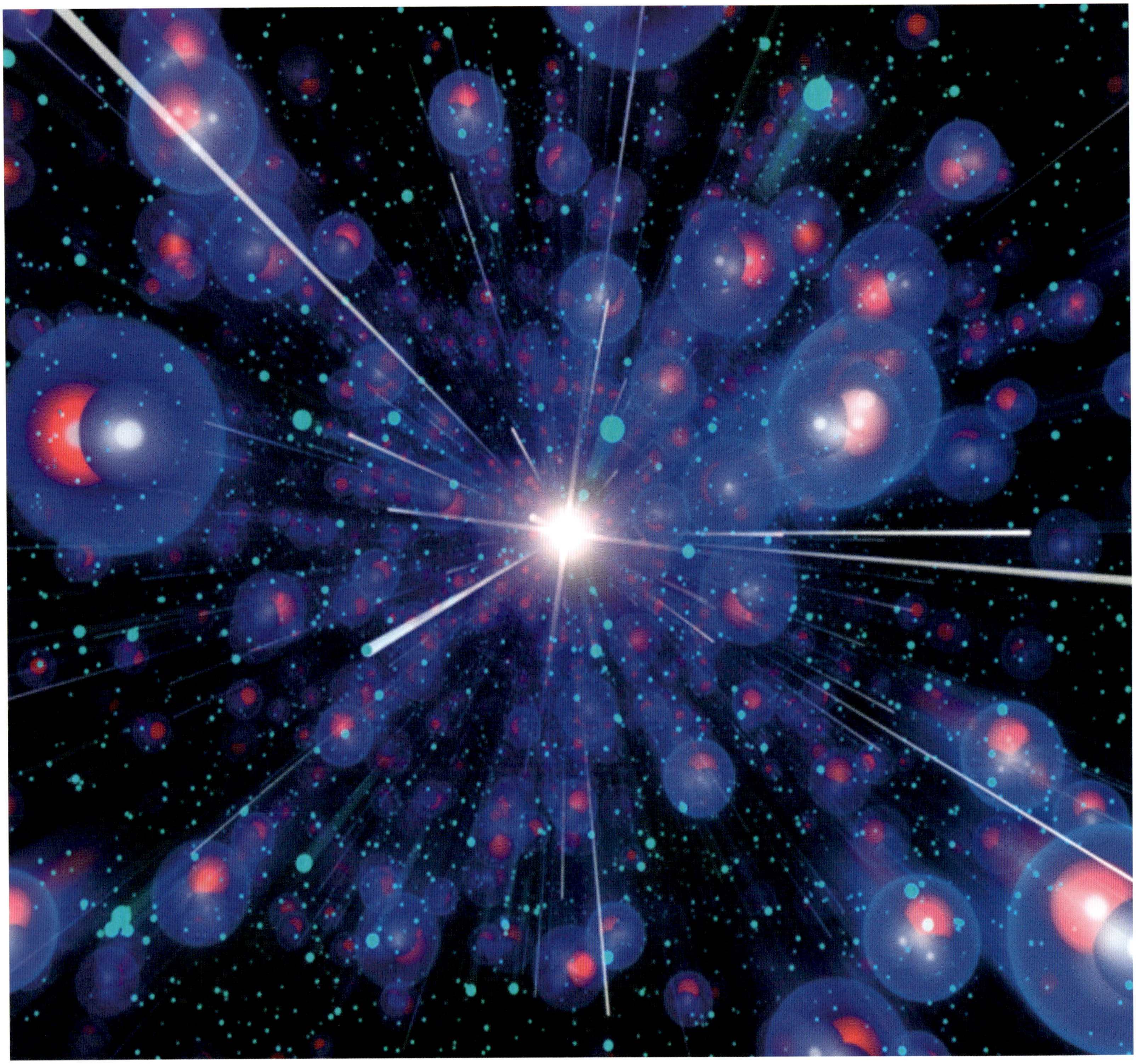

« DE QUEL CÔTÉ DU ZÉRO L'UNIVERS SE TROUVE-T-IL ? »

[Macedonio Fernandez, écrivain]

avant l'espace-temps, avant le big bang. Ce quelque chose, c'est ce qu'il appelle la « pré-géométrie » (c'est-à-dire un état des phénomènes physiques et de la géométrie antérieur à la formation des structures fondamentales attachées à l'espace-temps).

## Monopôles originels

Bien entendu, il n'existe à cette échelle plus aucune particule de matière. Que rencontre-t-on alors ? À l'entrée de l'Univers quantique, à l'échelle de Planck, peut-être ce qu'en physique théorique on appelle des supercordes. Selon les théoriciens, chaque corde a la longueur de Planck et ses vibrations reproduisent tout le spectre des particules ordinaires. Peut-être bien. Mais même les cordes semblent cesser d'exister en deçà de l'échelle de Planck. Alors ? Une nouvelle fois, nous pensons qu'émerge derrière le mur de Planck un espace-temps déformé, résultant de la superposition (+++±) entre l'espace-temps lorentzien (+++–) et l'espace euclidien à quatre dimensions (++++). Comment comprendre tout cela ?

D'abord, voyons les métriques d'espace-temps. On peut suggérer, dans le cadre des théories évoquées plus haut, que celles-ci sont portées par des configurations de champ que l'on appelle des monopôles. L'existence de cette particule hypothétique (qui peut être vue comme une sorte d'aimant, mais avec un seul pôle) a été suggérée par le prix Nobel Paul Dirac. En effet, celui-ci trouvait bien étrange que la charge électrique puisse se trouver sous forme de monopôles électriques, comme les électrons, alors que la charge magnétique est toujours observée sous forme d'un dipôle (nord et sud associés). Utilisant les propriétés de la mécanique quantique, il parvint alors à montrer qu'un tel monopôle magnétique pouvait exister.

Des années plus tard, des généralisations de cette idée allaient émerger dans le cadre des théories de « grande unification » (GUT) évoquées plus haut, et surtout de leurs extensions supersymétriques (la supersymétrie décrit l'unification théorique des quatre forces fondamentales de l'Univers au moment du big bang). À très haute énergie, il semble que, dans certaines de ces théories, les particules élémentaires habituelles (et même les cordes) se trouvent plus facilement décrites si l'on admet qu'elles comportent des analogies avec les monopôles magnétiques généralisés.

## Analogies avec les trous noirs

S'ils existent, ces monopôles sont en effet munis d'une métrique lorentzienne, du type +++–. De plus, toujours selon les physiciens, des monopôles dits « gravitationnels » pourraient donc exister au voisinage du big bang et y devenir extrêmement importants. On peut se les représenter métaphoriquement comme des sortes de bulles de savon de couleur rouge qui gonflent progressivement et dont la surface présente des images en mouvement, comme un film qui passerait sur un écran en forme de bulle. Ces monopôles seraient les briques fondamentales de notre monde réel. Ils contiennent le temps qui passe, l'énergie, le mouvement.

De façon intéressante, en 1995, les physiciens d'Harvard Cumrun Vafa et Andrew Strominger sont parvenus à résoudre une vieille énigme de la physique des trous noirs mise en évidence par Stephen Hawking : l'origine de l'entropie (c'est-à-dire du désordre) des trous noirs. Pour cela, ils ont justement imaginé qu'au moins certains trous noirs pouvaient être décrits si on les supposait composés de ces sortes de monopôles généralisés. Or, on le sait, l'Univers primordial, avec son fort champ gravitationnel, possède beaucoup de points communs avec les trous noirs.

## Les instantons

À présent, aux côtés des monopôles gravitationnels, et aussi en lien avec la physique des trous noirs, on trouve les « instantons gravitationnels ». Le mot instanton a été créé en 1975 par le prix Nobel de physique Gerard 't Hooft.



**Ci-contre** Nous voici à l'avant-dernière étape de notre voyage vers l'instant zéro. Nous nous laissons maintenant glisser vers l'origine. Autour de nous, nous contemplons les deux familles d'objets dont nous avons parlé plus haut : les monopôles et les instantons gravitationnels. Ceux-ci nous emportent avec eux dans une extraordinaire spirale vers la « Singularité Initiale ». Les monopôles, en rouge, pourraient représenter des « atomes » d'espace-temps ordinaire. Très nombreux à l'échelle de Planck, ils deviendraient de plus en plus rares à mesure que nous approchons du point zéro. Au contraire, les instantons, en bleu, presque inexistants au début, pourraient devenir de plus en plus nombreux.
Les transformations entre monopôles et instantons, c'est-à-dire les oscillations du temps entre la forme réelle et la forme imaginaire, pourraient, comme nous l'avons vu, être « réglées » par les contraintes de la condition KMS. En particulier, ces contraintes pourraient permettre de comprendre la transition entre la notion d'énergie (qui n'existe que dans le temps réel) et celle d'information (qui n'a de sens que dans le temps imaginaire). Bientôt, les instantons semblent dominer entièrement le paysage : nous sommes alors tout près de l'instant zéro.

L'instanton de taille zéro pourrait contenir
**toute l'information du grand Univers,**
un code cosmologique, un peu comme le code génétique.

Pour prendre là aussi une image, on peut également les voir comme des sphères, mais, contrairement aux monopôles, ils ne grandissent pas avec le temps. Statiques, immuables, ils peuvent être comparés à des boules de couleur bleue. La signature de la métrique caractérisant l'instanton est euclidienne, de la forme ++++.
Pour lui, le temps n'est pas « réel », il est « imaginaire pur ». L'instanton ne contient pas d'énergie réelle, mais seulement de l'information, dont la plus importante est ce que les physiciens appellent la « charge topologique ». Or celle-ci est invariante, quelle que soit la taille de l'instanton. Même lorsque son rayon devient nul, à l'instant zéro.

## L'état KMS de l'Univers

Derrière le mur de Planck, les instantons et les monopôles se livreraient à un chassé-croisé frénétique, s'unifiant et se découplant tour à tour, se transformant les uns dans les autres au gré des fluctuations quantiques. Là, selon cette approche, les deux mondes se mélangent : le temps s'arrête, repart, le mètre ou la seconde s'allongent, rétrécissent, l'effet peut précéder la cause et la flèche atteindre sa cible avant d'avoir été tirée...
Plus on descend vers le point zéro, plus le nombre des instantons augmente, jusqu'à atteindre celui des monopôles. Cette sorte d'équilibre, c'est l'état KMS, du nom des trois physiciens qui l'ont mis en évidence : Kubo, Martin et Schwinger. Cet état KMS établit une relation entre le temps réel et le temps imaginaire, entre l'énergie et l'information, entre l'évolution d'un système en mouvement et l'état d'un système fixe, un peu comme un funambule qui garde son équilibre par un léger mouvement de sa perche.

## Vers l'instanton primordial

Nous continuons à nous enfoncer vers le zéro. À ce stade, la contribution du temps imaginaire à l'intégrale des chemins de l'Univers devient primordiale. Les instantons cessent graduellement de se transformer en monopôles, avant de dominer entièrement le paysage. Et, alors que nous approchons de l'origine supposée de l'Univers, tous les instantons convergent en une spirale hallucinante vers le point zéro, où ils se superposent, se fondent en un seul instanton originel : l'instanton gravitationnel singulier de taille zéro. Cet instanton unique, c'est l'objet mystérieux qui contient, peut-être, le secret de la naissance et de l'évolution de l'Univers.
Ici, le temps réel n'existe plus, il n'y a que du temps imaginaire pur, que de l'information. Notre monde physique a laissé la place à un monde de mathématiques pures.

## L'information à l'origine ?

Et voici donc quel pourrait être l'un des secrets de l'Univers à l'origine : au point zéro, l'énergie n'existe plus. Elle pourrait être remplacée par une information. L'instanton gravitationnel singulier de taille zéro pourrait alors contenir toute l'information du grand Univers. Une sorte de « code cosmologique », un peu comme le code génétique contient toute l'information qui va permettre à un être vivant de se développer. Si l'on pouvait voir ce qu'il contient, on découvrirait peut-être un fantastique diagramme de l'Univers dont chaque image serait le reflet superposé en temps imaginaire d'une autre image légèrement différente, le tout formant une succession de scènes se déployant dans le temps imaginaire. On pourrait comparer cet objet fantastique à un « bouquet de sphères », une suite illimitée de zéros à l'infini. Et sur chaque bord de chaque sphère il y a une information, un certain état, une image de l'Univers. Un peu comme un film image par image.
En somme, on pourrait comparer l'instanton originel à une sorte de DVD cosmique dont la lecture se déclencherait au passage du mur de Planck. Le grand film de l'Univers peut enfin commencer.



**Ci-contre** C'est la dernière étape de notre fascinant voyage : l'instant zéro, la « Singularité Initiale » de l'espace-temps. Là, les fluctuations de la métrique ont cessé. Une fantastique symétrie vient de s'imposer, la plus haute que nous puissions concevoir (et aussi la dernière qui restait à réaliser) : la symétrie entre le temps et l'espace. À ce stade, l'énergie a peut-être totalement disparu, remplacée par une pure information : celle qui, selon cette approche, régnait à l'origine de notre Univers. À cette étape, toute la « réalité » n'était encore, peut-on croire, qu'une essence mathématique qui allait coder le développement des structures physiques, aux petites et aux grandes échelles, pour donner lieu à l'Univers tel qu'il nous apparaît aujourd'hui.

ÉPILOGUE

# DE L'INFINI AU ZÉRO

Quel est le destin à très long terme de l'Univers ? Son évolution a-t-elle un sens ? Que deviendront les milliards de galaxies qui le composent ? Souvenons-nous que l'Univers est en expansion. Cela veut dire que les quelque 100 milliards de galaxies qu'il contient vont glisser une à une hors de leur champ de vision mutuel. Dans un futur à peine imaginable, des dizaines de milliards d'années dans l'avenir, la Voie lactée sera la seule galaxie que nos très lointains descendants – en imaginant qu'ils aient réussi à coloniser une ou plusieurs planètes quelconques – pourront encore observer. Toutes les autres galaxies proches, y compris le Nuage de Magellan et la galaxie d'Andromède, auront alors glissé vers la Voie lactée pour y abandonner leurs myriades d'étoiles et former ainsi une seule et même galaxie.

À cette époque lointaine, notre Soleil aura cessé de briller depuis longtemps pour devenir une naine blanche qui ne donnera presque plus de lumière et encore moins de chaleur à ce qui restera alors de la Terre. Comment imaginer notre monde plongé dans le froid et l'obscurité, à peine éclairé par les lueurs sinistres de notre Soleil mourant ? Sa très longue agonie pourrait durer 1 000 milliards d'années ou davantage. Dans ce décor lugubre, le même destin frappera inéluctablement la plupart des autres étoiles de la Voie lactée alors que quelques-unes d'entre elles, les plus massives, finiront dans le feu des supernovae, ultimes éclairs de lumière au plus profond des ténèbres.

Après des milliards de siècles, emportés par le flot du temps, soleils et planètes auront disparu. Les ultimes survivants de la formidable aventure du cosmos seront alors les cadavres d'étoiles et de planètes ainsi que les trous noirs. Encore quelques milliards d'années et ils finiront par engloutir les restes de matière pour former des trous noirs géants galactiques dans une nuit sans limite.

Mais ce ne sera pas encore la fin. Lorsque toute la matière morte aura été engloutie par les trous noirs, l'Univers sera âgé d'un trillion de trillions de trillions de trillions de trillions de trillions d'années. À cette époque inimaginable, proche d'une sorte d'éternité, les trous noirs eux-mêmes, ultimes témoins du temps où l'Univers existait en rayonnement et en matière, devraient s'évaporer à leur tour. Alors il ne restera plus rien. Les ultimes particules de matière se seront désintégrées à leur tour au cœur d'un néant infiniment grand. Dans cet Univers désormais sans courbure, même la gravitation aura disparu.

Cette longue histoire a-t-elle un sens ? Si nous nous limitons à observer le destin de l'Univers et de tout ce qu'il contient du point de vue strictement matériel, force est de reconnaître que non. Car, lorsque le dernier atome de matière se sera évaporé, il ne restera plus rien de cette réalité que nous croyons connaître : comment imaginer un pur espace absolument *vide* ? Un néant glacé et sans limite ?

Ici, il importe de nous souvenir que notre perception de la réalité est intimement liée à la conscience que nous avons de l'écoulement du temps. Plongés dans cet espace-temps mystérieux dont nous ressentons l'existence sans vraiment savoir de quoi il s'agit, nous avons confusément conscience que « le temps passe » et que nous voyageons, à sens unique, du passé vers l'avenir. Autour de nous, la réalité se

transforme à chaque instant et nous n'avons aucun mal à concevoir que, depuis son apparition, l'Univers tout entier a subi lui aussi des transformations liées au même écoulement du temps.
Soit. Mais cette évolution a-t-elle un sens ? Y a-t-il une finalité au destin du cosmos ? Depuis sa naissance, il y a 13,7 milliards d'années, l'Univers est devenu de plus en plus complexe. Cette « aventure de la complexité », dont parlent nombre de physiciens ou d'astrophysiciens, a conduit la première « soupe de quarks » puis les premiers nuages primitifs d'hydrogène à s'organiser de manière telle qu'un jour la vie a fini par émerger de la matière pour prendre conscience d'elle-même et de l'Univers qui l'entoure.
Que s'est-il passé depuis le big bang, depuis la première étincelle, les premières nébuleuses de gaz, les premières galaxies et les premiers soleils, pour que la conscience s'allume quelque part dans l'Univers ? Pour quelle raison l'Univers semble-t-il destiné à produire de la vie ? Bien au-delà du chaos des quarks et des gluons des premiers temps, 137 millions de siècles après le début, un ordre complexe s'étend sur le cosmos tout entier. Souvenons-nous qu'à l'aube des temps, à cet instant inouï du big bang, l'Univers ne mesurait que $10^{-33}$ centimètre : il avait alors la longueur de Planck. Au même instant, il ne « pesait » que 20 microgrammes : à peine le poids d'un grain de poussière. Pourquoi ? Parce qu'à cet instant fantastique il n'était encore que de l'énergie : $10^{19}$ gigaélectronvolts, une énergie colossale, inimaginable, qui n'a atteint un tel sommet qu'une seule fois dans toute l'histoire du cosmos.
Or, après le big bang, en même temps que l'Univers amorçait son expansion, cette énergie allait commencer à se transformer, donnant naissance au fil du temps à des structures organisées, à un ordre global, repérable de l'atome à l'étoile. Et aujourd'hui, 13,7 milliards d'années après le début, il est possible d'observer, très simplement, qu'une partie de l'énergie primordiale a engendré une complexité incroyable, un état d'ordre bien plus élevé qu'à l'origine : l'énergie a étrangement été convertie en information.
Le physicien Wojciech H. Zurek, du laboratoire de Los Alamos, nous rappelle ici que la plupart d'entre nous semblent considérer l'information comme un état secondaire et non pas comme quelque chose de fondamental, qui pourrait être aussi important que l'énergie et la matière. Zurek ajoute : « Alors que l'information est utilisée pour décrire l'Univers, elle n'est pas communément perçue comme faisant partie intégrante de l'Univers lui-même. » C'est peut-être là notre erreur. Car nous avons beaucoup de mal à admettre que l'information puisse représenter, au plus profond du réel, un état fondamental de l'Univers. Au même titre qu'il existe une relation profonde entre le temps et l'évolution d'un système, il semble qu'il existe aussi un lien mystérieux entre l'énergie d'un système et l'information qui le caractérise.
S'il nous est tellement difficile d'établir cette relation, c'est parce que les échanges entre énergie et information ont peut-être lieu dans un monde totalement inaccessible, un univers qui se situe bien au-delà de la réalité qui nous entoure et que nous ne verrons jamais. Alors même que nous vivons dans le temps réel, nous avons déjà beaucoup de mal à le décrire, à nous représenter sa réalité profonde. Si, de surcroît, on nous parle de « temps imaginaire », nous voilà pris de vertige face à une notion qui semble totalement vide de sens.
Et pourtant, le temps imaginaire représente peut-être une des clés qui pourraient nous permettre d'entrevoir la nature profonde de la mystérieuse information à l'œuvre dans l'Univers tout entier. N'oublions pas, en effet, que nous vivons dans le temps réel. Un temps qui a commencé avec le big bang, à l'instant de Planck, à l'instant même où l'Univers physique a entamé sa formidable aventure.

Mais avant ? C'est-à-dire avant le big bang ? Est-il possible de supposer que le temps existait avant même que l'Univers physique ne commence son existence ? Étrangement, il semble que le temps soit intimement lié à l'énergie, à tel point qu'il est impossible de concevoir une évolution réelle hors de la durée. Et dès lors, dans les profondeurs obscures du réel, là où s'organise l'ordre des choses, ce que l'on appelle la flèche du temps indiquerait, peut-être, la direction du monde : le sens du temps deviendrait alors le sens des choses.

Rappelons-nous ceci : avant le big bang, avant le temps de Planck, le temps n'était plus réel mais était imaginaire. Si nous franchissions la limite de Planck, si nous jetions un coup d'œil de l'autre côté de ce fameux mur jusqu'à apercevoir l'origine absolue de l'Univers, alors nous verrions ce point sans dimension, cet « instant mathématique » que représente la « singularité initiale ». Contrairement à la singularité physique qui apparaît à des échelles bien plus grandes (l'échelle de Planck), cette singularité initiale d'échelle 0 ne « vit » pas dans le temps réel : elle est plongée dans le temps imaginaire pur. Et dans ce temps-là, ce temps étrange sans avant ni après, on ne peut plus comprendre la réalité selon son évolution, il faut interpréter l'information qu'elle contient : une information globale, invariante, immuable. Rappelons-nous aussi que le disque DVD d'un film ne contient pas d'énergie mais seulement de l'information. Autrement dit, alors que l'énergie vit dans le temps réel, l'information, quant à elle, vit dans le temps imaginaire.

À l'origine de l'origine, avant même le commencement du monde, il y avait donc peut-être une information très énigmatique dont la nature profonde demeurera, sans doute à jamais, bien au-delà de notre entendement. Invariante, immuable, globale et d'une complexité à peine imaginable, elle était alors plongée dans les mystères du temps imaginaire, au cœur d'une éternité sans durée ou d'un instant qui atteignait les dimensions de l'éternité. Et puis, pour des raisons qui elles aussi demeurent voilées, à l'instant de Planck, cette information hors de toute durée est entrée dans le temps réel pour se transformer en énergie qui à son tour, et au long des milliards de siècles, se convertira à nouveau en information.

À la fin des temps, au terme d'une fantastique aventure qui aura donc duré des milliards de milliards de siècles, alors que, perdu dans la nuit éternelle, l'ultime atome de matière se sera évaporé dans le néant, l'Univers quittera le temps réel, celui de l'énergie et de l'évolution, pour retourner au temps imaginaire pur. Que sera alors devenu ce trésor inimaginable d'informations accumulées, dans tout l'Univers, au cours des milliards de milliards d'années d'évolution ? Où ira ce savoir fantastique, illuminé par les innombrables civilisations et les prodigieuses intelligences qui, depuis la nuit des temps, seront apparues partout dans l'Univers, jusqu'aux amas de galaxies les plus lointains ?

Loin d'avoir disparu, ce savoir-là sera passé dans le temps imaginaire, c'est-à-dire dans ce monde mystérieux qui est juste « de l'autre coté » du nôtre : celui de l'information.

Tel semble être le cycle mystérieux – et le destin – de l'Univers : une information primordiale dont l'origine restera à jamais voilée quitte le temps imaginaire pour se transformer en énergie avant de se reconvertir, peu à peu, en information.

Ainsi va le monde : il lui suffit d'un seul instant pour convertir, au moment du big bang, toute l'information du temps imaginaire en énergie ; il lui faut des milliards de milliards d'années pour reconvertir, au cours d'une très longue histoire, toute cette énergie en information.

Dès lors, l'Univers ne serait plus « une machine à faire des dieux », il serait l'espace lumineux et splendide de tous les rêveurs cosmiques que nous sommes devenus à l'instant même où, pour la première fois, nous avons levé nos yeux vers le feu des étoiles.

# Table des illustrations

**Double page précédente** Galaxie du Tourbillon
**Ci-dessous** Callisto

# Crédits des photographies et illustrations

© **Astro spectrum** : p. 76.
© **Blatte** : p. 181.
© **Chesley Bonestell** : p. 41 (haut), 102.
© **Jeff Bryant** : p. 38 (bas).
© **Dreamworks** : p. 134.
© **CNRS/JLAB** : p. 162 (haut gauche).
© **Department of Space Studies of Southwest Research Institute/ John Spencer** : p. 60.
© **ESA** : p. 83 (bas droite), 145.
© **ESA- AOES Medialab** : p. 107 (bas).
© **ESO** : p. 94 (haut droite).
© **Harvard-Smithsonian Center for Astrophysics/David A. Aguilar** : p. 78 (haut droite).
© **I.B.** : p. 192.
© **IBBG spacelab** : p. 111, 114 (haut droite et bas), 120, 162 (haut droite), 164, 168, 174, 177 (bas droite).
© **Sylvain Legrand/FR3/*Odyssée de l'Espèce*** : p. 131 (haut droite et bas gauche).
© **Maciei Simm** : p. 158, 162 (bas gauche et droite), 173, 177 (haut droite et bas gauche).
© **Ron Miller** : p. 2, 20, 23, 24, 37, 38 (haut), 39, 40, 41 (bas), 42, 44, 45, 46 (haut), 47, 54 (haut), 55, 56-57, 58, 59, 66 (bas droite), 67 (bas, droite), 68, 69 (bas), 90-91, 98, 105, 108-109, 112 (haut et bas), 113, 114 (haut gauche), 116, 117, 138, 188-189, 190-191.
© **NASA** : p. 28, 29, 30, 31, 83 (haut gauche).
© **NASA/CXC/KIPAC/S. Allen et al ; Radio : NRAO/VLA/G. Taylor ; Infrared : NASA/ESA/McMaster Univ./W Harris** : p. 80.
© **NASA/ESA et A. Schaller (pour STScl)** : p. 48
© **NASA/JPL** : p. 25 (haut et bas), 26-27, 32, 34-35, 107 (haut), 132 (bas gauche et droite et haut droite), 167.
© **NASA/JPL-Caltech** : p. 22 (haut), 54 (bas),
© **NASA/JPL-Caltech/David A. Auilar** : p. 85.
© **NASA/JPL-Caltech/R. Hurt (SSR)** : p. 4, 53 (haut), 67 (haut gauche), 74, 78 (droite), 148 (haut gauche), 154 (bas).
© **NASA/JPL-Caltech/T. Pyle (SSC)** : p. 67 (haut droite), 69 (haut), 83 (haut droite), 96, 100, 148 (haut droite), 148 (bas).
© **NASA/JPL-Caltech/Schaller** : p. 125.
© **NASA/JPL/Caltech-Spitzer Space Telescope** : p. 66 (haut gauche et droite, bas gauche), 92 (bas), 95, 99 (haut).
© **NASA/JPL/Dana Berry** : p. 78 (haut gauche), 79; 83 (bas gauche).
© **NASA/JPL Hubble Space Telescope** : p. 18-19, 52, 53, 62, 63, 64, 65 (haut droite, bas gauche et droite), 66 (haut droite et bas gauche), 67 (bas gauche), 71, 72, 73, 75, 78 (bas gauche et droite), 84, 86, 89, 92 (haut), 93, 94 (bas gauche et droite, haut gauche), 99 (bas, 146, 149, 151, 152, 154 (haut), 155, 186-187.
© **NASA/JPL Hubble Space Telescope/J. Bally, D. Devine, R. Sutherland, D. Johnson** : p. 50-51.
© **NASA/Multimedia/gallery** : p 133.
© **NASA/WMAP Data Product Images** : p. 8, 157.
© **NASA /Nick Wright (University College London) IPHAS Collaboration** : p. 65 (haut gauche).
© **Mac Guff Ligne/Transparences/ *Odyssée de l'Espèce*** : p. 131 (haut gauche et bas droite).
© **Walther Porter** : p. 119, 128.
© **Alexandre Sidorenko** : p. 122, 123.
© **Jérémie Vidal-Madjar** : p. 126-127.
© **XD Production** : p. 22 (bas), 46 (bas), 132 (haut gauche), 137, 140, 141, 142, 161, 170, 171, 177 (haut gauche), 178.

**Ci-dessous** Pluton

# Glossaire

**ALH 84001** Météorite martienne célèbre, trouvée en 1984, au sein de laquelle on a découvert, en 1996, la trace fossile de ce qui, pour certains chercheurs, pourrait évoquer une bactérie. Cette thèse reste cependant controversée. http://www.nirgal.net/alh84001.html

**Alpha du Centaure** Système stellaire triple, comprenant Alpha Centauri A et B, et **>Proxima du Centaure**. La première est une étoile de type G2 très similaire au Soleil.

**Amas de galaxies** Les **>galaxies**, comme la nôtre, se regroupent en amas. Ces amas sont formés de plusieurs centaines à plusieurs milliers de galaxies, baignant dans un nuage de gaz très chaud émettant des **>rayons X**. La masse de ces amas pourrait être principalement constituée de **>matière noire**.

**Andromède** Grande **>galaxie** spirale, située à 2,36 **>années-lumière** contenant des centaines de milliards d'étoiles. Du fait de sa proximité et de sa ressemblance avec la **>Voie lactée** dont elle se rapproche, elle est considérée comme sa « galaxie sœur ». C'est l'objet le plus distant, visible à l'œil nu. Selon que l'on se réfère au catalogue des **>nébuleuses** établi par Messier, ou au New General Catalogue, elle se nomme M31 ou NGC 224.

**Année-lumière** Distance parcourue par un rayon lumineux en une année, soit 9,4605 mille milliards de km.

**Antimatière** Forme particulière de matière prédite par **>Paul Dirac**, l'un des pères de la **>mécanique quantique** : à toute particule doit correspondre une antiparticule ne différant de la première que par une charge de signe opposé. Ainsi, aux **>électrons** correspondent les antiélectrons ou **>positrons**, aux **>neutrons**, les antineutrons (de charge neutre mais de **>spin** inversé). Le **>photon** est sa propre antiparticule.

**Astronomes** Scientifiques spécialisés dans l'observation et la mesure des phénomènes astronomiques et astrophysiques. Leur approche est plus expérimentale que théorique, contrairement aux **>astrophysiciens**.

**Astrophysiciens** Les astrophysiciens s'intéressent à la modélisation et à l'application des lois de la physique pour décrire les comportements des astres. Ce sont donc souvent des physiciens théoriciens de formation.

**Atome** Élément constitutif fondamental de la matière. Il est formé d'un noyau – comprenant des **>protons** et des **>neutrons** – autour desquels gravitent des **>électrons**. Les atomes sont gouvernés par les lois de la **>mécanique quantique**. Ils s'assemblent pour former des **>molécules** grâce aux propriétés électriques des électrons. L'épaisseur d'un cheveu correspond à un million d'atomes empilés les uns sur les autres.

**Baryon** Le terme vient du grec *barys* qui signifie « lourd ». Catégorie de particules composites (lourdes) dont font partie les **>protons** et les **>neutrons**. Ils appartiennent à la classe des **>fermions** et à la famille des **>hadrons** : ils sont sensibles à la **>force nucléaire forte** et sont composés de trois **>quarks**.

**Big bang** Théorie selon laquelle l'Univers observable est né dans un état singulier, à un instant localisable dans le passé, auquel on associe une courbure, une densité et une **>température** maximales. Cet instant correspond au « mur » de **>Planck**, c'est-à-dire à la limite de divisibilité de la matière ($10^{-33}$ cm) et à une mesure temporelle proche de zéro ($10^{-43}$ s). Selon les données de **>WMAP**, l'Univers aurait 13,7 milliards d'années.

**Boson** Particule de **>spin** entier obéissant à la statistique de Bose-**>Einstein**. Par exemple, le **>photon** (spin 1) ou le **>graviton** (spin 2). Dans le modèle standard, les bosons (particules d'interactions) et les **>fermions** (particules de matière) constituent les deux grandes familles de particules élémentaires. Les bosons véhiculent les interactions entre les fermions.

**Boson de jauge** **>Particule élémentaire** de **>spin** entier, véhiculant les quatre interactions de l'Univers (force forte, faible, électromagnétique ou gravitationnelle). Exemples : le **>photon**, le **>graviton**, le **>gluon**.

**Cassini (sonde)** Sonde lancée par la **>NASA** avec le module **>Huygens** de l'**>ESA**, pour explorer Saturne, ses anneaux, ses lunes et surtout Titan. http://www.jpl.nasa.gov/multimedia/cassini-essay/index-flash.html http://www.jpl.nasa.gov/multimedia/cassini-essay-4/index-flash.html

**Ceinture de Kuiper** Zone s'étendant au-delà de l'orbite de Neptune entre 30 et 50 unités astronomiques à partir du Soleil. Postulée par Gérard Kuiper en 1951 pour expliquer l'origine des comètes de courtes périodes, elle contient des petits corps célestes et des planètes naines comme Eris, planétoïde au-delà de Pluton.

**Champ** Grandeur physique associée à un point de l'espace. Exemple : l'intensité de la force gravitationnelle exercée par une planète en tous points autour d'elle, ou la température et la pression à la surface de la Terre.

**Charge topologique** Propriété invariante de l'**>instanton**, elle se réduit à un nombre entier. La charge topologique est toujours conservée, même lorsque l'**>instanton** est réduit à une taille nulle. Cette propriété pourrait donner lieu à une nouvelle approche de la **>singularité initiale** (représentable par un **>instanton** singulier de rayon nul).

**CMB** >Rayonnement fossile.

**Cône de lumière** Objet de géométrie conique construit dans le cadre de la **>relativité générale** pour représenter l'**>espace-temps**. Le cône de lumière divise l'espace-temps en trois régions : le passé, le présent et le futur. L'intérieur du cône (où l'intervalle $ds^2$ entre les événements est positif) correspond donc aux régions susceptibles d'influencer un observateur ou d'être influencées par lui. L'extérieur du cône, où l'intervalle $ds^2$ est négatif et où il n'existe aucune relation causale, s'appelle l'Ailleurs.

**Constante cosmologique** Constante arbitraire, introduite par **>Einstein** dans les équations de champ de la **>relativité générale** afin d'obtenir un modèle d'Univers statique. Abandonnée en 1929 lorsque **>Hubble** apporte la preuve que l'Univers est en expansion, elle est réintroduite aujourd'hui pour expliquer l'accélération de cette expansion (mise en évidence par l'observation des **>supernovae** SNI) ou encore, l'énergie du vide.

**Constante de Hubble** >Hubble.

**Constante de Planck** Célèbre constante introduite par **>Planck** pour expliquer la loi du rayonnement du **>corps noir**. Notée « h », elle apparaît dans toutes les équations de la **>mécanique quantique** et permet d'établir un lien entre l'énergie d'une particule et la fréquence de l'onde associée.

**Corde** Généralisation de la notion de particule élémentaire (0 dimension) à des objets fondamentaux à 1 dimension : les cordes. Encore hypothétiques, celles-ci n'auraient aucune épaisseur mais posséderaient une longueur, en général l'**>échelle de Planck** ($10^{-33}$ cm). Leurs vibrations pourraient reproduire le spectre de toutes les particules. Ouvertes ou fermées, elles pourraient exister dans un espace à 10 ou 11 dimensions. Les 6 dimensions supplémentaires seraient invisibles à notre échelle parce que compactifiées à l'**>échelle de Planck**.

**Corps noir** Modèle utilisé pour représenter le rayonnement électromagnétique d'un objet en fonction de sa température. Ce corps idéal absorbe la lumière à toutes les températures, quelle que soit sa longueur d'onde. Contrairement à ce que son nom laisse entendre, il émet dans toutes les longueurs d'onde lorsqu'il est chauffé, selon une loi définie par >**Max Planck**. Obéissant à cette même loi avec une extraordinaire précision, le rayonnement fossile primitif, semble confirmer la théorie du >**big bang**.

**Courbure** >Rayon de courbure.

**Diagramme d'Hertzsprung Russel** Diagramme proposé indépendamment par les >**astronomes** Hertzsprung et Russel. Les étoiles y sont représentées en fonction de leur température de surface (en abscisse) et de leur luminosité (en ordonnée). La répartition des étoiles ne se fait pas au hasard : on distingue une bande diagonale – dite séquence principale – où se situent la majorité des étoiles. Selon la théorie de l'évolution stellaire, c'est là que les étoiles passent l'essentiel de leur temps de vie.
http://media4.obspm.fr/public/FSU/chapitre3/souschapitre2/section3/INTRODUCTION/page1.html

**Dinosaures** Célèbres reptiles se distinguant des autres par une fenêtre ante-orbitaire sur leur museau. Apparus il y a 235 millions d'années, ils se sont éteints il y a 65 millions d'années.
http://gigadino.perso.orange.fr/

**Dirac, Paul (1902-1984)** Physicien de génie et l'un des principaux théoriciens de la >**mécanique quantique**. On lui doit de nombreuses contributions à la théorie quantique de la >**force électromagnétique** et la notion de >**monopôle magnétique.**
http://nobelprize.org/nobel_prizes/physics/laureates/1933/dirac-bio.html

**Disque d'accrétion** Disque de gaz et de poussières entourant des étoiles en train de naître ainsi que des astres compacts, comme certains >**trous noirs** et >**pulsars**. Aspiré par le puits gravitationnel de ces derniers, le gaz spirale vers le corps central, s'échauffe par frottements et émet alors des >**rayons X**.

**Dualité onde-corpuscule** Dualité en >**mécanique quantique** selon laquelle les particules possèdent un aspect ondulatoire et les ondes un aspect corpusculaire. C'est l'une des conséquences les plus troublantes de cette théorie. Voir *Matière et Lumière* du Prix Nobel R. Feynman (Points Seuil, 1992).

**Échelle de Planck** >Longueur de Planck

**Einstein (1879-1955)** Physicien d'origine allemande (naturalisé suisse américain), considéré comme un des plus grands scientifiques de tous les temps. Père des théories de la >**relativité restreinte** et de la >**relativité générale**, Prix Nobel de physique, il est un des précurseurs de la >**mécanique quantique** et de la cosmologie contemporaine.

**Électrofaible (théorie)** Proposée à la fin des années 1960, cette théorie permet une unification partielle entre la >**force électromagnétique** et la >**force nucléaire faible**. C'est probablement la théorie d'unification la mieux testée à ce jour.

**Électron** La première des >**particules élémentaires** à avoir été découverte (en 1897). C'est un >**lepton**. Les électrons – dont la charge électrique est négative – gravitent autour du noyau atomique.

**Ellis, George** Professeur à l'Université de Cape Town en Afrique du Sud, coauteur avec >**Stephen Hawking** d'une monographie hautement technique sur les >**singularités** en >**relativité générale** (1973), il est aujourd'hui considéré comme l'un des meilleurs cosmologistes.

**Entropie** Grandeur physique liée à la mesure du degré de désordre d'un système physique, en particulier en >**thermodynamique** et en théorie de l'information.

**Epsilon Eridani** Étoile ressemblant au Soleil et située à 10,5 >**années-lumière**. Dans les années 1960, elle fut en vain sondée à l'aide d'un radiotélescope dans l'espoir d'y découvrir les signes d'une intelligence. Le satellite IRAS a récemment détecté un nuage de poussières autour de l'étoile, signe possible de l'existence d'autres planètes en orbite. L'une d'elles, l'>**exoplanète** Epsilon Eridani b, aurait 0,86 fois la masse de Jupiter. Ci-dessous une animation de l'orbite présumée d'Epsilon Eridani b :
http://media4.obspm.fr/exoplanetes/base/systeme.php?etoile=Epsilon+Eridani

**Équations de champ** Équations mathématiques gouvernant l'évolution dans le temps et l'espace des >**champs** de la physique, comme le champ électromagnétique (Maxwell) ou celui de la >**gravitation** (>**Einstein**).

**Ère de Planck** >Temps de Planck.

**ESA** L'*European Space Agency*, ou *Agence spatiale européenne*, fondée en 1975, gère la coordination des projets spatiaux de 17 pays européens.
http://www.esa.int/esaCP/index.html

**Espace-temps** Concept introduit en 1908 par >**Minkowski** (à partir de la >**relativité restreinte**) en vue d'unifier au sein d'une même structure géométrique, l'espace et le temps associés à un ensemble d'événements. Cette géométrie permet d'effectuer des mouvements de rotation mélangeant l'espace et le temps, contrairement à la théorie classique de l'espace et du temps où seules des rotations dans l'espace sont possibles.

**État KMS** Du nom des trois physiciens théoriciens Kubo, Martin et Schwinger, l'état KMS relie l'équilibre d'un système à son évolution. Techniquement, en >**théorie quantique** des champs, la mécanique statistique d'un système en équilibre thermodynamique est soumise à une condition appelée « condition KMS ». Sur la limite inférieure de la bande KMS, le temps est réel tandis qu'il peut être considéré comme imaginaire pur sur la limite supérieure. À l'intérieur de cette bande, il peut donc être vu comme complexe.

**Étoile à neutrons** Étoile très dense, de masse comparable à celle du Soleil, formée en grande partie par des >**neutrons**. Son diamètre est de quelques dizaines de kilomètres seulement.
http://www.astro.umd.edu/~miller/nstar.html

**Europe** Satellite de Jupiter recouvert d'une banquise sous laquelle se trouve un océan d'eau liquide. La vie y existe peut-être, ainsi que le suggère Arthur C. Clarke dans son roman « 2010 ». Le lien de la >**NASA** (ci-dessous) donne accès à de nombreuses photos de sa surface, prises à l'aide de la sonde >**Galileo** :
http://galileo.jpl.nasa.gov/gallery/europa.cfm

**Événement** Point de l'>**espace-temps** défini par sa position dans l'espace et dans le temps.

**Exobiologiste** Scientifique étudiant les conditions d'apparition et d'évolution de la vie dans l'Univers grâce à une approche transversale s'appuyant sur la biologie, la chimie et l'astrophysique.

**Exoplanète** Désigne les planètes découvertes autour d'autres soleils que le nôtre.
http://media4.obspm.fr/exoplanetes/sommaire.html

**Extrêmophile** Organismes ne pouvant vivre que dans des conditions extrêmes, mortelles pour les organismes vivants ordinaires. Ainsi, les bactéries des sources hydrothermales peuvent supporter des températures de plus de 100 °C et vivre dans un milieu très acide.

**Fermion** Particule dont le >**spin** est demi-entier. À la différence des bosons, ce sont des particules élémentaires de matière.

**Fluctuation de la signature de la métrique** État hypothétique de la métrique de l'>**espace-temps** à l'>**échelle de Planck**. Cet état serait caractérisé par une superposition quantique des états >**lorentziens** (temps réel) et >**euclidiens** (temps imaginaire) de la signature.

**Force électromagnétique** Avec la force gravitationnelle, c'est l'interaction la plus familière. Comme la gravitation, elle est de portée infinie. Véhiculée en >**mécanique quantique** par un >**boson** (le >**photon**), c'est donc une théorie de la lumière. La théorie quantique de cette force s'appelle l'électrodynamique quantique (EDQ ou QED en anglais).

**Force nucléaire faible** Force de faible intensité et de courte portée s'exerçant entre les leptons et les >**quarks**. Elle est responsable de la désintégration radioactive de certains noyaux avec émission d'>**électrons**, de >**positrons** et de >**neutrinos**. C'est une des quatre grandes forces fondamentales de l'Univers. Dans le cadre de la théorie >**électrofaible**, elle est associée, sous une forme presque unifiée, à la >**force électromagnétique**. Comme les autres interactions, elle est transmise par des >**bosons** de jauge W+, W- qui sont massifs et chargés et $Z_0$, qui, lui aussi, est massif mais neutre.

**Force nucléaire forte** Bien que de courte portée, c'est la force la plus puissante de l'Univers. Elle est indirectement responsable de la cohésion des >**protons** et des >**neutrons** dans les noyaux. Directement, elle lie les >**quarks** dans les >**protons** et les >**neutrons** grâce à l'échange de >**photons** du >**champ** de >**force nucléaire forte** qu'on appelle les >**gluons**. Sa théorie quantique est la Chromodynamique Quantique (QCD en anglais).

**Friedmann, Alexander (1886-1925)** Physicien et mathématicien russe, célèbre pour ses travaux en >**relativité générale**, en météorologie et principalement, en cosmologie. Il est considéré avec >**Einstein** et surtout Lemaître et Gamow, comme l'un des pères de la théorie du >**big bang**. Il est le premier à proposer une solution dynamique aux >**équations de champ** de la >**relativité générale**.

**Galaxies** Gigantesque système composé de gaz, de poussières, de >**plasmas** mais surtout d'étoiles et de >**matière noire**, liés gravitationnellement autour d'une masse centrale. Les >**galaxies** peuvent contenir de quelques dizaines de millions à quelques centaines de milliards d'étoiles. Une classification en trois grands groupes a été proposée par >**Hubble** : les elliptiques, les spirales et les irrégulières. Voir :
http://www.ulb.ac.be/sciences/astro/cd/galaxies/galaxies.html
http://rst.gsfc.nasa.gov/Sect20/A3.html

**Galileo (sonde)** Sonde de la >NASA baptisée en mémoire du physicien et >**astronome** Galilée. Son objectif (dès 1989) : étudier Jupiter et ses nombreuses lunes. En 1995, la NASA lance un module pour sonder l'atmosphère de la planète géante avant de s'écraser, comme la sonde le fera elle-même en 2003. Pour accéder aux images de cette mission et visionner une vidéo rétrospective, visitez :
http://galileo.jpl.nasa.gov/gallery/index.cfm
http://realserver1.jpl.nasa.gov:8080/ramgen/Video-Galileo-AVC-2003-182.rm

**Gluon** >**Boson de jauge**, véhicule de l'interaction nucléaire forte. Les gluons confinent les >**quarks** au sein du noyau.

**Gravitation quantique** Dans le cadre de la théorie du >**big bang**, les lois de l'infiniment petit (la >**mécanique quantique**) et de l'infiniment grand (la >**relativité générale**) doivent être réconciliées pour étudier la phase où l'>**espace-temps** est prodigieusement courbé et où l'Univers observable est plus petit qu'un >**atome**. Une théorie quantique de la gravitation s'avère donc nécessaire. Toutefois, celle-ci n'existe toujours pas et seules des approches spéculatives ont été proposées. On retiendra particulièrement la >**supergravité** et la >**théorie des cordes**, mais d'autres approches sont aussi possibles.

**Graviton** >**Particule élémentaire** hypothétique associée à la quantification du >**champ** de >**gravitation** et dont le rôle est analogue à celui du >**photon** pour le champ électromagnétique. Ce >**boson** de masse nulle et de spin 2 serait le véhicule de l'interaction gravitationnelle en >**mécanique quantique**.

**Groupe quantique** Au sens large, déformation d'algèbre. L'expression a été introduite par le mathématicien russe, Wladimir Drinfel'd, médaille Fields. À la suite de ses travaux au début des années 1980, on considère généralement qu'un groupe quantique consiste en une déformation de l'algèbre enveloppante d'une algèbre de Lie semi-simple. Ces nouveaux instruments mathématiques pourraient être utilisés pour étudier les déformations de l'>**espace-temps** à l'>**échelle de Planck**.

**GUT** >**Théorie de grande unification**.

**Hadron** Classe de particules composites subatomiques régies par la >**force nucléaire forte**.

**Hawking, Stephen (1942)** Physicien théoricien et cosmologiste britannique. Aujourd'hui totalement paralysé et ne pouvant plus communiquer que par le truchement d'un ordinateur, cet esprit brillant doit sa renommée internationale aussi bien à ses travaux remarquables sur les >**trous noirs**, les >**singularités** et la Théorie du tout, qu'au formidable courage dont il fait montre face à la terrible maladie dégénérative qui ravage son système moteur. Il a notamment conçu la théorie de l'évaporation des >**trous noirs** par des processus quantiques et, avec James Hartle, un modèle d'Univers sans bord introduisant le concept de >**temps imaginaire** à l'origine de l'Univers.
http://fr.wikipedia.org/wiki/Stephen_Hawking

**HD 209 458** Soleil géant autour de laquelle orbite l'>**exoplanète** Osiris, ou HD 209 458b, découverte dans la constellation de Pégase, à 150 >**années-lumière** de notre système solaire.

**Heisenberg, Werner Karl (1901-1976)** Physicien théoricien allemand, l'un des fondateurs de la >**mécanique quantique**. Prix Nobel 1932, il est le père du célèbre >**principe d'incertitude**. Ce principe pourrait s'appliquer aux structures fondamentales de l'>**espace-temps** (en particulier à la métrique) à l'>**échelle de Planck**.

**Horizon des événements** Surface séparant deux régions de l'>**espace-temps** ne pouvant pas communiquer par échange de rayons lumineux. Ainsi sont définis les >**trous noirs** et certains modèles cosmologiques en >**relativité générale**.

**Hubble, Edwin (1889-1953)** >**Astronome** américain, l'un des plus brillants du XXe siècle. En 1924, il démontre que certaines >**nébuleuses** sont en fait des >**galaxies** extérieures à la nôtre, et établit leur classification. Mais surtout, il met en évidence l'expansion de l'Univers en étudiant le décalage spectral vers le rouge des >**amas galactiques**. Il formule une loi reliant distance d et vitesse d'éloignement v de ceux-ci. On trouve en effet la relation $v = Hd$ où H est la célèbre constante de Hubble. Un télescope spatial porte son nom (>**télescope spatial Hubble**).

**Huygens (sonde)** Ce module de la sonde >**Cassini** a atterri sur Titan, la lune de Saturne, le 14 janvier 2005.

**Hypernova** Type de >**supernova** fantastiquement puissante qui serait produite par l'effondrement brutal d'une étoile hyper-massive : tandis qu'un >**trou noir** apparaîtrait en son cœur, elle émettrait d'intenses >**rayons gamma** baptisés « Gamma ray burst » ou sursauts gamma.

**Hypersurface** Généralisation de la notion de surface à deux dimensions dans des espaces ayant au moins trois dimensions. La généralisation de la sphère S2 sera donc l'hypersphère S3.

**Inflation** Théorie spéculative énoncée par Alan Guth en 1981 pour résoudre certaines difficultés de la cosmologie standard. Elle postule une phase d'expansion très accélérée de l'Univers à ses débuts. Les observations de >**WMAP** font d'elle une théorie probable, mais c'est la future mission >**Planck Surveyor** qui en apportera la confirmation.

**Information** Inverse de l'>**entropie**. Généralement, la méthode la plus utilisée pour codifier une information consiste à utiliser le 0 et le 1. Ceci a conduit à l'adoption du langage binaire en théorie de l'information. La quantité d'information dans un message se mesure en « bits ». En théorie des >**trous noirs**, le point de vue récemment adopté est que l'information caractérisant un objet physique n'est jamais perdue même lorsque cet objet disparaît dans la singularité finale du >**trou noir**. Cette même idée pourrait s'appliquer à la >**singularité initiale** de l'>**espace-temps**.

**Instanton** Terme introduit par >**Gérard 't Hooft** dans les années 1970. Ces objets théoriques sont une solution classique des équations du mouvement. Par extension, on parle d'instanton gravitationnel, en >**gravité quantique**. Les solutions de type instanton sont le plus souvent utilisées à 4 dimensions et impliquent le changement de signe de la coordonnée temporelle qui devient imaginaire. La métrique sous-jacente à l'instanton est donc euclidienne. Dotées d'intéressantes propriétés d'effet tunel, selon >**Hawking** et d'autres, ces configurations euclidiennes pourraient intervenir avant le **>big-bang**. En particulier les instantons de taille nulle (réduits à 1 point) pourraient apporter une solution nouvelle au problème de la **>singularité initiale** de l'**>espace-temps**. Caractérisés par ce que l'on appelle leur **>charge topologique**, les instantons relèvent partiellement de la **>théorie topologique des champs**.

**Io** Lune volcanique de Jupiter.
http://rst.gsfc.nasa.gov/Sect19/Sect19_16.html

**Lepton** >**Particule élémentaire** sensible à la **>force nucléaire faible** et à la **>force électromagnétique**. L'**>électron** et le **>neutrino** en font partie tout comme le **>muon**, un cousin de l'**>électron** (mais plus lourd).

**Longueur de Planck** Échelle de longueur à partir de laquelle la **>mécanique quantique** et la **>relativité générale** doivent s'unifier en une théorie unique (la **>gravitation quantique**) afin de décrire la physique des phénomènes à cette échelle. Des indications – mais non des preuves – permettent de supposer que cette longueur représente la plus petite distance spatiale possible : elle vaut $10^{-33}$ cm. Il est fréquent de lui associer l'idée qu'à cette échelle, la **>métrique** de l'**>espace-temps** fluctue, et que sa géométrie devient tourmentée, un peu comme de l'eau qui se mettrait à bouillir.

**Lorentz, Hendrik Antoon (1853-1928)** Physicien théoricien néerlandais, il obtient le Prix Nobel de Physique pour ses travaux sur l'électromagnétisme. Il est un des découvreurs des transformations de coordonnées dans l'espace et le temps, centrales dans la théorie de la **>relativité restreinte** sous la forme que lui donna **>Minkowski**. La **>métrique** de l'**>espace-temps** de **>Minkowski** porte aussi le nom de **>métrique lorentzienne**.

**Magnétar** >**Étoile à neutrons** possédant un **>champ** magnétique particulièrement puissant, elle produirait des radiations électromagnétiques de très haute énergie comme les **>rayons X** et les **>rayons gamma**.

**Mars** Nommée d'après le Dieu romain de la guerre à cause de sa couleur rouge évoquant le sang des batailles, la quatrième planète du système solaire est aussi la plus petite après Mercure. Son étrange parenté avec la Terre a suscité l'espoir toujours déçu d'y découvrir des formes de vie.
http://www.nirgal.net/main.html et
http://rst.gsfc.nasa.gov/Sect19/Sect19_10.html

**Matière noire** Contrairement à la matière ordinaire, la matière noire n'émettrait pas de lumière, d'où son nom et la difficulté à la détecter. Elle permettrait de rendre compte de la manière dont se forment les **>galaxies** et de la vitesse anormalement élevée des étoiles en leur sein.
En août 2006, la **>NASA** a annoncé détenir la preuve de son existence grâce à l'étude de l'**>amas de galaxies** 1E0657-56. Bien que la nature des particules composant la matière noire soit encore inconnue, une hypothèse sérieuse penche en faveur de particules **>supersymétriques** nommées **>neutralinos**.
http://cdfinfo.in2p3.fr/Culture/Matierenoire/

**Mayor, Michel (1942)** >**Astrophysicien** suisse, membre de l'observatoire de Genève. En 1995, avec son étudiant en thèse **>Didier Queloz**, il découvre la première planète extrasolaire, 51 Pegasi.

**Mécanique quantique** Théorie fondamentale de la matière et de la lumière dans l'infiniment petit. Découverte lors de l'étude des **>atomes** et de leurs émissions de lumière, elle est en fait beaucoup plus générale et s'applique à tous les phénomènes physiques dans l'infiniment petit. Très déroutante pour notre intuition, elle a introduit les notions de quanta d'énergie, de non localité, de superposition des états, de **>dualité onde/corpuscule**, etc. En mécanique quantique, les phénomènes ne se déroulent plus de façon déterministe, mais possèdent seulement différentes probabilités de se réaliser.

**Métrique** Objet mathématique permettant de définir la mesure des angles et des distances dans une géométrie donnée. La métrique sur un plan n'est pas la même que sur une sphère. C'est un objet fondamental pour décrire les distances et les intervalles de temps dans l'**>espace-temps** aussi bien dans le cadre de la **>relativité restreinte** que dans celui de la **>relativité générale**.

**Métrique euclidienne** Métrique utilisée en géométrie euclidienne. Il s'agit en fait d'une extension du théorème de Pythagore. Ainsi, dans le plan, le carré de la distance entre deux points ($ds^2$) est la somme de deux carrés ($ds^2 = x^2+y^2$, soit deux signes +) alors que, dans l'espace, ce serait la somme de trois carrés ($x^2+y^2+z^2$, soit trois signes +). Dans un monde à quatre dimensions spatiales, la signature de la métrique possède quatre signes + et sera dite euclidienne (++++). Le temps y est donc imaginaire.

**Métrique lorentzienne** Métrique utilisée pour décrire la géométrie d'un **>espace-temps** plat (géométrie de **>Minkowski**). La signature de la métrique est ici (+++–) car, contrairement au cas euclidien, la quatrième dimension n'est plus une dimension d'espace mais de temps.

**Minkowski, Hermann (1864-1909)** Mathématicien et physicien théoricien allemand. En 1908, à partir des travaux d'**>Einstein** sur la **>relativité restreinte**, il introduit le concept d'**>espace-temps**. La géométrie minkowskienne permet donc de définir les intervalles de temps et d'espace entre les événements de l'espace-temps. La **>métrique** permettant de définir les intervalles de temps et d'espace entre les événements de l'espace-temps porte son nom.

**Molécule** Association d'**>atomes.** Par exemple, l'eau est composée de molécules H2O.

**Monopôle magnétique** Particule hypothétique d'abord introduite par **>Paul Dirac**, dans le cadre de la théorie quantique de l'**>électromagnétisme**.
Cette particule possède une charge magnétique et serait donc, en liaison avec le **>champ** magnétique, l'analogue de la charge électrique. Sous une forme différente et plus élaborée, on en trouve des cousins dans les **>théories de grande unification** et même dans la théorie de la **>gravitation**, notamment si l'on considère la **>supersymétrie**. En effet, la forme des **>équations de champ** y devient alors analogue, par certains aspects, à celle du champ électromagnétique. Le nom est alors conservé, même s'il n'y a parfois plus aucune connexion avec un champ ou une charge magnétique, dans le sens initial.

**Muon** >Lepton

**Mur de Planck** Limite d'applicabilité des lois de la physique classique correspondant à $10^{-43}$ s et à $10^{-33}$ cm. Il s'agit donc d'un mur conceptuel, contre lequel bute toujours la science actuelle. La construction d'une théorie complète de la **>gravitation quantique** est donc indispensable pour le franchir.

**Naine blanche** Étoile de masse inférieure à celle du Soleil, elle a épuisé ses sources d'énergie nucléaire. Le Soleil deviendra un jour une naine blanche, mais sa densité augmentant, sa taille sera alors comparable à celle de la Terre. Sirius B est une naine blanche.

**Naine brune** Astre de masse très faible, comprise entre 13 fois la masse de Jupiter et 0,07 fois la masse solaire, trop grand pour être considéré comme une planète gazeuse, trop petit pour pouvoir briller comme les autres étoiles, excepté, peut-être, pendant une courte période.

**Naine noire** État final hypothétique des naines blanches, lorsque leur température s'est abaissée et qu'elles ne rayonnent quasiment plus.

**Naine rouge** Étoile de masse faible, comprise entre 0,08 et 0,33 fois la masse solaire. Peu lumineuses, brûlant uniquement de l'hydrogène et ayant une durée de vie comprise entre quelques dizaines de milliards et 1 000 milliards d'années, les naines rouges représenteraient la majorité des étoiles de l'Univers. L'exemple le plus connu est **>Proxima du Centaure**.

**NASA** Équivalent américain de l'**>ESA** européenne, la *National Aeronautics and Space Administration* est un organisme gouvernemental chargé de gérer le programme spatial des États-Unis. Elle fut créée en juillet 1958 pour rivaliser efficacement avec les Soviétiques dans la course à la Lune.
http://www.nasa.gov/home/index.html

**Nébuleuse** Désignait à l'origine des formes floues, observables au télescope, et distinctes des étoiles. Grâce aux observations de**>Hubble**, on sait aujourd'hui qu'il s'agissait tantôt de gigantesques nuages de gaz mêlé de poussières, tantôt de >**galaxies** semblables à la nôtre mais à des millions d'années-lumière.

**Neutrino** >**Particule élémentaire** ultralégère et neutre, de spin un demi. C'est donc une particule de matière (un >**fermion**). Cependant elle n'interagit pratiquement pas avec la matière. Elle n'est affectée que par la force faible et la gravitation.

**Neutron** Particule neutre associée aux >**protons** dans la composition des noyaux d'>**atomes** et intervenant donc dans les réactions nucléaires. Il est composé de deux >**quarks** « down » et un quark « up ».

**Ogle 2005 BLG 390Lb** Probablement la première >**exoplanète** tellurique (c'est à dire solide), découverte en 2005 – les autres exoplanètes répertoriées étant des géantes gazeuses. Elle orbite autour d'une >**naine rouge**, située avant Jupiter. http://www.ast.obs-mip.fr/article.php3?id_article=286

**Opportunity** Il s'agit d'un véhicule de la >**NASA** (ou astromobile) qui parcourt et analyse la surface de >**Mars**, avec son double, >**Spirit**, depuis 2004. La mission de ces deux robots, dont la durée de vie a dépassé celle initialement prévue par les ingénieurs, est l'une des plus réussies de la NASA. http://www.jpl.nasa.gov/multimedia/mer-yr2/index-flash.html

**Oscillateur harmonique** Se dit de tout système physique effectuant un mouvement oscillatoire similaire à celui d'une masse suspendue à un ressort. Beaucoup de phénomènes naturels – comme l'émission de la lumière par un >**atome** ou les cycles des glaciations – sont modélisables à l'aide d'oscillateurs harmoniques.

**Parallaxe annuelle** Angle sous lequel serait vu le demi-grand axe de l'orbite terrestre à partir d'une étoile.

**Parsec** Unité de mesure astronomique équivalant à 3,2615 >**années-lumière**. Au-delà du système solaire, les distances se mesurent en méga parsecs (un méga parsec correspond à un million de parsecs) (Mpc). La >**constante de Hubble** s'exprime souvent à l'aide de cette unité.

**Particule composite** Les particules composites, ou >**hadrons**, sont des particules mixtes, subatomiques, constituées de >**baryons** ou de mésons, c'est-à-dire de >**quarks** et de >**gluons**.

**Particule élémentaire** Particule fondamentale et tenue pour indivisible à l'origine de toute la matière et de toutes les forces. http://www.diffusion.ens.fr/vip/tableA01.html

**Penrose, Roger (1931)** Mathématicien et physicien théoricien britannique, célèbre pour ses nombreuses contributions à la théorie des >**trous noirs** et pour ses théorèmes sur les >**singularités**. Selon lui, celles-ci apparaissent lors de l'effondrement d'une étoile en trou noir et seraient également présentes à l'origine de l'Univers. Il est l'auteur de nombreux livres de vulgarisation dans lesquels il expose ses idées sur la physique de la conscience et les concepts essentiels de la physique moderne.

**Photon** Paquet d'énergie, associé à la lumière en >**mécanique quantique**, et véhiculant la force électrique entre particules chargées. Il s'agit d'une particule élémentaire.

**Planck, Max (1858-1947)** Physicien allemand passionné par la >**thermodynamique** – science de la chaleur et de la transformation des différentes formes d'énergie –, il révolutionne la physique du XX^e siècle en introduisant la notion de « quantum d'action » pour décrire le rayonnement du >**corps noir**. Ainsi naissent la fameuse >**constante de Planck**, « h », et la physique quantique. http://sfp.in2p3.fr/CP/PIF/Quanta/netscape3/pres_planck.htm

**Planck Surveyor** Mission de l'>**ESA** baptisée du nom du découvreur de la loi du >**corps noir**. Ce satellite avec télescope, d'une précision sans précédent, sera lancé en 2007. Chargé d'analyser le rayonnement fossile primitif, il est probable qu'il révolutionne la cosmologie, notamment en fournissant des preuves de la théorie de l'>**inflation**. http://sci.esa.int/science-e/www/area/index.cfm?fareaid=17

**Plan galactique** Plan défini par le disque de notre >**Galaxie**.

**Plasma** Originellement, il s'agit d'un gaz constitué d'un mélange de particules neutres, d'>**électrons** et d'>**atomes** ayant perdu des électrons, donc ionisés. Aujourd'hui, ce terme désigne un gaz de particules chargées et neutres, hors de leur état fondamental, sous forme de systèmes liés. Ainsi, on parle de plasma de >**quarks**.

**Positron** Antiparticule de l'>**électron**, le positron possède la même masse que lui, mais sa charge électrique est de signe opposé, donc positive.

**Principe d'incertitude** Principe de la >**mécanique quantique** fondé sur les inégalités de Heisenberg et interdisant d'associer simultanément, dans le monde quantique de l'infiniment petit, une vitesse et une position à une particule. Il ne s'agit donc pas d'une limite à la possibilité de mesurer ces quantités, mais d'une limite de la validité des concepts de position et de vitesse associés aux particules. Appliqué aux >**gravitons** (les « >**photons** » du >**champ** de >**gravitation**), il implique que, dans l'infiniment petit, même les notions d'espace et de temps deviennent floues.

**Procyon** Étoile la plus brillante de la constellation du Petit Chien. Situé à 11,4 >**années-lumière** de la terre, ce système double est formé d'un astre principal, Procyon A, et d'une >**naine blanche**, Procyon B.

**Proton** Constituant fondamental du noyau des >**atomes**, c'est une particule qui, de même que l'>**électron**, est chargée, mais positivement. En outre, le proton est 1 836 fois plus lourd que l'électron. Il est composé de deux >**quarks** « up » et un quark « down ».

**Proxima du Centaure** >**Naine rouge** dont la masse est le 1/7^e de celle du Soleil. Située dans la constellation du Centaure, à 4,22 >**années-lumière** du soleil, elle est l'étoile la plus proche de celui-ci. Elle constitue, avec >**Alpha du Centaure** A et Alpha du Centaure B, un système triple.

**Pulsar** Le terme résulte de la contraction de l'expression « pulsating stars » (étoiles pulsantes). Découvertes en 1967 par le radiotélescope de Jocelyn Bell et Antony Hewish, les pulsars sont des >**étoiles à neutrons** fortement magnétisées, tournant rapidement sur elles-mêmes tout en émettant un faisceau d'ondes électromagnétiques (ou pulsations radio) à la manière d'un phare.

**Quark** Terme emprunté au roman Joycien, *Finnegans' Wake*. >**Particule élémentaire** soumise à la >**force nucléaire forte** dans les >**protons** et les >**neutrons**. Il existe différents types de quarks dont les associations par groupes de deux ou de trois forment ce qu'on appelle les >**hadrons**.

**Quasar** Acronyme de QUA*si* Stell*Ar* : >**Radiosource** (source radio quasi stellaire). Ces objets – généralement situés à plus d'un milliard d'>**années-lumière** de notre >**Galaxie** – ont d'abord été pris pour des étoiles. Leurs ondes radio libèrent de fantastiques quantités d'énergie : 100 milliards de fois plus que notre Soleil ! Il s'agirait peut-être de phénomènes engendrés par des >**trous noirs** extrêmement massifs au cœur de >**galaxies** anciennes.

**Queloz Didier (1966)** Alors étudiant en thèse, il découvre en 1995 – avec >**Michel Mayor** – 51 Pegasi. http://www.obs-hp.fr/www/nouvelles/51-peg.html

**Radiosource** Objet astronomique émettant des ondes radio, tels les >**quasars** et les >**pulsars.**

**Rayon de courbure** Quantité liée à la mesure de la courbure d'une surface. Cette courbure est proportionnelle à l'inverse du rayon. Une sphère possède un rayon de courbure précisément égal à son rayon. Plus une sphère est grande, plus elle est localement assimilable à une surface plane. Le rayon tendant vers l'infini, sa courbure tendra vers zéro.

**Rayonnement fossile** Rayonnement constitué des plus anciens >**photons** de l'Univers, à l'époque où la densité diminuée de celui-ci a permis à la lumière de se libérer de la matière et de se propager, ce qui s'est produit environ 380 000 ans après le >**big bang**. Sa température n'est plus aujourd'hui que de 2,7 °K.

**Rayonnement infrarouge** Rayonnement électromagnétique dont la longueur d'onde est comprise entre 800 et 1 400 nm.

**Rayonnement ultraviolet** Rayonnement électromagnétique dont la longueur d'onde est comprise entre 100 et 400 nm, c'est-à-dire entre le visible et les >**rayons X**.

**Rayons cosmiques** Particules de matière et d'>**antimatière** bombardant la Terre depuis l'espace. On y trouve par exemple des >**protons** et leurs antiparticules (les antiprotons), ainsi que des noyaux d'>**atomes**. Ces rayons proviennent du Soleil, mais aussi de régions éloignées de la >**Galaxie**, voire de plus loin encore. On pense qu'ils sont en relation avec les >**supernovae** et même des >**trous noirs** massifs.

**Rayons gamma** Rayonnement électromagnétique de longueur d'onde inférieure à 5 nm. Très énergétiques, ils sont très dangereux. Ils sont présents dans toutes les réactions nucléaires.

**Rayons X** Rayonnement électromagnétique de longueur d'onde inférieure à 100 nm. La frontière entre les rayons X et les >**rayons gamma** n'est toujours pas clairement définie.

**Relativité générale** Théorie formulée sous sa forme finale en 1916 par >**Einstein**, elle généralise la théorie de la >**relativité restreinte** aux mouvements accélérés. Elle conduit automatiquement à une nouvelle théorie de la gravitation, où celle-ci est interprétée comme un effet de la >**courbure** de l'>**espace-temps** par la présence de matière et d'énergie. C'est la clé de la cosmologie moderne, mais elle reste une théorie classique et nécessite d'être rendue compatible avec la >**mécanique quantique** pour rendre compte de l'origine de l'Univers observable lorsque celui-ci avait la taille de la >**longueur de Planck**. On parle alors d'une théorie de la >**gravitation quantique**.

**Relativité restreinte** Formulée par >**Einstein** en 1905, cette théorie révolutionne les notions d'espace, de matière, de mouvement et de temps de l'époque. Initialement limitée aux mouvements non accélérés et non gravitationnels, elle sera généralisée par >**Einstein**, dix ans plus tard. Elle a pour corollaires la fameuse équation $E = mc^2$ et la découverte de l'>**espace-temps** par >**Minkowski**.

**Sagan, Carl (1934-1996)** Célèbre >**astronome** américain, fondateur de l'exobiologie, il est, avec quelques autres astrophysiciens, à l'origine du programme SETI (*Search for Extraterrestrial Intelligence*). Il a participé à plusieurs missions d'exploration du système solaire organisées par la >**NASA**. Son travail de vulgarisation, notamment sa série télévisée *Cosmos*, lui vaudra une notoriété internationale.
http://www.sciencepresse.qc.ca/sagan.html

**Séquence principale** >Diagramme d'Hertzsprung Russel.

**Signature** >Métrique euclidienne et >Métrique lorentzienne.

**Silicates** Composés chimiques dont la formule dérive de celle de la silice (SiO2). Ils constituent la majorité des minéraux terrestres et sont également présents en quantités très importantes dans les poussières interstellaires.

**Singularité initiale** >**Singularité** qui, selon la >**relativité générale**, serait située au point origine de l'Univers.

**Singularités** Points de l'>**espace-temps** où la >**courbure**, la densité de matière et sa température deviennent infinies. La théorie de la >**relativité générale** prédit leur existence au cœur des >**trous noirs** et à l'origine de l'Univers. La >**gravitation quantique** est supposée les éliminer ou les « régulariser ».

**Sirius B** >**Naine blanche** située à 8,6 >**années-lumière** et qui constitue, avec Sirius, un système binaire. Cette étoile est la plus brillante de notre ciel.

**Spin** Propriété quantique intrinsèque aux particules, elle reflète son mouvement de rotation propre. Il existe deux familles de particules caractérisées par leur spin : les >**bosons** et les >**fermions**.

**Spirit** >Opportunity
http://www.jpl.nasa.gov/multimedia/mer-yr2/index-flash.html

**Superamas de galaxies** Regroupements d'>**amas de galaxies** pouvant former des structures s'étendant sur plusieurs centaines de millions >**d'années-lumière**.

**Super-cordes** Théorie spéculative qui pourrait permettre d'unifier, d'une part la >**mécanique quantique** et la théorie de la >**relativité générale** en une théorie de la >**gravitation quantique** et, d'autre part, l'ensemble des forces et particules de matière.
Consulter Brian Greene, *L'Univers élégant* (Gallimard Folio, 2005).
http://www.diffusion.ens.fr/vip/tableJ01.html

**Supergravité** Extension hypothétique de la théorie de la >**relativité générale** d'>**Einstein** à partir des équations de la >**supersymétrie**. La supergravité apporterait peut-être une solution aux problèmes de la >**gravitation quantique** et de l'unification des forces.

**Supernova** Classées d'après leur spectre en deux types, SNI et SNII. Ces colossales explosions d'étoile libèrent, en quelques jours, autant d'énergie que le Soleil en un milliard d'années. Elles produisent des résidus de gaz chauds appelés >**nébuleuses**. À l'intérieur, ce qui reste de l'étoile prend la forme d'une >**étoile à neutrons** et parfois, d'un >**trou noir**. Le mécanisme de l'explosion n'est pas encore bien compris même si les >**neutrinos** doivent y jouer un rôle important. Une supernova sur dix donne naissance à un >**magnétar**.
http://rst.gsfc.nasa.gov/Sect20/A6.html

**Supersymétrie** Structure mathématique permettant l'unification des >**fermions** (particules de matière) et des >**bosons** (particules véhiculant les forces). Spéculative, cette théorie pourrait être vérifiée expérimentalement dans les prochaines années grâce aux accélérateurs de particules tels le *Large Hadron Collider* (grand collisionneur de >**hadrons**) à Genève. La supersymétrie serait peut-être à l'origine de la >**matière noire** et de la >**constante cosmologique**.
http://www.diffusion.ens.fr/vip/tableI01.html

**Tau Ceti** Étoile orangée située à 11,89 >**années-lumière** dans la constellation de la Baleine. Bien que ressemblant au Soleil et souvent mentionnée dans les ouvrages de science-fiction, son système – traversé d'astéroïdes et de comètes en grand nombre – ne semble pas compatible avec les conditions nécessaires à l'apparition de la vie sur une >**exoplanète.**

**Télescope spatial Hubble** Grand télescope spatial mis en orbite par la >**NASA** afin de s'affranchir des contraintes de longueur d'onde et des perturbations imposées par l'atmosphère terrestre. Nommé en l'honneur d'>**Edwin Hubble**, il a révolutionné notre représentation de l'Univers.
http://hubblesite.org/
http://hubblesite.org/gallery/video/revelations/revelations_640x480_swf
http://hubblesite.org/gallery/video/

**Télescope spatial Spitzer** Le plus gros télescope infrarouge. Cette longueur d'onde est particulièrement adaptée pour percer les nuages moléculaires à l'intérieur desquels naissent les étoiles ainsi que pour étudier la formation des systèmes planétaires. Lancé par la >**NASA** en 2003, il est en orbite héliocentrique dans la zone d'ombre de la Terre. Il porte le nom de l'>**astronome** qui a conçu le télescope >**Hubble**.
http://www.spitzer.caltech.edu/Media/mediaimages/index.shtml
http://www.jpl.nasa.gov/multimedia/spitzer-2005/index-flash.html

**Température de Planck** Température maximale associée à l'>**échelle de Planck**. elle correspond à la température de l'Univers à l'instant du >**big bang**, soit $10^{32}$ °K.

**Temps complexe** en physique théorique, temps à 2 dimensions résultant de la somme du temps réel et du >**temps imaginaire** pur. Cette nouvelle forme du temps pourrait intervenir avant le >**big bang**.

**Temps de Planck** Temps mis par la lumière pour parcourir une **>longueur de Planck**. Échelle de temps à partir de laquelle la **>gravitation quantique** est nécessaire pour comprendre la physique des phénomènes. Il s'agit de l'intervalle de temps le plus court de l'univers physique, de valeur $10^{-43}$ s. Si l'Univers admet un temps zéro, il désigne aussi la période à partir de ce temps zéro où une théorie quantique de la gravitation est nécessaire (on parle alors plus justement d'>ère de Planck).

**Temps imaginaire** En physique théorique, temps s'exprimant à l'aide des nombres imaginaires (c'est-à-dire, ceux dont le carré est un nombre négatif). Il est employé en **>mécanique quantique**, en particulier en relation avec la **>thermodynamique**. >Stephen Hawking en fait usage dans presque toutes ses théories en cosmologie quantique.

**Théorie de grande unification** Ensemble de théories spéculatives proposées pour unifier la **>force électromagnétique** et la **>force nucléaire forte**. Les premières versions prédisaient une désintégration du **>proton**, ce qui n'a jamais été observé. En introduisant de la **>supersymétrie**, le temps de vie du **>proton** peut être augmenté. Ces théories font toujours l'objet de beaucoup d'attention aujourd'hui, notamment à cause de leur rôle en cosmologie pour expliquer l'absence d'**>antimatière** – à l'exception de traces – dans l'Univers.

**Théorie M** Théorie mystérieuse (d'où le « M ») proposée au milieu des années 1990, pour prolonger la théorie des **>cordes**. Elle fait intervenir la notion de monopôle analogue aux **>monopôles magnétiques** des théories de grande unification **>supersymétriques** mais en liaison avec la **>supergravité**. Le « M » peut aussi s'expliquer par la présence de monopôles. On lira pour en savoir plus, le livre de Brian Greene, *L'Univers élégant* (Gallimard Folio, 2005).

**Théorie topologique des champs** Théorie des champs indépendante de la métrique et fondée sur l'étude des invariants topologiques sous-jacents à ces champs. Elle pourrait intervenir (aux côtés de la théorie des **>instantons**) dans l'approche de la **>singularité initiale** de l'**>espace-temps**.

**Thermodynamique** >Planck.

**'t Hooft, Gérard (1946)** Physicien néerlandais, Prix Nobel de physique en 1999, c'est l'un des grands contributeurs à la théorie quantique des **>champs** de forces nucléaires et des **>particules élémentaires.**
http://www.phys.uu.nl/~thooft/

**Topologie** Cette branche des mathématiques s'intéresse à la classification des objets géométriques (telles les surfaces) et à la façon dont on peut passer de l'un à l'autre par déformations continues. On la surnomme parfois la « géométrie du caoutchouc » : on peut, en effet, passer de la forme d'un pneu à celle d'une tasse de café par déformation. En revanche, une sphère ne peut pas devenir un pneu, car, à la différence de la sphère, celui-ci possède un trou : ce sont deux classes d'objets distinctes.

**Trou noir** Au terme de sa vie, une étoile massive finit par s'effondrer sur elle-même et devient si dense que son **>champ** de **>gravitation** interdit à la lumière d'échapper à son attraction : l'étoile devient alors un trou noir. Cette définition ne fait intervenir ni la masse de l'objet ni le fait qu'une **>singularité** puisse se former en son centre, où toute sa masse serait concentrée. L'existence de trous noirs au centre des **>galaxies** est aujourd'hui établie, et leur apparition lors de l'effondrement d'étoiles massives semble assez solidement confirmée par l'observation. Des minis trous noirs formés lors du **>big bang** ont été postulés par **>Stephen Hawking**, mais n'ont toujours pas été observés.

**Unité astronomique** Une unité astronomique (1 UA) correspond à la distance séparant la Terre du Soleil, soit 149,6 millions de km. Elle sert à rendre compte des distances au sein du système solaire et à définir la **>parallaxe** des étoiles proches du système solaire.

**Vénus** Cette planète est parfois appelée la « Planète sœur » de la Terre, leur masse et leur diamètre étant comparables. Il s'agit en réalité d'un véritable enfer situé à 108 millions de km du Soleil. Sa température de surface peut atteindre 470 °C – le plomb n'y résiste pas –, et son atmosphère possède une pression plus de 90 fois supérieure à celle de la Terre.
http://rst.gsfc.nasa.gov/Sect19/Sect19_7.html

**Vidal-Madjar, Alfred (1942)** >Astrophysicien français. En 2003, il a montré, avec son équipe de l'Institut d'astrophysique de Paris, que l'exosphère de l'**>exoplanète** Osiris s'évaporait en un gigantesque panache gazeux.
http://www2.iap.fr/users/alfred/

**Virgo HI21** Peut-être la première **>galaxie** découverte, constituée principalement de **>matière noire.**
http://www.obspm.fr/actual/nouvelle/mar05/dark.fr.shtml

**Voie lactée** C'est le nom ancien (du grec *ga-laxis*) donné à la bande d'étoiles observable à l'œil nu sur la voûte céleste. Cette bande laiteuse d'étoiles correspond au fait que nous regardons alors vers l'intérieur de notre **>Galaxie**, dont la structure en spirale est comparable à celle d'**>Andromède**.

**Wheeler, John Archibald (1911)** Éminent physicien théoricien américain, l'un des derniers collaborateurs d'**>Albert Einstein**. Il est à l'origine du concept d'écume quantique caractérisant l'**>espace-temps** à l'**>échelle de Planck**. Il considère aujourd'hui que les nouvelles extensions de la physique théorique devraient inclure la théorie de l'**>information**.

**Witten, Edward (1951)** Physicien mathématicien américain, médaille Fields. Il est l'un des leaders mondiaux dans le domaine de la théorie des **>cordes**. Il est à l'origine de la **>Théorie M** ainsi que de la **>Théorie topologique des champs**.

**WMAP** *Wilkinson Microwave Anisotropy Probe* (Sonde Wilkinson des anisotropies du rayonnement fossile micro-onde) lancée en 2001. Nommé d'après l'**>astrophysicien** David Wilkinson, ce télescope en orbite a effectué une analyse des fluctuations de température du **>rayonnement fossile** (**>CMB**). Mission probablement la plus citée dans la littérature scientifique spécialisée, elle a permis de préciser, de façon presque incroyable, l'âge, la forme et le contenu matériel de l'Univers. Celui-ci apparaît désormais âgé de 13,7 milliards d'années et semble dominé par de l'énergie et de la matière sombre à respectivement 74 % et 22 %.
http://map.gsfc.nasa.gov/

**Zéro** >Singularité Initiale.

# Remerciements

Nous remercions vivement tous ceux qui, d'une manière ou d'une autre, ont participé à l'existence de ce livre. Ceux qui nous ont apporté leurs conseils, bien sûr, mais aussi ceux qui, à distance dans l'avenir, en feront une contre lecture ouverte. Notre reconnaissance va tout particulièrement vers Roman Jackiw, du M.I.T. et Lubos Motl, de Harvard, pour leur soutien inébranlable à certaines des idées présentées au fil de ces pages ; vers Gabriel Simonoff, présent dès la première heure, Ark Jadczyk et Pierre Angles de l'Université de Toulouse pour les discussions stimulantes que nous avons eues avec eux sur l'origine de l'espace-temps ; vers Mica Jovanovitcz de Megatrend University of Applied Sciences, notre « T-brother », François Mizzi et Jean-Pierre Willem pour leur parole visionnaire, Ron Miller pour le voyage fantastique qu'il nous a offert à la surface d'autres mondes, proches et lointains, Jérémie Vidal Madjar pour sa représentation éclairée de l'évolution cosmique. Un grand merci aussi à Laurent Juppé et à tous les infographistes de XD grâce auxquels il nous est possible de faire « voir » ici la création du monde et la vie ailleurs. À Laurence, Catherine, et Alex qui, bien souvent, nous ont aidés à naviguer sur le Styx. À Lolo et Sandrine, lectrices passionnées. Enfin à Odile Perrard, Nathalie et Clara pour l'aide essentielle qu'elles nous ont apportée (parfois tard le soir) dans la composition et la longue relecture de ce livre.
Et un merci de toujours à Charlotte Riedberger.

**Responsable éditoriale :** Odile Perrard
**Suivi d'édition :** Clara Engel et Nathalie Lefebvre
**Responsable artistique :** Nancy Dorking
**Avec l'aide de :** William Atangana
**Conception graphique et réalisation :** Lucrezia Russo
**Relecture correction :** Catherine Lucchesi
**Relecture correction glossaire :** Charlotte Riedberger et Laure Desforges
**Fabrication :** Amandine Sevestre


**Photogravure :** APS Chromostyle
**Achevé d'imprimé** par LLOYD à Trieste en Italie
**Dépôt légal :** 80726, décembre 2006
**ISBN :** 2851206354
65/4124/7-02